Teal Swan

Befreie dich durch Selbstliebe

Teal Swan

Befreie dich durch Selbstliebe

Wichtige Hinweise

Die im Buch veröffentlichten Empfehlungen wurden von Verfasserin und Verlag sorgfältig erarbeitet und geprüft. Eine Garantie kann dennoch nicht übernommen werden. Ebenso ist die Haftung der Verfasserin bzw. des Verlages und seiner Beauftragten für Personen-, Sach- und Vermögensschäden ausgeschlossen.

Der leichteren Lesbarkeit zuliebe wurde zumeist auf die Doppelung männlicher und weiblicher Formen nach dem Muster »der ... oder die ...«, »er bzw. sie« usw. verzichtet. Selbstverständlich soll die übliche männliche Form den weiblichen Teil der Bevölkerung umfassen.

Aus dem Englischen von
Maria Müller-de Haën

Titel der Originalausgabe:
Shadows before Dawn
Copyright © 2015 by Teal Swan
Originally published in 2015 by Hay House Inc. USA

Deutsche Ausgabe:
© 2015 KOHA-Verlag GmbH Burgrain
2. Auflage 2015
Lektorat: Traudel Reiss

Gesamtherstellung: Karin Schnellbach
Druck: CPI Moravia Books
ISBN 978-3-86728-297-0

Dieses Buch ist meinem 21 Jahre alten Selbst gewidmet,
aus dessen Ringen um Selbstliebe letztendlich dieses Buch
hervorgegangen ist.

Dieses Buch ist zudem allen Wesen gewidmet,
die sich kein anderes Leben mehr wünschen,
sondern voller Mut und Tapferkeit bereit sind,
ihr Leiden in Freude zu verwandeln und ihren Hass in Liebe.
Damit ist dieses Buch auch dir gewidmet.

Mögest du die erste, letzte und einzige Liebe kennenlernen,
die es jemals gibt oder geben wird …
die Selbstliebe.

Inhalt

Das Nichtliebenswerte lieben

Wir alle wissen auf einer Ebene, wie wichtig es ist, uns selbst zu lieben. Doch wenn wir dann zu hören bekommen: »Du musst einfach nur dich selbst lieben«, dann ist das, als ob man einem Kind im Kindergarten sagte, es müsse eine Physikgleichung auf Universitätsniveau lösen. So wie das verwirrte Kind haben auch wir keine Ahnung, wo wir anfangen sollen. Wir lieben uns nicht, und das schon eine ganze Weile. Deshalb wissen wir auch nicht, wo wir damit beginnen sollen und in welche Richtung es geht.

Eines kann ich versichern: Beim Thema »Leidenschaftlicher Selbsthass« bin ich eine Expertin. Meine Reise in ein neues Leben war lang und kompliziert. Ich wusste, ich konnte mich nicht mehr weiterverletzen, ich musste lernen, mich zu lieben …, sonst wäre es um mich geschehen.

Das Buch, das Sie nun in Händen halten, erzählt zum einen meine erschütternde Reise zur Selbstliebe und beschreibt zum anderen die Techniken und Methoden, mit deren Hilfe ich mir selbst das Leben gerettet habe.

In Teil I erzähle ich meine bewegende Geschichte. Ich bin der Beweis dafür, dass Selbstliebe möglich ist, sogar für noch so verzweifelte Menschen und unter schwierigsten Umständen.

In Teil II stelle ich mein Toolkit für Selbstliebe vor: 29 Techniken, die ich auf meiner Reise gelernt habe und die, wie ich glaube, auch Ihnen helfen werden. Auf diesem Weg ist jeder willkommen. Manche Schritte sind klein, andere größer – was eben für Sie gerade passt und stimmig ist. Sie können es langsam angehen lassen oder voll ins kalte Wasser springen. Sie haben nichts zu verlieren, können aber ein Leben voller Liebe erlangen.

TEIL I

Verlorene Liebe – wiedergefundene Liebe

Kapitel 1

Verlorene Kindheit

Ein schwieriger Anfang für ein Kind

Für die Reise vom Selbsthass zur Selbstliebe hatte ich keine Straßenkarte. Sie nahm für mich ihren Anfang in einer emotionalen Hölle. Ich war selbstmordgefährdet, und mein Leben war hoffnungslos. Oft bahnte ich mir auf Händen und Knien meinen Weg zu diesem Ort der Freiheit, Freude und Liebe, an dem ich mich heute befinde.

Ich kann Ihnen versichern: Es war die Mühe wert. Das sage ich so einfach, weil ich jetzt auf der anderen Seite stehe. Aber ich verspreche Ihnen: Auch Sie werden dort ankommen, wenn Sie einfach einen Schritt nach dem anderen in Richtung Selbstliebe gehen, selbst wenn Sie schlimmste Schmerzen, Herzschmerz und Verzweiflung durchlitten haben.

Ich würde Sie nicht auffordern, sich mit offenem Herzen dieser Reise anzuschließen, wenn ich nicht selbst erst einmal mein Herz öffnete und Ihnen erzählte, wie ich an den Punkt gekommen bin, an dem ich heute stehe. Aber eine Warnung vorab: Meine Geschichte ist nichts für schwache Nerven!

An sozialen Standards gemessen, waren meine Mutter und mein Vater gute, liberale Menschen, die ihr Leben dem Studieren, dem Streben nach Gerechtigkeit und Gleichheit sowie dem Umweltschutz verschrieben hatten. Sie waren in den 1960er- und 1970er-Jahren groß geworden, hatten eine gute Ausbildung genossen und waren Hippie-Aktivisten. Was ihnen damals selbst nicht klar war: Beide hatten zum Zeitpunkt meiner Geburt ihr eigenes emotionales Trauma noch nicht bewältigt, aber sie lernten sich kennen, heirateten und gründeten eine Familie wie so viele andere ihrer Altersgenossen.

Mein Vater stand dem Thema »Kinder haben« zwiespältig gegenüber, doch für meine Mutter war Mutterschaft so etwas wie die Berufung ihres Lebens. Sie träumte von einer perfekten Beziehung zu ihren Kindern, und als sie erfuhr, dass sie mit einem Mädchen schwanger war, stellte sie sich ganz genau vor, wie dieses kleine Mädchen sein würde. Ihre Tochter, so meinte sie, würde eine exakte Kopie ihrer selbst sein, sie hätte ein freundliches, glückliches Kind mit denselben Interessen wie sie, welches vollkommen in die Familie passen würde. Und vor allem würde diese perfekte Tochter ihr ihren Wert als Mensch und Mutter bestätigen; zumindest war das ihr Traum.

Es muss für sie ein ziemlicher Schock gewesen sein, als ich so nach und nach meine eigene Persönlichkeit entwickelt habe, denn wie sich ziemlich schnell zeigte, war ich ganz anders. Ich entsprach in keiner Weise dem Bild in ihrem Kopf davon, wie ihr Kind sein würde und wie es wäre, Mutter zu sein. Und so fühlte sich meine Mutter wertlos – genau wie in ihrer eigenen Kindheit.

Oft wusste sie einfach nicht, was sie mit mir anfangen sollte, und daraus entwickelte sich eine nahezu fatale Dynamik. Meine Mutter hatte keine Beziehung zu mir und suchte bei Erziehungsmethoden Zuflucht, die Liebe an Bedingungen knüpfte, insbesondere wenn sie aufgeregt und nervös war. Mein Vater war emotional apathisch. Nach außen hin hatte ich ein Bilderbuchleben – wir lebten in einem schönen Haus, und ich war gut versorgt. Doch emotional betrachtet, war mein Leben eine Qual.

Ein Mädchen mit zu vielen »Gaben«

Meine Eltern erklärten, sie liebten mich, aber oft gaben sie auch zu, dass sie nicht wussten, *wie* sie mich lieben könnten. Es fiel beiden so schwer, mit mir in Beziehung zu treten, dass in meiner Kindheit ständig zwei »lustige« Geschichten erzählt wurden, die für mich als Kind beide extrem verletzend waren.

Die eine Geschichte lautete: Eines Tages würde ein Raumschiff mit Außerirdischen kommen und mich mitnehmen – ich war für sie einfach so *fremd!* Die zweite Geschichte, die ich hasste, aber oft zu hören bekam, wenn sie mit mir wieder einmal gar nichts anfangen konnten, lautete: »Die Beeswaxes haben unser Baby.« Das klingt lächerlich, aber es hatte damit zu tun, dass das Krankenhauspersonal in New Mexico, wo ich geboren wurde, fast durchgängig Hispanoamerikaner waren, die Spanisch sprachen. Der Nachname meiner Eltern (Bosworth) war für sie furchtbar schwer auszusprechen und zu buchstabieren; als sie mich vom Kinderzimmer auf die Wochenbettstation rollten, stand auf dem Zettel an meinem Kinderbettchen als Name »Beeswax«.

Diese Kluft zwischen meinen Eltern und mir wurde noch um das Hundertfache dadurch vergrößert, dass ich mit übersinnlichen Fähigkeiten auf die Welt kam und außergewöhnliche Begabungen hatte, die in meiner Familie niemand verstehen konnte. Das ist schwer zu erklären; unsere Sinnesorgane agieren als Filter, um die Reize der Umwelt zu filtern, wodurch wir feste Objekte und all die ganz normalen Dinge in der Welt wahrnehmen können. Als kleines Kind hatte ich das Gefühl, meine Filter wären »durchgebrannt« und zerstört. Als ich älter war, wurde mir klar, dass ich an sensorischen Integrationsstörungen litt; dann wusste ich, warum ich als kleines Kind Tag für Tag solche Schwierigkeiten mit meinen Fähigkeiten hatte.

Es ist natürlich immer schwierig zu erklären, inwieweit ich anders »sehe« als andere Leute, denn ich habe nur eine vage Vorstellung davon, wie andere Menschen sehen. Das ist das Schöne an der individuellen Perspektive, macht es aber auch schwierig, wirklich zu verstehen, wie *anders* ich die Welt sehe, verglichen mit dem, was die meisten Menschen als »normal« betrachten.

Ein Beispiel: Sie und ich nennen dieselbe Farbe *Gelb,* aber in Wirklichkeit sehen wir völlig unterschiedliche Farben, geben ihnen aber denselben Namen. Dinge, die solide sein sollten, erscheinen für mich überhaupt nicht fest, aber erst als ich in die Grundschule kam, wurde mir klar, dass andere Leute *nicht* dasselbe sehen wie ich.

Erst mit 24 begann ich, den Leuten zu erklären, was ich wahrnehme und wie radikal sich das unterscheidet von dem, was andere sehen und wie sie das sehen. Als ich erkannte, wie tief das alles ging, war ich zunächst schockiert, aber inzwischen hatte ich ja Zeit, das besser zu analysieren, und ich versuche, das kurz zu erklären, denn meine persönliche Geschichte ergibt mehr Sinn, wenn Sie verstehen, was ich in meiner Kindheit und Jugend mitgemacht habe und was ich nach wie vor tagtäglich bewältigen muss.

Die Welt radikal anders erleben

Grundsätzlich sehe ich alles auf der Welt nicht als etwas Festes, sondern als »Schwingung«. Für mich entscheiden die Amplitude und Frequenz der Energie darüber, wie (und in welcher Form) diese bestimmte Energie für mich zum Ausdruck kommt. Wie ich glaube, besteht alles im Universum aus sich bewegender Energie – das nenne ich *Schwingung* –, und alles, was schwingt, vermittelt Informationen bzw. wirkt sich auf Informationen aus. Diese Schwingung entscheidet darüber, in welcher Form sich Energie manifestiert. Physische Dinge sind einfach nur Ausdruck von Energie; damit sind feste Objekte mehr oder weniger eine Illusion, die ich nicht habe und auch nicht wirklich sehen kann.

Seit meiner Geburt sehe ich auch Auras, also Gedankenformen, die Informationen zu physischen Strukturen, mit denen sie verbunden sind, übertragen und von ihnen empfangen, beispielsweise dem menschlichen Körper. Für mich stellt eine Aura um eine Person oder eine Sache Formen, Farben, Textur, Schattierungen, Klänge und Muster dar und strahlt auch Licht aus. Das hat meine kindliche Welt mit Farbe versehen und lebendig gemacht, und naiv, wie ich war, dachte ich, jeder könnte diese Aura sehen.

Wie ich feststellte, übermitteln mir die verschiedenen Merkmale einer Aura nützliche Informationen über die physische Person oder Sache, mit der die Aura verbunden ist. Manchmal erfahre ich dadurch so gut wie die ganze Geschichte eines Menschen. Eine Aura reagiert auf einen Gedanken und passt ihre Merkmale dann diesem Gedanken an. Auras sind sehr empfänglich für Interaktionen, ich kann also mit meinem Energiefeld die Energiefelder anderer Menschen manipulieren und sie heilen, ähnlich wie beim Reiki. Ich kann Energiefelder ganz einfach mit meinen Händen fühlen, so wie andere Leute Wasser spüren.

Ich sehe auch Gedankenformen (also Gedanken, denen so viel Energie innewohnt, dass sie zu einer Anordnung, Form oder visuellen Erscheinung werden); sie manifestieren sich für mich unter Umständen auf nicht statische Weise. Traditionell gibt es drei Arten von Gedankenformen: erstens Energie, die das Bild des Denkenden annimmt; zweitens Energie, die das Bild eines materiellen Objekts annimmt; und drittens Energie, die eine ganz eigene Form annimmt und ihre Qualitäten und Merkmale in der Materie zum Ausdruck bringt, die sie anzieht. So kann ich also Wesenheiten sehen, die manchmal als Geister bezeichnet werden, und mit ihnen interagieren und kommunizieren; ich nehme um mich oder um andere Leute herum auch Geistführer und Engel wahr. Dadurch kann ich als »spirituelles Medium« fungieren und Botschaften aus der geistigen Ebene an Menschen auf der irdischen Ebene überbringen.

Als Kind wusste ich nicht genau, was das eigentlich war, aber ich habe ein überempfindliches Gehör. Ich höre sogar die Bewegungen der tektonischen Platten in der Erde. Sie wissen sicherlich über die Gezeiten Bescheid, die von der Schwerkraft des Mondes erzeugt werden. Doch was die meisten Leute nicht wissen: Die Schwerkraft des Mondes wirkt sich auf alles aus, nicht nur Wasser – sie zieht die Erde an, und auch das kann ich hören.

Ich weiß, das klingt sehr seltsam, aber für mich ist der Vollmond etwas sehr, sehr Lautes. Und ich hasse den Klang von Wattebäuschen (ich denke mal, die meisten Leute hören das überhaupt nicht). Wenn Leute sich in einem anderen Zimmer unterhalten, ist das für die meisten Menschen nicht zu hören, für mich aber sehr wohl. Mein Gehör kann sogar die extrem hohen Frequenzen von Gedankenformen wahrnehmen, ich bin also »hellhörig«.

Anders ausgedrückt, kann ich Gedankenformen nicht nur sehen, sondern auch hören. Meine Sinne sind mit zusätzlichen

Ebenen ausgestattet, deshalb kann ich Klänge *sehen* und Farben *schmecken*. Stellen Sie sich bloß vor, wie sehr mich das alles als Kind irritiert und verwirrt hat, ebenso meine Eltern, die keine Ahnung davon hatten, was ich die ganze Zeit sah und fühlte und wovon ich sprach.

So etwas wie negativen Raum gibt es nicht

Mir ging echt ein Licht auf, als ich verstand, dass ich negativen Raum – das, was meistens als »Luft« bezeichnet wird – nicht sehe. Für mich sieht alles aus wie Energie, ohne Zwischenraum. Alle Energiefelder verlaufen ineinander und erzeugen ein riesiges »Zwischenwesen«. Deshalb nehme ich wahr, wie »alles was *ist*« sich auf »alles andere was *ist*« auswirkt.

Metaphorisch gesprochen, erzeugt also ein Kieselstein, der in diese Energie fällt, die »alles was ist« ausmacht, Wellen, die sich auf das gesamte Feld auswirken. Die Menschen nehmen das nur deshalb bewusst selten so wahr, weil unsere menschlichen Sinnesorgane – wie Sehen, Schmecken und Berühren – den Eindruck vermitteln, Objekte wären fest und endlich, hätten eine Grenze, die sie von anderen Dingen trennt.

Sie sehen also wahrscheinlich Haut als eine Grenze an, an der der Körper aufhört; für mich dagegen ist Haut eine Stelle mit einer bestimmten Dichte innerhalb der Energie, die einen Menschen ausmacht. Ich sehe tatsächlich Eindrücke von dem, was unter der Haut ist. Wenn ich jemandem begegne, kann ich die Knochen, Organe, Nerven, Adern etc. dieses Menschen sehen.

Ich sehe auch die Energiekanäle im Körper, welche auch als Chakras und Meridiane bezeichnet werden. Ich sehe, wo die Energie eines Menschen nicht gut fließt und unter welchen körperlichen Beschwerden ein Mensch leidet. Oft sehe ich auch die Schwingung, die der Grund dafür ist, *warum* eine bestimmte Energieblockade oder ein körperliches Leiden besteht.

Und ich kann auch den kompletten Lebensweg eines Menschen sehen, was mehr oder weniger heißt, dass ich seine Zukunft sehen kann. Doch die Zukunft ist nicht entschieden. Ich sehe den Ausgang – das, was zum derzeitigen Zustand eines Menschen passt; das verändert sich nicht so oft, denn unsere Gedankenmuster haben Gewohnheitscharakter. Aber Veränderung ist dennoch möglich. Gedanken erschaffen die Welt um uns herum; wenn wir also unsere Gedanken verändern können, verändert sich auch unsere gesamte physische Realität, und diese neuen Gedankenmuster erzeugen unsere Zukunft. Das ist wie ein Wunder, aber es entspricht der Wahrheit.

Dank meiner Fähigkeiten sehe ich oft unsere kollektive Zukunft und kann sie auch spüren, und zwar in Form prophetischer Visionen und Träume. Früher hatte ich damit so meine Probleme, ja ich litt ein paar Tage, bevor eine Natur- oder eine von Menschen verursachte Katastrophe oder ein Krieg ausbrach, unter Anfällen.

Kindliche Verwirrung und Konflikte

Man könnte diese besonderen Fähigkeiten also als spirituelle »Gaben« bezeichnen, doch in jungen Jahren waren sie für mich eher ein Fluch, und die Diagnose der Ärzte der damaligen Zeit lautete: »Psychisch krank!« Ich konnte faszinierende Dinge tun, doch mich frustrierte das, und meine Eltern wurden dadurch eher erschreckt, denn sie wussten damals nichts über diese Fähigkeiten und kannten auch niemanden, der darüber verfügte.

Wenn ich als Kind den Leuten erzählte, welche Farbe sie wären, weil ich ihre Aura sehen konnte, oder meiner Lehrerin eine Botschaft von ihrem verstorbenen Vater übermittelte, reagierten sie sehr aufgebracht. Ich wollte so gerne helfen, und oft hatte ich den Drang, jemandem meine Hände aufzulegen und der Person zu sagen, sie sei krank und welche Krankheit das sei, aber wenn diese Leute dann ängstlich vor mir zurückschreckten, hatte ich das Gefühl, irgendetwas stimmte mit mir ganz und gar nicht.

Ich war nur ein kleines Kind, und doch hatte ich das Gefühl, ich gehörte nicht zu meinen Eltern, ich passte nirgendwo dazu. Dieses Gefühl der Einsamkeit und Isolation war allerdings nichts im Vergleich zu dem, was als Nächstes kam. Ich hatte als kleines Mädchen noch nicht viel von der Komplexität des Lebens verstanden, als ich plötzlich mit Erwachsenen-Situationen konfrontiert war, die niemand jemals gezwungen sein sollte auszuhalten.

Kapitel 2

Natur, Nahrung, Nirgendwo

Umzug in eine verunsichernde Umgebung

Als ich noch ganz klein war, nahmen meine Eltern eine Stelle als Förster in der Wildnis von Utah an. Wir wohnten in einer winzigen Wachstation mit zwei Zimmern, ohne Strom, ohne sanitäre Anlagen im Haus und mit einem Plumpsklo in der Wildnis der Rocky Mountains. Ich verbrachte meine Kindheit dort, wo die Frühsommertage in langsamen Kreisläufen den Himmel mit Licht und Dunkelheit überzogen und die Zeit aufzehrten. Jeden Morgen küsste die Sonne beim Aufgang die Spitzen der geschwungenen Hügel, als ob sie aus diesen grasbewachsenen Kuppen des Westens Leben saugen wollte.

Hier wurden Tiere nicht in Käfigen gehalten und die Leute nicht hinter Beton und Glas eingesperrt. Nachbarn waren wertvoll, einfach weil es so wenige gab und sie weit auseinander wohnten. Doch für meine Familie und mich hatte Utah nie etwas Idyllisches.

Nachdem wir uns dort niedergelassen hatten, mussten wir feststellen, dass die dortige Gesellschaft und unsere Umgebung ziemlich rau und nachtragend waren. Im Winter waren sowohl die Salbeisträucher als auch unsere Haut einer so trockenen Kälte ausgesetzt, dass alles Leben abstarb und verstummte. Erwachsene Männer wurden so schwielig und hart wie ihre schwer arbeitenden Hände – und so derb, dass sie keine Gnade mehr kannten. Kein Wunder also, dass die Frauen angesichts dieser großen Härte verfielen. Sie gaben sich alle Mühe, in einer Gegend, in der man besser gar nicht erst als Mädchen auf die Welt kam, ihre Anmut zu bewahren.

Wie ich inzwischen weiß, klammerten sich diese Frauen und Mädchen deshalb an die Religion, weil sie die einzige Möglichkeit für sie war, mit der gefühllosen Grausamkeit dieses Lebens fertig zu werden und aus der scheinbar ständigen Tragödie wenigstens ein paar wenige Tropfen an Sinnhaftigkeit, Bestimmung und Kontrolle herauszupressen. Schon als ganz kleines Kind erfuhr ich auf die harte Tour, was diese Frauen bereits wussten: In Utah ohne Gott zu leben, bedeutete ein einsames Leben als Beute, denn die Gesetze dieser Gesellschaft – ihre isolierenden, ächtenden Regeln und unterdrückenden Rollen – waren so hart wie die Gesetze der Natur: Fressen oder gefressen werden.

So klappt es in der Wildnis

Trotz alledem war ich ein Kind, war das unser neues Zuhause, und ich hatte zum Glück keine Ahnung von dem, was da alles auf mich zukommen sollte. Als ich fast vier Jahre alt war, kam mein Bruder auf die Welt, ein prächtiger Junge mit platinblondem Haar und strahlend blauen Augen. Mein Bruder hatte keine übersinnlichen Fähigkeiten. Im Gegensatz zu mir war er ein glückliches, verspieltes Kind, nie quengelig, unglaublich kontaktfreudig. Und ganz anders als ich bestätigte mein Bruder meine Mutter als Mensch und als Mutter.

Deshalb, so meine ich, trieb seine Geburt einen noch tieferen Keil zwischen meine Eltern und mich. Jetzt hatte ich einen emotional unzugänglichen Vater, eine Mutter, die mich meinem Gefühl nach hasste, und einen Bruder, der in die Familie passte. Ich fühlte mich ausgestoßener als jemals zuvor, wirklich ganz allein. Ich hatte das Gefühl, mit mir stimmte etwas nicht, und saß in einer Familie fest, der ich mich nicht zugehörig fühlte.

Ich stellte mir vor, die Beeswaxes gäbe es wirklich und mein Vater wäre ein überfürsorglicher, wohlhabender Rechtsanwalt aus New York City, meine Mutter eine wunderschöne, künstlerisch begabte, warmherzige, exotische Opernsängerin, und sie wohnten in ihrem schicken, mit viel Samt und Seide ausgestatteten Apartment in Manhattan und hatten Schwierigkeiten mit ihrer Hippie-Tochter, die hohe Turnschuhe tragen wollte, ihr Haar in zwei Zöpfe flocht und ständig davon redete, die Wale zu retten. Ganz bestimmt waren dieses Mädchen und ich bei der Geburt vertauscht worden! Ich träumte, es würde eines Tages jemand an die Tür klopfen, die Verwechslung würde entdeckt und wir beide kehrten endlich zu der Familie zurück, zu der wir wirklich gehörten.

Aber das geschah natürlich nicht. Unter anderen Umständen wäre das Leben in der Hütte in der Wildnis eine wunderbare Kindheit gewesen. Und eigentlich war ich sehr gerne dort in der Wildnis. Wenn man nicht ständig dem statischen Summen des Stroms in den Wänden und den Ablenkungen moderner Technologie ausgesetzt ist, hat das Leben eine Einfachheit und vermittelt ein Gefühl ungestörten Friedens.

Und so gelang es mir, meine Umgebung trotz der Isoliertheit zu lieben. Wir waren von Natur umgeben. Wir kosteten unsere Unterhaltungsmöglichkeiten voll aus, von gemeinsamen Mahlzeiten bis zu Fantasiespielen, Tieren und Hobbys.

Bevor ich in die Schule kam, war mein Leben voller Sinn und Fülle. Uns so großzuziehen war die beste Entscheidung, die meine Eltern hatten treffen können, bis auf eines: Bei ihrem Umzug nach Utah hatten sie nicht die von Religion geprägte Atmosphäre in diesem Bundesstaat bedacht.

Ein Leben unter Menschen mit strengen religiösen Riten

Die Kirche Jesu Christi der Heiligen der Letzten Tage bzw. die Mormonen hatten Utah zu einem Bundesstaat mit einer höchst homogenen religiösen Struktur gemacht. Das ist keine Sonntagsreligion, sondern eine Kultur, die jede Sekunde eines jeden Tages im Leben ihrer Mitglieder durchdringt. Solange man die Doktrin akzeptiert und keine Fragen stellt, ist es eine Kultur des Familienlebens und der Gemeinschaft.

Doch schon bald fiel es der Gemeinschaft auf, dass meine Familie und ich nicht zu den Gottesdiensten kamen. Und es dauerte nicht lange, da wurden Gerüchte über meine übersinnlichen Fähigkeiten überall in der Stadt per Mundpropaganda verbreitet. Ich war die Tochter von liberalen Hippies, und so benahm ich mich nicht wie ein typisches Mädchen, das bei den Mormonen aufwuchs. Um es kurz zu machen: Ich wurde in der Gemeinschaft überhaupt nicht gut aufgenommen.

Sehr aggressive Bekehrungsversuche führten bei meiner Familie zu nichts, und so hielten sich die meisten Bewohner der Stadt bewusst von uns fern. Die meisten Kinder durften nicht mit mir spielen, und ich durfte nicht zu ihnen nach Hause kommen. Oft wurde ich nach der Schule auf dem Parkplatz aus der Menge herausgegriffen und mir wurde gesagt, was die gottlosen Entscheidungen meiner Eltern für mich bedeuteten. Das Leben meiner Familie, so hieß es, war unrein und wir konnten nicht auf Erlösung hoffen.

Wenn das alles gewesen wäre, wäre es mir wohl immer noch sehr viel besser ergangen, als es der Fall war, aber leider gab es noch einen weiteren Haken. Die Kirche Jesu Christi der Heiligen der Letzten Tage betrachtet sich als die »einzige wahre Kirche«; die Mormonen glauben, das wahre Wort Gottes und die Priesterschaft könne nur über ihren Gründer, Joseph Smith, weitergegeben werden und alle anderen Religionen seien Religionen falscher Propheten. Spontanheilungen und Kontakt mit Dingen »jenseits des Schleiers« waren den Mormonen bekannt und wurden praktiziert. Jegliche übersinnlichen Fähigkeiten wurden als potenzielle Gabe von Priestern betrachtet, die von Gott an Joseph Smith und von Joseph Smith an die Getauften und Gläubigen weitergegeben wurde.

Und das ist der Haken: Das Amt eines Priesters konnte nur von Gott an Joseph Smith und von ihm an einen Mann weitergegeben werden. Als sich im Sommer 1988 das Gerücht von einem kleinen Mädchen verbreitete, das eben diese Fähigkeiten zur Schau stellte, wurde das *nicht* als Gabe Gottes betrachtet, sondern als ein Geschenk des Teufels.

Die meisten Mormonen halten sich an die Philosophie »des Hinhaltens der anderen Wange«, wenn es um Außenstehende geht. Doch wie fast alle Religionen gibt es auch bei den Heiligen der Letzten

Tage Splittergruppen, beispielsweise die Fundamentalisten, die für eine ganze Reihe von in den Medien breitgetretenen Skandalen sorgten, insbesondere wegen ihrer polygamen Überzeugungen und dem fließenden Übergang zur Pädophilie.

Dann gibt es da noch eine nur selten genannte Splittergruppe namens The Blood Covenant (»Blutbund«). Ihrem Glauben nach besteht ihre von Gott gegebene Mission darin, die Erde vom Bösen zu befreien. Sie glauben an die Urlehre der Mormonen über Blutsühne und daran, dass für Sünden mit dem Blut eines Menschen bezahlt werden muss. Wegen dieser beiden Glaubensüberzeugungen hat die Gruppe vor Ort ansässige satanische Gruppen infiltriert, um sie zu untergraben und Gegenrituale abzuhalten. Außerdem nehmen Gruppenmitglieder an sadistischen und masochistischen Ritualen teil, denn sie glauben, durch Leiden fänden sie zum Licht Christi und durch Aderlass würde man von seinen Sünden gereinigt.

Die dunkle Reise meiner Seele nahm ihren Anfang

1989 wurde ich zu einem Mädchen nach Hause eingeladen, welches mit mir in den Kindergarten ging. Ihr Vater war Mitglied eines satanischen Zirkels, und dort erregte ich die Aufmerksamkeit von Doc, der damals um die 50 oder 60 Jahre alt war. Er war Mitglied des Blood Covenant, was meine Mutter nicht wusste, und er hatte eine satanische Sekte in der Gegend infiltriert.

Jahre später wurde mir klar, dass Doc ein Soziopath mit multiplen Persönlichkeiten war; aber die einzige Persönlichkeit, die die meisten Mitglieder der Gemeinschaft, auch meine Eltern, sahen, war ein superintelligenter, charismatischer und erfolgreicher »Wohltäter«. Doch wegen seiner multiplen Persönlichkeiten führte Doc ein Doppelleben. Einerseits war er ein liebenswerter, kluger Gesundheitsexperte, der sich obsessiv mit dem Studium des menschlichen Geistes beschäftigte. Andererseits war er ein sadistischer Psychopath, der in seiner Freizeit an kultischen Ritualen teilnahm.

Ich weiß nicht, ob er und meine Eltern sich schon vorher kannten; auf jeden Fall entwickelte Doc eine obsessive Vorstellung, er müsste mich besitzen. Als ich eines Tages alleine mit meinem pinkfarbenen Huffy-Fahrrad herumfuhr, folgte er mir mit seinem Lastwagen, zog mich vom Rad herunter und vergewaltigte mich das erste Mal – in einem Gemeindehaus (Kirchenhaus) der Mormonen. Dann setzte er mich wieder aufs Fahrrad, aber ich blutete, hatte solche Schmerzen und war so geschockt, dass ich nicht fahren konnte.

Ich zog das Rad an den Straßenrand und lief in ein Feld, wo ich weiß Gott wie lange saß und das Gefühl hatte, meine Wirklichkeit wäre gerade zusammengebrochen. Ich dachte, das, was da gerade mit mir geschehen war, wäre eine Strafe, weil ich mit meinem Fahrrad um den Parkplatz des Gemeindehauses herumgefahren war. Bis zu diesem Moment hatte ich geglaubt, meine Eltern würden wie der Weihnachtsmann aus dem Nirgendwo herbeigesaust kommen und mich aus jeder Gefahr retten. Doch an jenem Tag erkannte ich, dass mich meine Mutter und mein Vater nicht vor allem schützen konnten und ich in einer sehr gefährlichen und brutalen Welt ganz alleine war. An diesem Tag endete meine Kindheit, und ich wurde auf eine verzerrte Art erwachsen; damals war ich gerade einmal sechs Jahre alt.

Von da an schaffte es Doc immer wieder, mich zu erwischen. Noch bevor ich sieben wurde, drängte er mich bei einer Reitstunde in die Ecke und stellte meine Welt erneut auf den Kopf. Er drückte mich an die Stallwand, drosselte mich und sagte mir, er wäre mein wirklicher Vater, ich sei ein Dämon, der die Stelle des wirklichen Kindes meiner Eltern eingenommen hätte, und dann warnte er mich: Sollte irgendjemand das herausfinden, würde man mich ihnen wegnehmen, und nur er könne mich vor diesem Schicksal bewahren.

Doc sagte weiterhin, wenn ich irgendjemandem erzählen sollte, wer ich wirklich war oder was er gesagt hatte, würde meine gesamte Familie getötet. Schon damals war ich ein stilles, starkes Kind mit viel Verantwortungsgefühl und meinte, das alles wäre meine Schuld, ich hätte an jenem Tag etwas Falsches getan und hätte das alles verdient. Meinen Eltern sagte ich kein Wort davon, denn es gab für mich keinen Grund, Docs Worten keinen Glauben zu schenken. Die Vorstellung, er würde an meiner Familie Vergeltung üben, wenn ich jemandem von ihm erzählte, wie er gesagt hatte, erschreckte mich zutiefst.

Mentor oder Opportunist?

Später in dieser Woche kam die stellvertretende Schulleiterin in mein Klassenzimmer und sagte mir, die Schule habe von meinen Eltern die Nachricht erhalten, ich würde nach dem Anwesenheits-appell abgeholt. Sie fragte mich, ob jemand mit mir zum Parkplatz gehen sollte, wo ich abgeholt würde. Ich verneinte, und nach dem Appell nahm ich meinen Rucksack, verließ die Schule und ging zum Parkplatz. Doch dort warteten nicht meine Eltern in ihrem Auto auf mich, sondern Doc in seinem Lastwagen.

Damit begann meine dreizehnjährige Leidenszeit rituellen, mentalen, emotionalen, physischen und sexuellen Missbrauchs. Heute sehe ich, wie sorgfältig Doc das alles inszeniert hatte. Er hatte sich systematisch Zugang zu mir verschafft und mich ohne Wissen meiner Eltern brutal angegriffen; jetzt musste er sich nur noch die bereits vorhandene emotionale Kluft zwischen meinen Eltern und mir zunutze machen. Pädophile Soziopathen sind Opportunisten, die es auf ausgegrenzte Kinder abgesehen haben.

Die fatale emotionale Dynamik zwischen meiner Familie und mir ermöglichte es Doc also, seinen Fuß in die Tür zu setzen und sich in mein Leben zu drängen. Er pflegte eine freundschaftliche Beziehung mit meiner Mutter, die er bereits durch die Gemeinde kennengelernt hatte; deshalb war das ganz einfach, und damit hatte er unbeschränkt Zugang zu mir. Er überzeugte meine Eltern, er wüsste alles über meine Art von außersinnlichen Fähigkeiten und wäre der perfekte Mentor für mich.

Docs kranker Plan ging auf; schon sehr bald war ich von ihm und seiner Anerkennung abhängig. Das ist auch als das sogenannte Stockholm-Syndrom bekannt. Ich glaubte tatsächlich, er wäre mein richtiger Vater. Ich glaubte alles, was er sagte. Meine Eltern hatten das Gefühl, ich würde wirklich Hilfe benötigen, und da war ein intelligenter Mann, der seine Hilfe anbot – ein Experte noch dazu, der mir leidenschaftlich gerne helfen wollte. Deshalb hatten meine Eltern Vertrauen zu ihm.

Meine Eltern machten sich nach wie vor Sorgen um mich und waren ziemlich verzweifelt, weil ich ständig unglücklich war und, wie sie sehr wohl wussten, keinerlei Freunde oder Freundinnen hatte. Inzwischen glaubten sie, dass mit mir ernsthaft etwas nicht stimmte, aber sie hatten keine Ahnung, was das war oder was sie hätten tun können. Sie sahen die roten Warnflaggen, aber interpretierten sie falsch, und während der Jahre, in denen ich in Docs Klauen war, wies ich viele aufschlussreiche Symptome auf.

Ich verletzte mich mit Ritzen; wenn ich also mit Verletzungen nach Hause kam, die mir Doc oder ein anderes Sektenmitglied zugefügt hatte, wurde das als Selbstverletzung abgetan oder als Unfall mit den Pferden. Wenn mein Verhalten wegen der Drogen, die Doc mir eingeflößt hatte, wirkte, als wäre ich geistig verwirrt, oder wenn ich geistig oder stimmungsmäßig wegen meiner übersinnlichen Fähigkeiten seltsam drauf war, lautete die Erklärung, ich hätte eine schizoaffektive Störung.

Wenn ich eine extreme Trennungsangst an den Tag legte, die weit über meinen derzeitig angemessenen Entwicklungsstand hinausging, und mich zurückzog und überhaupt keine Freundschaften schloss, schrieb man das meiner Schüchternheit zu. Wenn ich Essen in meinem Zimmer hamsterte, sagten meine Eltern, das wäre einfach nur eine Macke von mir. Und wenn ich nicht wie andere Kinder einfach spielte, sondern bei allen Aufgaben obsessiven Perfektionismus an den Tag legte, vor allem beim Sport, betrachteten sie das als Zeichen dafür, dass ich eine talentierte Perfektionistin sei.

Wenn ich dunkle, gestörte Gedichte verfasste oder verstörende Bilder zeichnete, meinten sie, ich sei überempfindlich und das wäre auf ein anderes Kind aus der Schule zurückzuführen, das missbraucht wurde. Meine ständigen bakteriellen Entzündungen und Harnwegsinfektionen, Migräneanfälle und die schlimmen Magenschmerzen, die mich ins Krankenhaus brachten, wurden meinem schwachen Immunsystem oder einem hormonellen Ungleichgewicht zugeschrieben.

Mit dreizehn wurde ich von einer Freundin meiner Mutter, einer examinierten Krankenschwester, untersucht, und sie entdeckte, dass mein Jungfernhäutchen nicht mehr intakt war. Sie fragte meine Mutter, ob ich bereits sexuell aktiv sei. Als meine Mutter das verneinte, erklärte sie das gerissene Hymen damit, dass ich seit Jahren ritt.

Wie konnte dieser fürchterliche Missbrauch unentdeckt bleiben?

Alle meine durch den Missbrauch hervorgerufenen Symptome als Kind und Teenager wurden also auf etwas anderes zurückgeführt, wie oben beschrieben, bzw. ich wurde als psychisch krank eingestuft. Meine Eltern dachten, ich hätte eine psychische Störung, die kein Psychologe oder Psychiater diagnostizieren konnte. Verstehen Sie mich richtig – mir wurden von jeder Menge Psychiatern und Psychologen Diagnosen gestellt, aber lauter unterschiedliche, denn meine Symptome passten zu keiner bestimmten psychischen Erkrankung.

Mehrere Male wurde von den Psychologen auch der Verdacht auf sexuellen Missbrauch in den Raum gestellt, aber nachdem weder mein Vater noch meine Mutter als Täter infrage kamen, mussten sie wohl oder übel nach anderen Erklärungen suchen. Kein Mensch konnte sich vorstellen, dass eine andere Person, der meine Eltern vertrauten, der Täter sein konnte. Ich weiß nicht, ob überhaupt jemand auf die Idee kam; das war für sie so abwegig wie eine Entführung durch Außerirdische.

Und die ganze Zeit hatte ich eine Riesenangst davor, Doc als Schuldigen zu nennen und mitzuteilen, dass ich komplett unter seiner Kontrolle stand. Je kränker und unglücklicher ich wurde, desto öfter kam er als »Retter in der Not« mit dem Vorschlag an, ich solle mehr Zeit mit ihm verbringen, er wüsste schon, wie er mir helfen könne. Aus Sicht meiner Eltern waren alle Erwachsenen um mich herum – einschließlich sie und Doc – ernsthaft darum bemüht, herauszufinden, was mit mir nicht stimmte, und eine Lösung zu finden.

So ließen meine Eltern zu, dass Doc immer mehr Zeit mit mir verbrachte, denn sie waren verzweifelt auf der Suche nach Hilfe und nach jemandem, der mir zeigen konnte, wie ich mit meinem ungewöhnlichen Gehirn klarkommen konnte. Ich glaube, die Vorstellung, er könnte dank seiner starken Kontrolle über mich das alles direkt vor der Nase meiner Eltern machen, verstärkte Docs Erregung zusätzlich. Wie ein Süchtiger musste er immer mehr Täuschungen und Risiken eingehen, um dieselbe rauschhafte Erregung zu empfinden. Dasselbe galt für seine Grausamkeit – was wiederum die Gefahr für mich und meinen Schrecken noch verstärkte.

Die Einzelheiten möchte ich Ihnen ersparen, nur so viel: Zwischen 6 und 19 Jahren wurde ich körperlich und sexuell in kultischen Ritualen gefoltert, vergewaltigt, mir wurde die Nahrung verwehrt, und ich wurde zu drei Abtreibungen gezwungen (Doc war in allen Fällen der Vater, und er führte auch die Abtreibungen durch). Es wurden sadomasochistische, pornografische Fotos von mir gemacht, die auf den Toiletten von Tankstellen an Männer verkauft und in Kellern und einem Loch im Boden auf Docs Hinterhof aufbewahrt wurden. Ich wurde mit Elektroschocks und Isolationsfolter gequält und über Nacht in Lavahöhlen im südlichen Idaho festgebunden.

In dieser Zeit wurde ich von Doc ständig narkotisiert; er war Tierarzt und hatte unbegrenzten Zugang zu diesen Mitteln. Doc jagte mich auf »Verfolgungsspielen« durch die Wildnis von Idaho und Utah, und wenn er mich fing, musste ich entsprechend büßen (er brachte mir Schnitte am Brustkorb bei oder vergewaltigte mich). Und ich diente ihm als Köder für andere Kinder, die verletzt und manchmal auch getötet wurden.

Durch einen Fehler öffnet sich die Tür in die Freiheit

Mit 19 war ich nur noch eine leere Hülle. Ich war eine sogenannte Ritzerin und die meiste Zeit dissoziiert. Ich hatte Selbstmordversuche unternommen und war nach wie vor suizidgefährdet. 13 Jahre lang hatte ich geglaubt, meine Familie wäre nicht meine wirkliche Familie und mein Leben mit ihr wäre eine Fassade. Ich lebte mit dem Schuldgefühl, ich hätte ihrem wirklichen Kind sein Leben weggenommen. Ich hielt mich für schlecht und dachte, wenn ich jemandem von meinem »wahren Leben« mit Doc erzählte, würden sie alle brutal umgebracht.

Meine Eltern hatten alles versucht, Hilfe für mich zu finden; sie waren erschöpft, verwirrt und völlig machtlos, wussten nicht, was sie mit mir machen sollten, und so hatten sie mehr oder weniger aufgegeben.

Doch als ich 19 Jahre alt war, machte Doc einen Fehler – den ersten in 13 Jahren. Und zwar dosierte er eines der Betäubungsmittel, die er mir verabreichte, falsch. Er wollte mich so mit Drogen vollpumpen, dass er mich davon überzeugen konnte, ich hätte etwas getan, was ich gar nicht getan hatte. Doch durch die falsche Dosis erinnerte ich mich daran, dass das, was er mir da einreden wollte, nicht stimmte.

Irgendwann war mein Kopf klar genug für den Gedanken: *Wenn Doc da gelogen hat, was hat er mir dann wohl sonst noch für Lügen aufgetischt?* Der einzige Grund dafür, dass er mir einreden wollte, ich hätte etwas getan, was ich gar nicht getan hatte, bestand darin, mir so viel Angst einzujagen, dass ich total machtlos und abhängig war. Diese Erkenntnis kam mir nach der Fehldosierung, und so hatte ich schließlich die Chance, die Flucht zu ergreifen, und die nutzte ich.

Noch in derselben Nacht floh ich zu einem Mann, den ich nur zweimal vorher getroffen hatte. Er hieß Blake, und ich hatte ihn kennengelernt, als meine Mutter versuchte, mein nicht vorhandenes soziales Netzwerk zu erweitern. Sie war in Kontakt mit einer Familie, deren Sohn (nicht Blake, sondern ein anderer Junge) eine bipolare Störung diagnostiziert worden war. Meine Mutter dachte, wenn ich zu einem anderen psychisch gestörten Teenager eine Beziehung aufbauen könnte, würde ich mich weniger einsam fühlen.

Ich war mit diesem neuen Bekannten zu einer Party gegangen, und als ich die Haustür aufgemacht hatte, wo die Party stattfand, hatte mich ein enthusiastischer, gertenschlanker junger Mann mit einem »Hallo« begrüßt, war in die Luft und über das Geländer in die Büsche gesprungen. Ich dachte damals: *Was für ein Idiot.*

Doch als er wieder ins Haus zurückgekommen war und wir zum ersten Mal Augenkontakt hatten, waren seine Augen und seine Essenz so durch und durch sanft und er mir so vertraut, dass wir in dieser Nacht unzertrennlich waren. Irgendwann gingen wir mit ein paar anderen zum Nacktbaden in einen Stausee, und ich verspürte eine greifbare Kameradschaft. Ich wusste: Dieser Mann war so rein und unschuldig, ich konnte ihm vollkommen vertrauen.

In der Nacht also, als ich Docs Kontrolle entkam, war Blakes Haus der einzige sichere Ort, der mir einfiel. Ich war zuvor erst einmal dort gewesen, als er mir seine »Hacky Sac«-Sammlung zeigen wollte. Blake und auch seine beiden Mitbewohner waren in dieser Nacht nicht zu Hause. In meiner Verzweiflung brach ich durch ein Fenster ein, und die einzige Möglichkeit, mit meiner Not fertig zu werden, bestand für mich darin, mich zu ritzen.

Als Blake nach Hause kam, fand er mich zu seinem großen Entsetzen in seiner Badewanne, während Blut den Abfluss hinunterlief. Er machte mich sauber, verband die Schnitte und sagte, ich solle bei ihm bleiben. Und genau das tat ich. Ich hatte eigentlich nicht die Absicht, Doc für immer zu entkommen; diese Möglichkeit kam mir gar nicht in den Sinn. Aber ich blieb einen Tag bei Blake, und dann noch einen, bis schließlich eine Woche und dann ein ganzer Monat vergangen waren. Ich wollte nie mehr zurück. Ich versteckte mich.

Bei Gelegenheit erzählte ich meinen Eltern, bei wem, aber nicht, wo ich war. Anfangs wusste Blake nicht, warum ich offensichtlich so beunruhigt und gequält war, und zum Glück fragte er mich auch nicht danach. Aber er sorgte so treu und hingebungsvoll für mich, dass es mir allmählich besser ging und ich langsam aus meiner emotionalen Hölle herausfand.

Kapitel 3

Meine erschütternde Reise zur Selbstliebe

In meinem selbst gemachten Gefängnis

Schließlich erzählte ich Blake die ganze Geschichte meiner Kindheit, von Doc und den Kulten; daraufhin engagierte er sich noch mehr in meinem Heilungsprozess. Als ich sicher bei Blake angekommen war und mich bei ihm verstecken konnte, wusste ich, dass weder Doc noch ein anderes Sektenmitglied nach mir suchen würde, denn das hätte gegen die Regeln des »Bondings« und der »Call Back«-Programmierung verstoßen, die sie mir über die Jahre eingepflanzt hatten. Wenn sie nach mir hätten suchen müssen, wäre das für sie ein Manko gewesen und hätte auch bedeutet, dass ich die Kontrolle hatte. Sie verließen sich darauf, dass ich aufgrund meiner Programmierung willig wie ein entlaufener Hund zu ihnen zurückkommen würde. Aber das tat ich nicht. Langsam eroberte ich mir Schritt für Schritt mein Leben zurück. Bestimmte Leute und Aktivitäten halfen mir, zum ersten Mal so etwas wie Selbstwertgefühl zu entwickeln; das war allerdings keineswegs einfach und unkompliziert.

Ein paar Jahre nach meiner Flucht wurde gegen Doc ein Verfahren eröffnet. Doch wie bei so vielen Missbrauchsfällen war inzwischen für mich zu viel Zeit vergangen, sodass körperlich kaum noch etwas nachzuweisen war. Es gab weder greifbare Beweise noch Zeugen, und so wurde der Fall von der Bezirksstaatsanwaltschaft aufgrund mangelnder Beweise fallen gelassen. Zusätzliche Beweise oder Zeugen wären nötig gewesen, damit der Fall wieder vor Gericht hätte kommen können.

Man könnte meinen, die Geschichte wäre damit zu Ende. Doch körperlich einer Situation zu entkommen ist keineswegs das Ende des Heilungsweges; diese Straße geht noch sehr viel weiter. Ich war zwar der Kontrolle meines Peinigers entronnen, aber ich war nach wie vor nur eine leere Hülle. Ich hatte kein eigenes Leben, sondern nur die Bruchstücke eines Lebens, wie es hätte sein können. Als junge Frau hatte ich keine Ahnung, wie ich mich in der Gesellschaft zurechtfinden konnte. Ich war nicht »lebenskompetent«, litt unter schweren posttraumatischen Belastungsstörungen und war voller Selbsthass.

In Wirklichkeit war mein Peiniger durch meine Flucht keineswegs verschwunden; vielmehr setzte er sich in meinem Kopf fest, und ich führte das Muster des Missbrauchs selbst weiter. Ich war süchtig nach Ritzen und nach wie vor selbstmordgefährdet. Fast jede Entscheidung, die ich damals bezüglich meines Lebens traf, diente der Selbstsabotage und nicht der Selbstliebe. Ich war davon überzeugt, ich müsste mich selbst missbrauchen, sonst würde das Schlechte in mir über das Gute siegen und ich würde ein genauso schlimmer Mensch werden wie die Peiniger meiner Kindheit. Ich glaubte wirklich, dass der einzige Unterschied zwischen ihnen und mir lediglich in meiner Selbstbestrafung bestand.

Blake, der für die ersten Schritte meines Heilungsprozesses eine so entscheidende Rolle spielte, wurde zu meiner rechten Hand, als ich mir eine berufliche Zukunft aufbaute. Wir haben eine Firma und eine Non-Profit-Organisation gegründet und helfen heute gemeinsam Menschen in aller Welt, positive Veränderungen zu bewirken. Der Weg dahin war jedoch sehr weit, und die Reise in mein neues Leben war alles andere als einfach. Ich musste eine Möglichkeit finden, mich selbst zu lieben. In diesem Buch stelle ich ein Toolkit, also einen »Werkzeugkasten«, mit Techniken und Methoden vor, mit deren Hilfe ich mein Leben verändern konnte.

Durch Therapie zu einem neuen Leben

Mit 21 wurde ich zu einer Therapie gezwungen, und zwar von einem Mann, mit dem ich zusammen war und der es einfach nicht mehr schaffte, mit mir eine stabile Beziehung zu führen. Die Nachwirkungen des Missbrauchs in meiner Kindheit machten das gar zu schwer. Er sah mich an und sagte: »Das ist einfach nicht normal; was du mitgemacht hast, ist nicht normal, und das musst du verstehen. Ich bleibe nur mit dir zusammen, wenn du dir professionelle Hilfe suchst.«

Er brachte mich zu einem Krisenzentrum für Vergewaltigungsopfer und sagte der Frau am Empfang: »Sie gehört hierher.« Die Direktorin wurde gerufen, sie führte mit mir ein Gespräch und fragte, warum mein Freund meiner Meinung nach wohl glaubte, ich sei hier am richtigen Platz. Ich öffnete mich und erzählte ihr von den Leiden meiner Kindheit. Ihr Gesicht wurde angespannt, und sie wurde ganz unruhig, als ich ihr nur ein paar wenige Einzelheiten mitteilte.

Sie versicherte mir, ich bräuchte tatsächlich ihre Hilfe, aber mit dem, wovon ich da sprach, seien sie und auch das Zentrum überfordert. Aber sie kannte eine Frau, die auf rituellen Missbrauch an Kindern spezialisiert war, und versprach, sie anzurufen und zu fragen, ob sie meinen Fall übernehmen würde.

Noch in derselben Woche traf ich mich zum ersten Mal mit der Expertin. Sie war äußerst warmherzig und liebevoll, ganz anders als die Psychologen, die ich sonst so gewohnt war. Diese Zuneigung und ihr großes Wissen über Traumabehandlung rissen alle meine Mauern ein, und gemeinsam mit ihr begann ich, mir ein neues Leben aufzubauen.

Durch die Therapie konnte ich irgendwann zugeben, dass ich den als Kind erlittenen Missbrauch nicht verdient hatte und keine Schuld daran trug. Doch mit 24 erkannte ich, dass ich das Ende dessen erreicht hatte, was durch Therapie möglich war. Ich wusste tief in mir, es musste noch etwas anderes geben als Mitleid oder das Gefühl, ein Opfer zu sein, mehr als den Versuch, mit meiner posttraumatischen Belastungsstörung fertig zu werden.

Von Ihrem Standpunkt als Leser aus betrachtet, klingt das vielleicht schrecklich, aber für mich war Selbstmord meine Ausstiegsstrategie. Ich lebte von einem Tag zum nächsten, indem ich mich immer wieder daran erinnerte, dass ich mich morgen ja umbringen könnte. Dadurch konnte ich mich auf das konzentrieren, was ich am jeweiligen Tag tun konnte, um mich besser zu fühlen. Und ich tat alles dafür. Mich wohlzufühlen wurde zur wichtigsten Sache meines Lebens.

Also stürzte ich mich in den Wintersport, übte mich als Köchin, fand Plätze, an denen ich in Sicherheit leben konnte, und begann mit dem Meditieren. Langsam veränderte sich mein Mantra von »Ich kann mich ja morgen umbringen, was mache ich also heute?« hin zu »Ich kann mich ja nächstes Jahr umbringen, was mache ich also in diesem Jahr?«.

Irgendwann erkannte ich, dass ich mich nicht mehr umbringen wollte. Ich hatte zwar nach wie vor mit Suizidneigungen zu kämpfen, aber die gingen vorüber und setzten sich nicht mehr dauerhaft in meinem Leben fest.

Nachdem ich dem Missbrauch entronnen war, wollte ich mit meinen übersinnlichen Fähigkeiten nichts mehr zu tun haben. Ich machte Wintersportwettkämpfe mit, um sie zu vermeiden. Ich versuchte, mich so gut wie möglich in der physischen Welt zu erden. Gelegentlich half ich mit meinen übersinnlichen Gaben zwar nach wie vor Leuten, wenn sie verzweifelt waren, aber für mich waren diese Fähigkeiten an all den Schmerzen schuld, die ich erdulden musste, und dass ich sie nicht loswerden konnte, war eine Qual für mich. Immer noch hatte ich furchtbare Angst vor der Welt.

Auf der Suche nach Liebe aus falschen Gründen

Weil ich mir Sicherheit und Fürsorge wünschte, heiratete ich mit 22 einen Mann, den ich nicht liebte. Diese Ehe ging in die Brüche und wurde nach sechs Monaten annulliert. Noch im selben Jahr heiratete ich ein zweites Mal, wieder aus einem Sicherheitsbedürfnis heraus. Was mir damals nicht klar war: Ich benutzte die Männer, um zu versuchen, vor mir selbst wegzulaufen. Ich wollte in Sicherheit gebracht werden, nicht nur vor der Welt, sondern auch vor mir selbst. Innerlich war ich noch immer so voller alles durchdringendem Selbsthass, dass ich mir selbst nicht trauen konnte.

Mit 25 brachte ich meinen Sohn zur Welt. Nach einer Behandlung wegen Unfruchtbarkeit und drei Schwangerschaftsabbrüchen als Teenager hatte ich den verzweifelten Wunsch nach einem eigenen Kind und der damit verbundenen magischen Erfahrung. Doch ganz anders als in meiner Fantasie waren die Schwangerschaft und die Geburt extrem traumatisierend.

Es sollte ein Junge werden, und ich hatte mir vorgestellt, mein Sohn wäre eine körperlich aktive Sportskanone, ein begeisterter Sportler, der nie dieselben Schmerzen durchleiden müsste wie ich. Die Liebe zu meinem Sohn war mit keiner anderen Liebe in meinem Leben zu vergleichen. Doch zu meinem Entsetzen wurde er mit einer leuchtend klaren Aura geboren, die aussah wie ein prismatisches Kristalllicht. Solche Auras, aufgrund ihrer Farbe auch als *Kristallaura* bezeichnet, haben nur Menschen mit angeborenen übersinnlichen Fähigkeiten.

Und jawohl, wie meistens hatte mir das Universum genau das Kind geschenkt, das ich brauchte. 40 Minuten lang weinte ich, aus Angst, er würde wegen seiner Gaben genauso leiden wie ich. Doch dann dämmerte es mir: Wenn ich ihm beibrächte, seine angeborenen Fähigkeiten anzunehmen, müsste ich zunächst einmal meine eigenen Fähigkeiten akzeptieren.

Scrat und seine Eichel

Es war das Jahr 2009. Mein sechs Monate alter Sohn hielt gerade ein Schläfchen. Ich saß in meiner Küche auf dem Linoleumfußboden mit dem schwarz-weißen Schachbrettmuster und versank in Verzweiflung. Nachdem ich Mutter geworden war, hatte ich mich ins Land der Kinderunterhaltung gewagt und unter anderem den Film *Ice Age* gesehen. Darin kommt ein »Säbelzahneichhörnchen«

namens Scrat vor, das ständig versucht, seine für ihn so kostbare Eichel zu finden und zu retten.

Scrat ist ständig auf der Jagd nach seiner Eichel, aber diese Jagd ist nie von Erfolg gekrönt. Immer wenn man meint, er hat sie endlich, schlägt das Unglück wieder zu, und durch irgendeine völlig unwahrscheinliche Wendung der Geschehnisse geht sie ihm wieder verloren. Scrat wird von Murphys Gesetz heimgesucht, welches einfach ausgedrückt lautet: Alles, was schiefgehen kann, geht schief, damit du nicht das bekommst, was du willst.

Als Vollzeitmutter fühlt man sich, als ob man statt eines Erwachsenengehirns Disneyland im Kopf hat. An jenem Tag saß ich also auf dem Küchenfußboden und musste immerzu an Scrat denken. So lustig die Figur Scrat auf der Leinwand bzw. dem Fernsehschirm auch war, für mich hatte sie einen schlechten Beigeschmack: Ich war tief bekümmert und identifizierte mich mit seinem Dilemma. Scrat – das war ich. Seine Eichel – das war das Glück, hinter dem ich herjagte. Mein Leben war nichts als eine endlose, unglückselige Suche nach Glück, und hier saß ich auf dem Fußboden und hatte ein Gefühl der Niederlage, weil das nie funktioniert hatte. »Warum ging es nie gut?«, fragte ich mich im Stillen. Ich kannte die Antwort: Weil ich *mich* nicht wollte. Die Haut, in der ich steckte, war für mich eine Gefängnisstrafe und nicht etwas, was ich mir ausgesucht hatte. Und ich dachte weiter: *Wie soll ich mich auf etwas einlassen, das ich gar nicht will?*

Ich bin, wo ich bin

Ich erkannte, dass ich mich seit Langem nicht mehr liebte, wenn ich mich überhaupt jemals geliebt hatte. Ich fühlte keine Selbstliebe und hatte nicht die leiseste Ahnung, *wie* das gehen sollte. Ich hasste die Vorstellung von Selbstliebe. In meiner Familie standen Selbstlosigkeit, Selbstaufopferung und Dienen an erster Stelle, und Selbstliebe fühlte sich wie etwas Schlechtes an – wie der Teufel, der das Gute in mir zerstören wollte und damit jede Chance, von jemand anderem geliebt zu werden.

Ich war ganz unten angekommen. So mussten sich Leute fühlen, deren Leben so jämmerlich und am Ende war, dass sie gar nichts mehr unternehmen konnten. Ich hatte mich in die Ecke manövriert. Alle meine Versuche, mich in meiner Haut wohlzufühlen, waren gescheitert. So wie jemand zugibt, Alkoholiker zu sein, gestand ich mir in diesem Moment ein, dass ich mich hasste.

Sich selbst einzugestehen, an welchem Punkt man steht, ist einerseits schmerzhaft und andererseits auch eine Erleichterung. Zu erkennen, dass man in sich einen Feind mit sich herumträgt, ist alles andere als lustig, aber gleichzeitig akzeptiert man durch dieses Eingeständnis auch etwas, was man jahrelang nicht wahrhaben wollte; dieser Widerstand ist sehr energieraubend. Gibt man das endlich zu, hat man das Gefühl, man würde endlich mit dem Strom schwimmen, nachdem man jahrelang gegen Stromschnellen angekämpft hat und gegen den Strom geschwommen ist. Mit dieser Erleichterung ging ein Entschluss einher: Ich müsste herausfinden, wie ich mich selbst lieben konnte. Dazu würde ich wirklich alles versuchen.

Anscheinend gab es dazu jede Menge Theorien. Leute, die Selbsthilfekurse oder -bücher anbieten, reden ständig von Selbstliebe, wissen aber meistens überhaupt nicht, was Selbstliebe wirklich bedeutet. Sie erzählen dir zwar den lieben langen Tag, dass du dich selbst lieben musst, und führen auch Gründe dafür an, ja sagen dir sogar, warum du liebenswert bist. Aber niemand lehrt, *wie* man sich selbst lieben kann und wie Selbstliebe in der Praxis *aussieht*.

Am Ende meiner Suche nach Selbstliebe war ich also noch frustrierter als am Anfang. Schließlich fragte ich mich: »Wodurch unterscheiden sich Menschen, die sich lieben, von Leuten, die das nicht tun?« Diese unterschiedlichen Eigenschaften und Verhaltensweisen würden aufzeigen, was ich brauchte, um mich zu lieben.

Viele der stereotypen Selbsthilfetechniken zur Steigerung des Selbstwertgefühls funktionierten bei mir einfach nicht. Ich hatte das Gefühl, ich würde mit einem Teelöffel an einem Gletscher herumschaben. Affirmationen machten alles nur noch schlimmer. Ich saß am Küchentisch und probierte damit herum. Ich schrieb:

»Ich liebe mich«, hundert Mal auf ein Blatt Papier und versuchte dabei, diese Worte auch zu fühlen. Doch mein Kopf sagte gleichzeitig: »Du glaubst doch wohl nicht im Ernst, dass ich so dumm bin, oder?« Ich konnte den ganzen Tag lang die Worte »*Ich liebe mich*« wiederholen, aber sie waren und blieben eine Lüge. Doch noch im selben Jahr hatte ich meinen ersten Durchbruch mit der Selbstliebe.

Das Glas Wasser

Dank meiner übersinnlichen Fähigkeiten kann ich die Wirkung von Gedanken auf Dinge und die Wirkung der Frequenz einer Sache auf etwas anderes visuell sehen. Ich sehe buchstäblich, wie Gedanken wie »*Ich werde niemals gut genug sein*« direkt im Magenbereich Einzug halten und dort gesundheitliche Probleme wie Magenschleimhautentzündungen oder Geschwüre verursachen.

Wenn irgendwie möglich, trinke ich kein Leitungswasser, weil ich sehe, wie sich die Chemikalien und die Wasserrohre auf die Energie des Wassers auswirken. Wie ich eingangs schon erwähnt habe, existiert für mich die Grenze zwischen Gedanke und Wirklichkeit, der physischen und der nicht physischen Ebene nicht. Und dennoch hatte ich, gefangen in der Ohnmacht meines Selbsthasses, eine großartige Chance übersehen.

Eines Abends ging ich in die Stadtbibliothek, um ein paar Filme auszuleihen. Schon immer schaue ich mir gerne Dokumentarfilme an, und diesmal zog mich der Film *Water: The Great Mystery* an. Darin ist vom »Strukturieren« von Wasser die Rede, und es wird gezeigt, was ich schon immer gesehen habe, nämlich dass alles im Umfeld des Wassers auf das Wasser Einfluss ausübt und unser Körper mit seinem hohen Wasseranteil genauso funktioniert. In dem Dokumentarfilm wird strukturiertes Wasser ins Meer geschüttet, um damit, so die Vorstellung, das Meerwasser positiv zu beeinflussen.

Nachdem ich den Film zur Hälfte gesehen hatte, drückte ich auf die Pausetaste und suchte eiligst nach einem Stift und Papier;

mir war endlich ein Licht aufgegangen. Ich konnte kaum glauben, wie mir etwas so Offensichtliches entgangen war. Ich konnte mich nicht so positiv auf mich fokussieren, dass ich mich selbst lieben konnte, aber ich konnte mich positiv auf etwas anderes fokussieren. Bei der Vorstellung, etwas Liebenswertes an mir zu finden, drehte sich mir der Magen um; aber wenn ich meinen Sohn anschaute, fielen mir unzählige Dinge ein, die ich an ihm liebte. Es war ganz einleuchtend: Ich könnte ein Glas Wasser nehmen und an all das denken, was ich an meinem Sohn liebte; ich könnte diese ganze, von Herzen kommende Zuneigung und den positiven Fokus auf das Wasser lenken und dieses Wasser dann trinken.

Ich fühlte mich wie ein General im Krieg, der sich gerade das »Trojanische Pferd der Selbstliebe« ausgedacht hatte. Wie ein Gegengift konnte ich das Wasser in meinem Körper, in dem der Selbsthass einprogrammiert war, umstrukturieren und mit den Schwingungen der Liebe überschwemmen, die ich dem Glas Wasser eingegeben hatte. Ich war mir nicht sicher, wie ich darauf reagieren würde, und führte mein kleines Experiment aus Angst an diesem Abend noch nicht durch. Aber als mein Sohn am nächsten Tag ein Schläfchen hielt, fasste ich Mut und probierte es aus.

Teal, das Versuchskaninchen

Viele große Geister, beispielsweise Benjamin Franklin, Jonas Salk und Albert Hofmann, probierten ihre Hypothesen selbst an sich aus. Auch ich habe das mit meinen Ideen immer so gemacht. Und so stand ich am Tag, nachdem ich diesen Einfall hatte, in der Küche und war leicht panisch. Sicher, ich ließ keinen Drachen in einem Gewittersturm fliegen wie Benjamin Franklin, aber mein ganzer Körper schrie: »Lauf weg!«, als ob ich einen Riesenfehler machte.

In mir tobte ein Kampf, als ich das Wasser ins Glas goss und alles, was ich an meinem Sohn so liebte, in dieses Wasser fokussierte. Als die Zeitschaltuhr nach fünf Minuten klingelte, hob ich das Wasserglas an meine Lippen und trank das Wasser wie eine Arznei, so schnell ich konnte. Ich dachte, ich würde mich auf der

Stelle besser fühlen und voll innerer Freude sein. Aber da hatte ich mich gründlich getäuscht! Ich fing an zu zittern, und mir wurde schlecht. Mein ganzer Körper war in Aufruhr, aber anstatt mich zu übergeben, begann ich zu schluchzen. Mein Körper reinigte sich von jahrelang angestautem Kummer und Leid, und ich hatte buchstäblich das Gefühl, als hätte ich ein Abführmittel genommen.

Gut 20 Minuten lag ich wie ein Fötus auf dem Küchenboden und weinte. Allmählich klang das Schluchzen ab, und ich verspürte eine überwältigende Erleichterung, fühlte mich geerdet. Bei einem Spaziergang empfand ich das allererste Mal eine Ahnung von innerem Frieden. Es hatte nichts mit ekstatischer Begeisterung zu tun, aber ich versuchte auch nicht mehr verzweifelt, vor mir selbst wegzulaufen. Also beschloss ich, mit meinem kleinen Experiment weiterzumachen, und zwar jeden Tag, einen Monat lang immer zur selben Zeit.

In der ersten Woche reagierte ich immer gleich. Das Wassertrinken war wie eine chemische Reaktion, bei der zwei sich heftig bekämpfende Energien in meinem Körper einen Krieg miteinander ausfochten. Danach ließen die Reaktionen auf meine »Übung« allmählich nach. Ich war dabei, mich der mir unvertrauten Frequenz der Liebe anzupassen.

Dann passierten immer wieder seltsame Dinge. Auch im Außen fanden Veränderungen statt. Ich lobte einem Freund gegenüber meine Kochkünste; das hätte früher sofort eine Spirale des Selbsthasses und der Schuldgefühle in mir ausgelöst, doch diesmal fühlte es sich nicht falsch an. Ich probierte es mit Affirmationen und stellte fest, dass es nicht mehr ganz so schwierig war, sie zu glauben. Ich konnte sagen: »Ich mag die Farbe meiner Haut«, und meinte das auch so. Die wütende Stimme in meinem Kopf, die immer so Sachen sagte wie: »Kein Mensch kann dich lieben, du bist einfach zu schwierig«, oder: »Ausgerechnet du musst das sagen«, oder: »Na, da hast du Dummkopf ja mal wieder was Schönes angerichtet« – diese Stimme verstummte nach und nach. Und auch meine Angst wurde weniger.

Das erinnerte mich daran, wie ich einmal vor Jahren zufällig ein Interview im Radio hörte, als ich über Land fuhr; ich werde nie vergessen, was dabei über die Buchstaben des Wortes »*Anxiety*« *(Angst)* geäußert wurde. Wenn man die Buchstaben anders anordnet, entsteht »any exit« (»irgendein Ausweg«). Angst ist der Versuch, irgendeinen Ausweg zu finden, um zu entkommen. Wie ich erkannte, war die Ursache meiner Angst mein Versuch, einen Ausweg zu finden, um vor mir selbst zu flüchten. Mit zunehmendem »Training« in Selbstliebe schwand allmählich mein Wunsch, vor mir davonzulaufen, und damit auch meine Angst.

Durch das Trinken von Wasser, das mit Liebe getränkt worden war, gewann ich durch die Hintertür Zugang zu meinem Selbsthass; damit wurden für mich auch die anderen Selbstliebe-Übungen einfacher. Ich hatte sozusagen durch die Hintertür die dicken Mauern eingerissen, die die Liebe abwehren sollten, und von diesem Zeitpunkt an konnte ich mich der Selbstliebe auch durch die Vordertür nähern. Ich machte mich an die Aufgabe, das perfekte Rezept für Selbstliebe zu entwickeln und dafür alle einzelnen Zutaten zu identifizieren.

Schluss mit dem Ritzen

Körperlich schwächte mich mein Selbsthass vor allem aufgrund meiner Sucht nach Selbstverletzungen durch Schnitte, und das war meine nächste große Hürde. Seit ich elf Jahre alt war, war ich süchtig danach, mich selbst zu verletzen. Endorphine blockieren das Schmerzempfinden und spielen auch bei Gefühlen der Erleichterung und der Lust eine Rolle. Sie haben eine ähnliche Wirkung wie Kodein oder Morphium. Wenn Endorphine an die Opioidrezeptoren im limbischen System andocken, zu dem auch der Hypothalamus gehört, empfinden wir Erleichterung, Lust und Befriedigung und fühlen uns ruhiger und mit positiver Energie aufgeladen.

Es ist so: Wenn der Körper Schmerz verspürt, werden im Gehirn Endorphine freigesetzt; sie lindern den Schmerz und laden uns mit Energie auf, sodass wir uns in Sicherheit bringen können. Die Schnitte, die ich mir zufügte, linderten also meine negativen Emotionen. Es ist ein Bewältigungsmechanismus, durch den intensive

Gefühle wie Angst, Schuld, Niedergeschlagenheit, Stress und emotionale Gefühllosigkeit zeitweilig gemildert werden, desgleichen Versagensgefühle, Selbstverachtung, mangelndes Selbstwertgefühl oder Perfektionsdruck.

Genauso, wie man süchtig nach einer Droge werden kann, kann man auch süchtig werden nach den chemischen Stoffen, die der eigene Körper in Reaktion auf bestimmte Dinge produziert. Sobald der Akt des Ritzens mit dem damit einhergehenden Gefühl der Erleichterung assoziiert wird, werden im Gehirn neurale Pfade aufgebaut, die die betroffene Person automatisch dazu zwingen, beim Fühlen negativer Emotionen nach Erleichterung zu suchen, in diesem Fall durch Ritzen.

Dieses Gefühl ist mir zutiefst vertraut. Wie ein eingesperrtes Tier, so sind Menschen, die sich selbst mit Schnitten verletzen, in einem Gefängnis, in dem negative Emotionen, insbesondere Verzweiflung, Hass und Wut, nicht ausgedrückt werden können. Solche emotionalen Zustände werden deshalb verinnerlicht. Die Energie kann nirgendwohin, außer nach innen.

In meiner Kindheit und Jugend trug ich an der Last eines sehr großen Geheimnisses. Ich führte ein Doppelleben: einerseits das Leben mit meinen Eltern, andererseits eines ohne meine Eltern, ein krankes und verdrehtes Leben, erschaffen von einem Psychopathen, der angeblich mein Mentor war.

Von Anfang an hatte mein Peiniger mir beigebracht, dass das Gefühl der Ruhe durch Bestrafung, entweder durch jemand anderes oder sich selbst, das Licht Christi sei, der einen von seinen Sünden freispricht. Ritzen wurde zu meinem Bewältigungsmechanismus. Immer, wenn ich mich in der Falle, schuldig, verzweifelt oder wütend fühlte, nahm ich dazu Zuflucht, insbesondere dann, wenn ich meinte, mit mir stimmte etwas nicht oder ich sei schlecht. Mit Selbstverletzungen verdeckte ich auch andere Verletzungen, die mein Peiniger mir zugefügt hatte.

Nur eine Phase ... oder doch nicht?

Leider schürten meine Eltern ganz unabsichtlich meinen Selbstverletzungsdrang. Zu Hause waren meine Emotionen nichts wert, ich war ja als »psychisch krank« gebrandmarkt, denn meine Eltern glaubten, es gäbe überhaupt keinen Grund für mich, mich so schlecht zu fühlen, wie ich es offensichtlich tat. Sie dachten, die einzig mögliche Erklärung sei, mit mir würde etwas nicht stimmen. Eigentlich ein ganz logischer Schluss, aber er wandte sich gegen mich. Meine Eltern stützten die Vorstellung, mit mir würde etwas nicht stimmen, weil ich mir diese Schnitte zufügte, doch dadurch verstärkten sie in erster Linie den Grund dafür, warum ich das tat.

Die Psychologen und Psychiater waren keine Hilfe, denn sie erzählten meinen Eltern immer wieder, das sei nur eine Phase, eine »Teenager-Sache«, die ich, wenn ich erst einmal 18 sei, hinter mir gelassen hätte. Doch dann wurde ich 18 und ritzte mich immer noch. Daraufhin versicherten sie, mit 25 sei es vorbei. Doch ich wurde 25 und fügte mir nach wie vor Schnitte zu. Nun hieß es, sobald ich selbst Mutter sei, sei Schluss damit. Doch ich wurde Mutter und hatte immer noch gelegentliche Rückfälle. Und natürlich gaben meine Eltern irgendwann auf. Ich probierte alles aus, was an Vorschlägen so kam, um damit aufzuhören, und unter Umständen wäre ich vielleicht immer noch damit beschäftigt, wenn ich nicht mein inneres Kind kennengelernt hätte.

Bei einer der wichtigsten Techniken der Traumaintegration lässt man die Klienten bewusst zu ihren traumatisierenden Erinnerungen zurückgehen, das kindliche Selbst aus all diesen Erinnerungen erlösen und diese kindliche Version der eigenen Person an einen sicheren Ort bringen, um es dort neu zu »beeltern«.

Nachdem ich meinen Fall bei der Polizei angezeigt hatte, erhielt ich als Opfer eines Verbrechens etwas Geld als Entschädigung, welches es mir ermöglichte, die führende Traumaspezialistin des Bundesstaates aufzusuchen, die warmherzigste Frau, die ich jemals kennengelernt habe. Als sie ins Wartezimmer kam, um mich aufzurufen, dachte ich, sie sah ein bisschen wie eine Barbie-Puppe in mittleren Jahren aus. Als sie mich das erste Mal in meine Erinnerungen führte, damit ich mit meinem kindlichen Selbst interagieren konnte, weinte ich unaufhörlich. Ich sah, wie klein, verletzlich und rein ich war. Nachdem ich mich so lange verdorben und schmutzig gefühlt hatte, war es für mich ein Schock, diese verletzliche und unschuldige Seite von mir zu sehen.

Eine schockierende Begegnung mit mir selbst

Zunächst hatte ich Angst vor meinem kindlichen Selbst. Beim mentalen Kontakt hatte ich Angst davor, dieses kleine Mädchen zu berühren. Ich musste mir Engel oder Kriegerprinzessinnen vorstellen, die es vor ihren Erinnerungen, in denen es gefangen war, retteten und es trösteten. Mit der Zeit gewann ich so viel Vertrauen, dass ich mir vorstellen konnte, wie ich selbst mein kindliches Selbst in den Armen hielt. Ich nahm Verbindung mit meinem inneren Kind auf und begann, dieses Kind zu lieben. Für mich ist die Arbeit mit dem inneren Kind die vielleicht beste emotionale Heiltechnik, die je entdeckt worden ist. Dabei wird nicht nur ein Symptom angegangen, sondern die Ursächlichkeit des emotionalen Traumas modifiziert. Doch mein Respekt für diese Arbeit sollte noch weiter steigen.

Wie mir vor einigen Jahren klar wurde, geht das innere Kind mit dem physischen Erwachsenwerden nicht weg, bei niemandem – es wohnt immer in uns. Ich dachte mir, alles, was ich mir selbst antue, tue ich letztendlich auch meinem inneren Kind an. Wie fast alle Menschen mit Selbstverletzungstendenzen hatte ich einen »rituellen Ort«, an dem ich mir die Schnitte zufügte. Bei mir war das die Badewanne. Ich durchwühlte meine alten Fotos in der Garage, suchte nach einem Kinderbild von mir, auf dem ich ganz besonders unschuldig und liebenswert aussah, und befestigte dieses Bild an den Kacheln neben meiner Badewanne.

Und tatsächlich verspürte ich eines Tages erneut ein wahnsinniges Verlangen, mich zu ritzen. Ich ging ins Badezimmer, sperrte die Tür zu, zerbrach eine Glastasse und nahm mir das größte Stück Glas, das ich finden konnte. Ich stieg in die Badewanne und sah mich selbst als kleines Kind auf dem Foto. Zuerst war ich fast wütend über die Last der Verantwortung, die ich beim Anblick dieses Bildes verspürte. Ich brauchte Erleichterung, aber dieses kleine Kind auf dem Bild schaute mich mit so unschuldigen Augen und so voller Vertrauen an – und ich war dabei, dieses Vertrauen zu enttäuschen und diese Unschuld zu zerstören.

Ich überlegte mir: Was machte ich da im Hinblick auf »Alles, was ich mir antue, tue ich meinem inneren Kind an?« Ich sah geistige Bilder, wie dieses kleine Mädchen spielte und kicherte, sah, wie ich seinen winzig kleinen Arm ergriff und mit der Glasscherbe darüberfuhr, bis es blutete. Ich stellte mir vor, wie es weinte, sein Ärmchen von mir wegzog und einfach nicht verstand, womit es das verdient hatte.

Ich fühlte mich wie eine Kinderschänderin und brach angesichts der Tragödie, die ein solches Handeln verursachen würde, in Tränen aus. Es war, als ob ich mich wieder mit der Unschuld und dem Vertrauen verband, welche, als ich ein Kind war, in mir zerstört worden waren. Ich konnte mich als Erwachsene verletzen. Aber einem Kind konnte ich nicht wehtun. Ich ließ die Scherbe in die Badewanne fallen, schaute das Foto an und weinte. Mein Körper verlangte immer noch danach, verletzt zu werden, aber ich brachte es nicht fertig.

Durch den Kontakt mit meinem inneren Kind erkannte ich die Tragödie meines Lebens und konnte mich als *verletzten* anstatt als *schlechten* Menschen betrachten. Jahrelang hatte ich gedacht, bei mir wäre alle Mühe vergeblich und ich könnte nicht geheilt werden; doch jetzt sah ich, dass meine Unschuld nicht wegging. Sie war wie ein winziges Flämmchen eines Streichholzes, das zwar flackerte, aber nicht verlosch.

Ich fand das mir innewohnende Gute wieder, den Teil von mir, der von diesen Leuten, die alles andere an mir verletzt und zerstört hatten, nicht verletzt werden konnte. Nach und nach beelterte ich mich neu. Ich liebte mein inneres Kind und sorgte für es, und so lernte ich, mich selbst zu lieben und mich um mich zu kümmern. Letztendlich befreite ich mich dadurch aus einer Sucht, mit der ich über 20 Jahre gekämpft hatte.

Kapitel 4

Meinen Sinn finden

Die große Abkürzung

Zu Beginn meiner Reise wurde ich, wie ich zugeben muss, oft eifersüchtig, wenn ich Leute beobachtete, die sich selbst liebten; ich saß da und machte ein finsteres Gesicht. Wer sich selbst und sein Leben hasst und dann auf Menschen trifft, die sich putzmunter und glücklich ihres Lebens erfreuen, würde diese Leute zunächst einmal am liebsten umbringen. Das klingt vielleicht arg hart, aber Sie wissen schon, was ich meine.

Ich nahm es übel, wie sie nach Lust und Laune Entscheidungen trafen, die für sie am besten passten, als ob das so einfach wäre. Doch dann ging mir auf: Vielleicht *ist* es eben so einfach. Vielleicht machten wir anderen es uns schwer. Wie mir klar wurde, hatte ich die lange Straße genommen, um mich gut zu fühlen. Diese Leute dagegen, die sich selbst liebten, nahmen die Abkürzung. Ich war auf der *Jagd* nach Glück, doch sie *entschieden* sich dafür.

Ich hatte keine Ahnung, was mich glücklich machen würde, ebenso wenig, was meine Lebensaufgabe bzw. der Sinn meines Lebens war. Doch inzwischen kenne ich die Wahrheit: Auf dem Weg zum Glück und zum Sinn des Lebens gibt es so etwas wie eine falsche Entscheidung nicht, denn es geht dabei nicht nur um *eine Sache.* Sein Glück und seinen Lebenssinn zu finden hat mit allen Entscheidungen zu tun. Zum besseren Verständnis folgen hier ein paar Beispiele aus meinem Leben.

In jüngeren Jahren wollte ich ein professionelles Model werden. Auf den ersten Blick ergab das überhaupt keinen Sinn. Ich war eine

Denkerin und ein Wildfang, extrem introvertiert und verbrachte fast meine gesamte freie Zeit mit Schreiben.

Mit der Zeit ergab dieser Beruf sogar noch weniger Sinn. Ich hasste ihn. Es war ein erbarmungsloses, seichtes, unangenehmes Geschäft. Mein Versuch, in die Welt der Models zu passen, war wie der Versuch, einen viereckigen Zapfen in ein rundes Loch zu stecken. Doch wie ich inzwischen weiß, gibt es so etwas wie Fehler nicht, deshalb war dieser Schritt, so wenig er passte, dennoch auf vielerlei Art wertvoll. Meine Lebensberufung war das allerdings ganz bestimmt nicht.

Die Wahl zwischen College und Wurzelbehandlung

2006 war ich nach wie vor auf der Suche nach meinem Weg und entschied mich, das College zu besuchen und Philosophie als Hauptfach zu studieren. Ich stammte ja aus einer sehr gebildeten Familie und war davon überzeugt, mit einem College-Abschluss würde ich glaubwürdiger sein und mehr respektiert werden …, allerdings gab es da ein Problem. Ich *hasse* Unterricht. Ich saß in den dunklen Hörsälen, hörte den Vorlesungen zu und fühlte mich wie bei einer Wurzelbehandlung beim Zahnarzt. Es war einfach schrecklich.

Beim Anblick all der anderen Gesichter fragte ich mich, ob nur Leute Philosophie studieren, die, so wie ich, depressiv, passiv suizidal und verzweifelt auf der Suche nach einem Sinn im Leben sind. Nach einem Monat schwante mir, dass ein solcher Abschluss in Philosophie mir nie im Leben etwas nützen würde. Wenn wir erst einmal mit dem Studium fertig wären, würde uns kein Mensch dafür bezahlen, herumzusitzen und zu *denken*.

Ich fragte mich: *Warum wünsche ich mir eigentlich Glaubwürdigkeit und Respekt?* Die Antwort lautete: Es würde sich gut anfühlen. Plötzlich ergab ich für mich selbst keinen Sinn mehr. Da saß ich im College, fühlte mich miserabel und hasste jede Minute, weil ich mich *gut* fühlen wollte? Anders ausgedrückt: Ich fühle mich jetzt schlecht, weil ich denke, dass ich mich dadurch irgendwann mal gut fühle? Ich brachte da wohl etwas durcheinander.

Als Philosophiestudentin wusste ich natürlich meistens, wie solche geistigen Rätsel einen Sinn ergeben. Doch egal, von welcher Seite ich es betrachtete: Dies war überhaupt nicht sinnvoll. Anstatt direkt das in Angriff zu nehmen, wodurch ich mich gut fühlte, versuchte ich es mit einem Umweg. Also fragte ich mich: *Was würde jemand, der sich selbst liebt, wohl tun?*

Und sofort wusste ich die Antwort: Eine solche Person würde das, was sich gut für sie anfühlt, auf der Stelle tun.

Was fühlt sich für mich gut an? Wintersport. Ich liebte das Freiheitsgefühl, wenn ich auf meinen Schlittschuhen über die glatte Eisfläche glitt. Ein Jahr zuvor hatte ich es zwar ins U.S. Telemark Ski-Team geschafft, fand aber keinen Sponsor für meine Karriere als Skirennläuferin; also tauschte ich meine Skier offiziell gegen Schlittschuhe ein. Ich dachte, ich würde eine konkurrenzfähige Eisschnellläuferin werden.

Ich sagte mir, irgendeine Art Wintersport professionell zu betreiben sei besser als nichts, aber ich war nicht die beste Eisschnellläuferin der Welt. Ich hatte damit nicht in frühester Kindheit begonnen und war nicht mein Leben lang auf Inlinern herumgerast wie fast alle anderen professionellen Eisschnellläufer.

Ich hatte Potenzial, aber damit hatte es sich auch. Doch ich liebte jede einzelne Minute.

Auf der Suche nach einer anderen Abkürzung zum Glück

Auf meine Frage »*Was würde jemand, der sich selbst liebt, tun?*« lautete die Antwort: *Gib die Schule auf, lass dich Vollzeit auf das Eisschnelllaufen ein und schau nie zurück.*

Genau das tat ich. Ich nahm die Abkürzung zum Glück und lebte mein Leben gemäß der Frage »*Was würde jemand, der sich selbst liebt, tun?*«. Von nun an genoss ich mein Leben. Ich folgte meiner Leidenschaft, und es war toll.

Doch es dauerte nicht lange, und ich war erneut vor eine Entscheidung gestellt. Durch mein äußerst anstrengendes Training geriet ich in die vorzeitige Menopause, und die körperlichen Schäden an meinen Fortpflanzungsorganen aufgrund meiner Kindheitserlebnisse hatten das Zeitfenster für eigene Kinder bereits sehr eingeschränkt. Ich hatte eine Besprechung mit meinen beiden Frauenärztinnen, und beide meinten übereinstimmend, wenn ich weiterhin so hart trainierte, würde ich unter Umständen nie Kinder haben können.

Ich stand vor einer schwerwiegenden Entscheidung: Ist es wichtiger, ein Kind zu haben – oder meinem olympischen Traum nachzujagen? Als Teenager hatte ich insgesamt durch erzwungene Abtreibungen, die mein Peiniger selbst vorgenommen hatte, vier Babys verloren, ein Zwillingspärchen und zwei weitere Babys. Ich hatte das tiefe Bedürfnis, zu erfahren, wie es wäre, mein Baby auszutragen und es nicht wieder zu verlieren. Ein Teil meiner selbst würde nie vollständig sein, wenn ich nie erfahren würde, dass es wenigstens einmal gut ging.

Zu der Zeit war ich gerade frisch verheiratet; mein Mann und ich entschieden gemeinsam, ein Kind zu haben wäre für uns beide wichtiger. Doch die Empfängnis war schwierig. Ich musste eine spezielle Behandlung gegen meine Unfruchtbarkeit mitmachen, und schließlich bekamen wir einen gesunden kleinen Jungen.

Die Geburt meines Sohnes stellte mich vor die nächste Entscheidung: Will ich ein ruhiges Privatleben führen und nur Hausfrau und Mutter sein, oder will ich mich mit meiner Vergangenheit outen, in die Welt hinausgehen und mit dem, was ich weiß und gelernt habe, anderen Menschen helfen, ein besseres Leben zu führen?

Die Antwort auf diese Frage kennen Sie ja schon.

Doch das Beste daran ist: Wenn ich daran denke, wie sich das alles zusammengefügt hat, kann ich eigentlich nur lachen. Als ich als Model arbeitete, lernte ich, mich extrovertiert zu präsentieren, wurde mit der Kamera und großen Menschenmengen vertraut. Heute verbringe ich fast meine ganze Zeit vor einer Kamera und vor Menschen.

Als professionelle Sportlerin erkannte ich, dass ich keine herausragenden Leistungen bringen konnte, solange ich mich nicht meinen inneren Dämonen gestellt und mich von ihnen befreit hätte. Sport resozialisierte mich und gab mir Kraft. Um Erfolg zu haben, musste ich gesund leben. So wurde ich immer besser. Ich wurde gesund. Ich lernte, mit Druck umzugehen. Ich wurde mutig genug, um mich der Öffentlichkeit zu stellen. Das war die perfekte Vorbereitung auf meine heutige Tätigkeit.

Mein Sohn brachte mich dazu, meine außersinnlichen Fähigkeiten anzunehmen; sie sind die Grundlage meines Berufes. Und was am besten ist: Jahre zuvor gab ich den Philosophie-Unterricht auf, nachdem mir klar geworden war, dass niemand jemanden mit einem Philosophie-Abschluss dafür bezahlen würde, herumzusitzen und zu denken. Doch jetzt, nachdem ich den direkten Weg zum Glück eingeschlagen habe und mein Motto ist, so zu leben und das zu tun, was Menschen, die sich selbst lieben, tun, werde ich tatsächlich dafür bezahlt, zu *denken!*

Andere Menschen zur Selbstliebe führen

Nach und nach nahm ich Klienten an – bzw. Klienten fanden den Weg zu mir. Dass die meisten Leute das, was ich über dieses Universum und seine Bewohner wusste und für selbstverständlich hielt, nicht kannten, überraschte mich. Noch überraschender war die Erkenntnis, dass ich mit meinem Wissen den Menschen wirklich helfen konnte. Ein Jahr lang arbeitete ich mit Klienten, und dann erkannte ich zu meiner Überraschung, dass ich diese heilungsorientierte Arbeit liebte. Meine größte Liebe entsprang dem, was ich immer am meisten gehasst hatte.

Ich erinnere mich insbesondere an einen Montagmorgen; ich saß im Schneidersitz auf dem Boden in meinem Schlafzimmer und bereitete mich auf den ersten Klienten des Tages vor. Ein Leben mit meinen Gaben hat nicht nur Vorteile; zum Beispiel ist es mit einem solchen Bewusstsein schwieriger, physisch im Körper präsent zu sein. Ich gleite sofort und unter Umständen unabsichtlich auf die Astralebene. Anfangs hatte ich überhaupt keine Kontrolle darüber und wurde manchmal bewusstlos; doch inzwischen habe ich gelernt, freiwillig präsent und im Körper zu bleiben. Auf die Astralebene zu gehen bedeutet, bewusst oder unbewusst auf eine andere Bewusstseinsebene zu wechseln, weg von der Wahrnehmung des Physischen hin zur Wahrnehmung des Nichtphysischen, wo Zeit und Entfernungen unbegrenzt sind.

Meine offene und bewusste Verbindung zu meinem Höheren Selbst ging in meiner Kindheit nicht verloren; ich stehe immer mit meinem Höheren Selbst in Verbindung und kann mit ihm kommunizieren, auch wenn ich das ignoriere. Deshalb habe ich meine Erinnerung an das, was diesem Leben vorausging und was nach dem Tod kommt, nicht verloren.

Ich kam also mit objektiven universalen Wahrheiten in dieses Leben; unter anderem habe ich Zugang zur Akasha-Chronik. Das sind sämtliche Informationen über alles, was jemals war und ist, verschlüsselt auf der nicht physischen Existenzebene; die Akasha-Chronik wird auch als »Plan Gottes« bezeichnet – eine Ansammlung grenzenloser Informationen, zu denen man Zugang hat, wenn man in einer Art »Quellbewusstsein« ist, beispielsweise in der Meditation, bei einer Astralreise oder unter Hypnose.

Je nachdem, in welchem Bewusstseinszustand ich bin, bin ich mir also vergangener Leben bewusst. Das ist eine Form der Postkognition. Wenn ich Leute kennenlerne, tauchen oft Bilder aus ihrem Leben und ihrer Kindheit und sogar aus vergangenen Leben in meinem Bewusstsein auf – was nützlich oder hinderlich sein kann, wenn ich versuche, mich hier auf dieser Erde auf sie zu fokussieren. Ich muss mich dazu bewusst erden, bevor ich einen Einzeltermin mit jemandem habe, insbesondere wenn mein bewusster Fokus im Hier und Jetzt gefordert ist.

An jenem Montagmorgen war ich also gerade dabei, mich zu erden, da klingelte es um Punkt elf Uhr an der Haustür. Es war Linda, eine 43-jährige Frau, die trotz ihres Alters nur so groß war wie eine Schülerin in der Mittelstufe. Ihr rostiger Kleinlaster war vor dem Haus geparkt und rauchte noch. Ihr fiel das Haar aus, und ihrem spindeldürren Körper, dünn wie ein Weidenzweig, wohnte eine große Traurigkeit inne, die sie mit einem männlichen Auftreten überspielte.

Die Wurzeln von Schuldgefühlen und Selbstverachtung erforschen

Sie trat durch die Tür ins Haus, und mich überschwemmten Bilder von ihr als weinendes, kleines Kind im Bettchen, das niemand hochhob. Auf einem dieser Bilder saß sie auf der Holztreppe ihres Elternhauses und hatte das Gefühl, sie gehörte nicht hierher; ihre Mutter schalt sie, weil sie ihr Spielzeug nicht aufräumte. Ich sah den emotionalen Mangel in ihrer Kindheit, und ich sah auch Bilder von ihrem Vater, wie er, als sie ein junger Teenager war, nachts zu ihr ans Bett kam und Sex von ihr wollte. Wie ich mir das antrainiert hatte, nahm ich die Informationen einfach in mich auf, ohne auf sie zu reagieren, legte sie im Geist beiseite, damit ich ihre diversen Energiesysteme und ihren Körper anschauen und sie sich mir öffnen konnte.

Wir setzten uns in meinen Therapieraum, und als Erstes sagte Linda, sie wisse nicht, warum sie überhaupt hier sei, sie glaube nicht an all das spirituelle Zeug, aber man hatte bei ihr MS diagnostiziert, und das wirkte sich so nachteilig auf ihre Arbeit aus, dass sie es aus lauter Verzweiflung einmal probieren wollte.

Ich fragte sie zunächst einmal, womit genau sie denn Probleme habe, und sie erklärte mir, sie sei Bauarbeiterin und müsse Tag für Tag am Straßenrand stehen. Dabei habe sie immer wieder Schwindelanfälle, ihre Beine würden kribbeln und taub werden; sie müsse sich dann hinsetzen, sonst würde sie zusammenbrechen und könnte den Rest des Tages nur noch am Stock gehen.

Linda fragte mich, ob ich Energieheilung bei ihr machen würde, denn sie hatte gehört, ich könne das. Ich sagte ihr, eventuell ja, aber ich behandle nicht gerne Krankheitssymptome, sondern lieber die Ursache. Das schien ihr nicht zu gefallen. Ich fragte sie, ob sie wirklich bereit sei, tief in sich hineinzugehen und herauszufinden, worin das Problem bestand. Sie nickte wie jemand kurz vor einem Bungee-Sprung.

Ich bat sie, so zu tun, als lebte sie in einer Welt, in der körperliche Beschwerden von schwierigen emotionalen und psychischen Problemen hervorgerufen würden. Dann fragte ich sie: »Was ist bzw. war für dich psychisch oder emotional belastend und schwierig, als die MS-Symptome das erste Mal auftraten?« Ich wollte herausfinden, wie bewusst ihr der Einfluss ihrer Vergangenheit auf ihre emotionale Befindlichkeit war.

Sie antwortete: »Na ja, ich habe das Gefühl, ich sterbe. Es ist, als ob mein Körper keine Nahrung mehr aufnimmt. Ich werde immer dünner und weiß nicht warum.«

Ganz sanft fragte ich sie: »Willst du leben?«

Sie schaute mich geschockt an, war ein paar Minuten lang erst einmal ganz still, um ihre Emotionen zu unterdrücken, und begann dann zu weinen.

»Nein!«, jammerte sie.

Ich kniete mich neben ihrem Stuhl nieder und hielt sie im Arm, während sie heftig schluchzte. Als sie so weit war, erzählte sie mir, sie sei furchtbar einsam, aber sie könne einfach mit niemandem eine enge Beziehung aufbauen und habe eine Zeit lang schon geglaubt, sie wäre lesbisch, weil sie vor Männern eine solche Angst hatte.

Ich fragte sie: »Weißt du, warum du Männern gegenüber solche Gefühle hast, Linda?«

»Na ja, mein Papa hat immer mit mir geschlafen, als meine Mama schwanger war.«

Ich sagte zu ihr: »Das allein reicht schon aus.«

Wieder begann Linda zu weinen; wie sie erzählte, war das die einzige Zeit, in der beide Eltern ihr Anerkennung entgegenbrachten hätten, und sie fühle sich schuldig, weil sie sich so fühlen wollte. Ihr Vater schlief mit ihr und sagte ihr dann, sie sei so hübsch, deshalb halte er es einfach nicht in seinem eigenen Bett aus. Sie sei sein Lieblingskind, meinte er, und das sei ihr kleines Geheimnis.

Ich erklärte ihr, dass der Wunsch nach seiner Zuneigung, auch wenn sie vor ihm Angst hatte, bei einem sexuellen Trauma völlig normal ist. Dann fragte ich sie, welche Gefühle sie sich selbst gegenüber hegte.

»Ich bin okay«, antwortete sie.

»Möchtest du wissen, was ich glaube?«, fragte ich sie. »Ich glaube, du hasst dich selbst und wünschst dir, nie geboren worden zu sein.«

Wieder begann Linda zu schluchzen. »Ja, du hast recht«, gab sie zu. Wie bei so vielen Menschen, die Missbrauch überlebt haben, hatte sie die Schuld verinnerlicht, und Selbstverachtung war zu ihrer zweiten Natur geworden.

Wie Krankheit die Kontrolle übernimmt

Im Laufe der nächsten Stunde teilte ich Linda alles mit, was ich über sie wahrnahm, und bestätigte ihr, mit ihrem Gefühl, sie würde sterben, liege sie richtig. Ich erklärte: Wenn jemand nicht wirklich leben möchte, weil sein Leben so schwierig ist, fällt der Körper aus. Das ist so eine Art passiver Selbstmord. Linda hatte nicht nur MS, sondern ihr Körper hungerte sich selbst langsam zu Tode.

Ich erklärte weiter: MS ist eine Krankheit, von der Menschen befallen werden, die für alle Menschen alles sein wollen, weil sie überzeugt sind, das sei die einzige Möglichkeit, geliebt zu werden. Der Stress und der Druck sind zu viel, und da sie auch nicht um Hilfe bitten, macht ihr Körper irgendwann schlapp und zwingt sie, kürzer zu treten und sich von anderen helfen zu lassen. Ich sagte Linda, das sei eine Botschaft, damit andere Leute die Verantwortung für das Leben dieser Menschen übernehmen, und für sie, um sich nur noch auf sich zu konzentrieren.

Lindas Problem war die fehlende Selbstliebe. Da sie sich selbst nicht liebte, konnte sie auch von anderen Menschen keine Liebe annehmen. Auf einer energetischen Ebene ist der Versuch, ein Leben ohne Liebe zu leben, wie ein Körper, der versucht, ohne Wasser zu leben.

Gemeinsam entwickelten wir ein überschaubares Programm mit täglichen Übungen, bei denen es im Wesentlichen um Selbstliebe geht.

Sei es nun, weil sie dazu bereit war oder aus Verzweiflung – auf jeden Fall kam Linda sechs Monate lang alle zwei Wochen zu mir.

Sie hat alle die in diesem Buch dargelegten Prozesse angewandt. Sie lernte, jede Entscheidung auf Selbstliebe zu gründen. Und nur ein Jahr später war sie ein völlig anderer Mensch. Ihr ganzes Leben hatte sich verändert.

Die große Macht der Selbstliebe

In der Woche nach unserem ersten Treffen erzählte mir Linda am Telefon, sie habe ihren Kleiderschrank durchforstet und gemerkt, dass sie nur schwarze und braune Kleidung trug. Daraufhin setzte sie sich im Schlafzimmer auf den Boden, vor sich ein Bild mit einer Farbpalette, und fragte sich: *Was würde jemand, der sich selbst liebt, tun?* Dabei blickte sie auf die Farbpalette und fühlte sich sofort von dem Farbmuster Pastellrosa angezogen.

Wie sie mir gestand, hatte sie Rosa eigentlich nie gemocht. Doch in Wirklichkeit hatte sie die Farbe mit eher »mädchenhaften« Mädchen assoziiert, die, wie sie ja wusste, verletzlich waren. Und das wollte sie nicht, also lehnte sie Rosa ab. Und weil sie sich nie wieder verletzlich fühlen wollte, lehnt sie auch Männer und alle ihre femininen Aspekte ab, ebenso ihre Persönlichkeit, und sie hatte sich sogar für einen, wie sie meinte, männlichen Job entschieden.

Zwei Wochen nach unserem ersten Treffen gestand mir Linda, sie habe gemerkt, dass sie ihre Arbeit eigentlich schon immer hasste: in der Hitze herumzustehen und die Verkehrsabgase einzuatmen, von Autofahrern angeschrien zu werden. Also kündigte sie und beschloss, ihre wahre Leidenschaft gelte den Pflanzen.

Drei Wochen nach unserem ersten Treffen kam sie zu mir und fing zu weinen an, sobald ich die Tür aufmachte. Sie erzählte: »Das ist das Schwierigste, was ich je im Leben gemacht habe. Ich musste alles verändern – und ich meine wirklich *alles* –, und so langsam wird mir klar, dass ich nicht einmal weiß, wer ich eigentlich bin.«

Eine solche Reaktion ist ganz normal. Zunächst fühlt es sich gut an, wenn man sich nach jahrelanger Vernachlässigung endlich wertschätzt. Doch das heißt auch, sich auf eine Welt voller Unsicherheiten einzulassen und so gut wie alles, was man der eigenen

Meinung nach gewünscht und gewollt hat, aufzugeben und sich dafür ein brandneues Leben einzuhandeln.

Ganz von vorn anzufangen ist nicht einfach, ja es kann in echte Quälerei ausarten. Doch wie Linda herausfand, kommt der Schmerz, sein Leben im Namen der Selbstliebe umzuschreiben, nie an den Schmerz heran, der dadurch verursacht wird, dass man von seinem wahren Selbst abgespalten ist und nur halb lebt.

Das erste Jahr arbeiteten wir miteinander. Linda zog nach Kalifornien, um nahe am Meer zu sein. Sie lieh sich Geld und kaufte sich davon ein kleines Stück Land, wo sie in einem Hauszelt lebte. Sie baute Heilpflanzen an und eröffnete schließlich einen Online-Shop für den Verkauf ihrer natürlichen Körperpflegeprodukte.

Zwei Jahre später wurden ihre Produkte in einer Bioladenkette angeboten, und sie konnte sich den Kauf einer kleinen Farm leisten. Ihr Haar begann nachzuwachsen, und sie fand eine für sie stimmige Ernährungsweise, sodass sie auch etwas Gewicht zulegte. Sie lernte einen Mann kennen, der bei ihr immer frische Kräuter für sein kleines Restaurant in der Nähe kaufte. Die beiden heirateten, und trotz Lindas Zweifel hinsichtlich ihrer Empfängnisfähigkeit bekam sie vor Kurzem ein Kind. Und zum großen Erstaunen ihrer Ärzte hat sie seit über einem Jahr keinerlei MS-Symptome mehr.

Lindas Fall ist nur ein Beispiel dafür, was passieren kann, wenn man sich selbst genug liebt – sich so liebt, dass es einem nicht egal ist, wie man sich fühlt, und man seine Gefühle so wichtig nimmt, dass man die richtigen Lebensentscheidungen trifft. Linda veränderte ihr Leben nicht, weil jemand anderes sie heilte. Sie entdeckte auch kein Wunderheilmittel. Aber sie war mutig und gab sich selbst das, was sie, wie sie immer gemeint hatte, hätte von anderen bekommen müssen. Sie war so mutig, dass sie alles riskierte, um zu lernen, sich selbst zu lieben.

Kapitel 5

SYNCHRONIZITÄT

Ein Punkt, an dem das Leben eine andere Richtung nimmt

Kaum ein Jahr nach meiner Flucht vor Doc hatte ich mich von ihm befreit, nicht aber von meinen Dämonen, die mich nach wie vor heimsuchten. Vor allem eine sehr lebendige Erinnerung und die damit verbundenen Emotionen waren meinem Bewusstsein eingebrannt. Ich war damals 18 und hatte auf einer Fahrt mit Doc zum Amtrak Bahnhof in Salt Lake City eine Panikattacke. Er hielt am Straßenrand an, nahm einen Löffel heraus, legte ein braunes Stück Heroin darauf, fügte ein bisschen Wasser hinzu und erhitzte es über der Flamme seines Feuerzeugs. Er zog die heiße Flüssigkeit in eine Spritze, ließ die Luft heraus, stach die Spritze in meinen Arm und zog den Kolben zurück, um zu sehen, ob er auch tatsächlich eine Vene erwischt hatte.

Dieses Mal injizierte er mir die Flüssigkeit zu heiß, sodass meine Vene versengt wurde, als sie wie tausend Käfer meinen Arm hochstieg, meinen Nacken und schließlich mein Gehirn erreichte. Ich versank in der ruhigen, beklemmenden Sicherheit des Heroinrauschs; er fuhr weiter und ließ mich am Bahnhof heraus. Mein Zug kam in zwei Stunden. Ich saß auf dem schmutzigen Boden in einer Ecke des Bahnhofs, die Kapuze meines Sweatshirts über den Kopf gezogen. Mein Arm brannte, und ich starrte auf die vorbeiziehenden Obdachlosen.

Manche von ihnen versuchten, eine Greyhound-Busstation zu finden, andere schliefen auf Bänken, und wieder andere hatten Kartonschilder aufgestellt, auf denen Sachen standen wie »Behinderter Tierarzt, bitte helfen Sie mir, Gott segne Sie.« Obwohl mich die Droge in ein tiefes inneres Loch gestürzt hatte, spürte ich doch meine Enttäuschung darüber, welche Richtung mein Leben genommen hatte.

Hier bin ich also, dachte ich. Ich hatte den Tiefpunkt erreicht.

Doch an dieser Stelle möchte ich zum Jahr 2011 vorspulen, als ich schließlich das Gefühl hatte, mein Leben hatte nicht nur eine andere Richtung eingeschlagen. Ich war professionelle Sportlerin gewesen und hatte das genossen; ich arbeitete als Gesundheitsberaterin, hatte einen Ehemann und einen zweijährigen Sohn. Zu dieser Zeit bot ich als »intuitive Heilerin« und spirituelle Führerin den Klienten Einzelsitzungen an. Eines Tages fuhr ich den Highway 400 South in Salt Lake City entlang und musste an einer Ampel stehen bleiben. Rechts von mir sah ich einen ungepflegten Mann, der eine Mülltonne durchwühlte. Seit jenem Tag am Bahnhof habe ich beim Anblick von Obdachlosen immer das Gefühl, mich selbst in einem parallelen Leben zu beobachten.

Viele Leute meinen, zwischen ihnen selbst und den Unberührbaren unserer Gesellschaft wäre eine große Kluft; doch für mich sind das Leben, das ich jetzt lebe, und das Leben dieser Ausgestoßenen nur um Haaresbreite voneinander entfernt – um ein paar wenige Umstände, die sich anders entwickelten. Ich sah also diesen Mann, der den Müll durchsuchte, und dachte: *Das könnte ich sein. Das könnte ich immer noch sein, wenn ich noch ein paarmal Pech hätte.*

Mein erstes Buch »Sculptor in the Sky«

Als ich an diesem Tag schließlich weiterfuhr, war in mir der Wunsch entstanden, ein größeres Publikum mit meiner Botschaft zu erreichen. Ich wollte nicht nur einzelnen Klienten etwas beibringen, sondern der ganzen Welt, und ich musste eine Möglichkeit finden, das Wissen darüber, wie man sein Leben verbessern kann, auch denen zugänglich zu machen, die sich keine persönliche Einzelsitzung leisten konnten.

Mit dieser brennenden Leidenschaft setzte ich mich in dieser Nacht hin und begann, mein erstes Buch zu schreiben.

Ich glaube, alle Autoren schreiben letztendlich für sich selbst, deshalb hat der Prozess des Schreibens von Natur aus so viel mit Selbstliebe zu tun. Es war, als wenn ich mich mit Papier und Stift ausgerüstet und mit meinem vergangenen Selbst im Kopf hingesetzt hätte – jenem Selbst, das da im Bahnhof saß und gegen seinen Willen mit einer Dosis Heroin vollgepumpt war. Ich dachte: *Was würde ich diesem 18-jährigen Mädchen über die Welt erzählen? Was würde ich ihr über das Leben erzählen, damit sich seine Sichtweise dieses Universum so verändern würde, dass es seine Situation verbessern könnte?*

In nur drei Monaten hatte ich mein erstes Buch fertig; es trug den Titel *The Sculptor in the Sky* und handelte vom Universum und seiner Funktionsweise, warum Glück für das Universum insgesamt wichtig ist und wie man Glück finden kann. Noch im selben Jahr hielt ich meinen ersten Sychronisierungs-Workshop mit 20 Teilnehmern. In kleinen Zeitschriften erschienen Artikel über mich, manche davon schmeichelhaft, andere so beleidigend, dass ich mich weinend im Bett verkroch. Doch sehr schnell hatte ich eine Anhängerschaft.

Und immer wieder fragte ich mich: *Was würde jemand, der sich selbst liebt, tun?* Ich wurde eingeladen, noch ein Interview zu führen, noch einen Artikel zu schreiben, noch eine geführte Meditation und noch einen Workshop zu leiten; und so ging es mit meiner Karriere bergauf. Ich startete ein Online-Videoformat auf YouTube unter dem Namen *Ask Teal.* Jeden Samstag suche ich aus den Tausenden von Einsendungen, die ich erhalte, eine Frage oder ein Thema aus, beantworte die Frage und spreche über meine Sicht des Themas. Im ersten Jahr wurde die Reihe von Millionen von Menschen gesehen.

Und ich begann, Energiebilder auf Leinwand zu malen, und nannte diese Kunstwerke *Frequency Paintings,* also *Frequenzgemälde.* Dank der außersinnlichen Fähigkeiten, mit denen ich geboren wurde, kann ich die energetische Realität der Schwingungen wahrnehmen, die die physische Welt ausmachen, die Sie sehen. Meine

Frequency Paintings sind eine Darstellung der energetischen Schwingungsfrequenz des jeweiligen Themas, welches ich malen will.

Ich malte diese Bilder, weil ich wusste, dass die Energie der Menschen, die sich auf diese Frequenzen fokussieren und sie in ihrem Lebensraum haben, sich von der Frequenz und Amplitude der von mir gemalten Vibrationen »mitreißen« lassen und mit ihnen »resonieren« würden, was ihnen wiederum helfen würde, das Thema stärker und präsenter in ihrem Leben zu manifestieren.

Inzwischen habe ich über 100 solcher Bilder gemalt; sie sind Bestandteil einer »Frequency Billboard Campaign«. Im Rahmen dieser Kampagne sollen diese Frequenzen einen positiven Einfluss auf das kollektive Bewusstsein haben. Wir suchen uns dicht bevölkerte Gebiete aus, die insgesamt eine niedrige Schwingung haben und wo viele Pendler an diesen Bildern vorbeikommen; wie wir wissen, funktionieren diese Frequenzen in ihren spezifischen Gebieten wie eine Riesendosis eines homöopathischen Mittels für die Menschheit und wirken sich positiv auf alle aus, die sich im selben Raum befinden oder sie anschauen.

Ein flüchtiger Blick auf die Realität

Ich fing auch einen Blog an, in dem ich anderen Menschen die Freuden und Schmerzen meines Alltags mitteilte. Meiner Meinung nach ist es an der Zeit, dass die Welt die Vision vom erleuchteten Guru aufgibt. Einen Lehrer als jemanden zu betrachten, der *größer ist* als wir selbst, und zu glauben, er oder sie lebe in einem Zustand erleuchteter Glückseligkeit und unberührt von der Welt, ist kontraproduktiv, denn es trennt uns von unserer eigenen Göttlichkeit. Spiritualität ist für Menschen, die ihre spirituellen Lehrer nicht einfach als Menschen wie du und ich betrachten, schwerer zugänglich. Mein Blog sollte die Trennung zwischen mir und denen, die meiner Arbeit folgen, aufheben. Meinem Gefühl nach bringt es diese Menschen in engeren Kontakt mit ihrer eigenen Göttlichkeit. Seit Jahren lautet der Grundkonsens, Authentizität sei beruflicher Selbstmord für einen spirituellen Lehrer, und seine eigenen

Schattenseiten seinen Schülern zu zeigen würde als Makel betrachtet; kein Mensch wolle einem makel- und fehlerbehafteten Lehrer folgen. Ich stelle diese heilige Überzeugung nun infrage. Ich enthülle die Wahrheiten über mich und biete der Welt emotionale Transparenz. Für mich fühlt es sich nicht richtig an, Menschen zu bitten, mir ihre tiefsten, dunkelsten Ängste, Kümmernisse und Kämpfe offenzulegen, und ihnen im Gegenzug nicht dasselbe zu bieten.

Tatsächlich sah ich mich auf meinem ersten internationalen Workshop in London/England mehr als 400 Teilnehmern gegenüber. Ich war zutiefst erschrocken. Ich hatte zu diesem Zeitpunkt keine Ahnung, welch großen Einfluss ich auf das Leben der Menschen hatte. Zu Hause hatte ich das Gefühl, ich wäre eine verrückte Lehrerin, die an ihren Theorien und Prozessen herumbastelte. Ich fühle mich nicht wie eine Ikone spiritueller Wahrheit.

Doch hier wurde ich plötzlich von weinenden Männern und Frauen umarmt; meine Veröffentlichungen hatten ihr Leben verändert. Nach diesem ersten Workshop im Ausland dachte ich: *Das ist so viel größer als ich.* Das große, umfassende Bild meines Lebens begann für mich sinnvoll zu werden. Wie bei einem Puzzle, das in seiner ersten Ausgabe noch kein vollständiges Bild mitlieferte, hatte ich jahrelang keine Ahnung, wozu das alles führen sollte. Doch ein Stückchen fügte sich ans andere, bis das Gesamtbild meines Lebens einen Sinn ergab.

Insgesamt war mein Weg ganz bestimmt nicht schön. Mein Leben verlief in Richtung Folter und Hölle. Ich war ein typisches Opfer. Doch ich hatte die Wahl, entweder zu sterben oder mich voll und ganz auf das Leben einzulassen. Ich entschied mich für das Leben. Ich setzte die zerbrochenen Teile meines Lebens zu einem neuen Leben zusammen. Ich entkam der Hölle und ließ auf meinem Weg Brotkrumen fallen, damit auch andere Menschen sehen konnten, wie das ging. Und hier waren sie nun, hörten mir zu und setzten das in die Tat um.

Ich weiß nun, ich könnte mit dieser Arbeit nicht aufhören, auch wenn ich es versuchen würde. Im Rückblick und beim Lesen meiner Tagebücher aus meiner Jugend ist klar ersichtlich, dass ich schon immer geschrieben, geredet und Lebensphilosophien entwickelt habe. Es ist meine zweite Natur. Der Sinn meines Lebens ist mir in den Schoß gefallen. So ist das immer; es ist so, als ob mein Leben nie eine andere Richtung hätte nehmen können.

Jetzt habe ich einen neuen Traum Wirklichkeit werden lassen und eine Firma namens Headway gegründet, die positive Veränderungen in der Welt unterstützen soll. Stellen Sie sich vor: ein Unternehmen, welches nur in Ideen investiert, die für die Welt, in der wir leben, wirklich von Vorteil sind. Und stellen Sie sich weiter vor: Das von dieser Firma erwirtschaftete Geld fließt nicht in die Taschen von reichen Vorständen, sondern wird in weitere, der Erleuchtung dienende Projekte investiert. Diese Ideen würden Früchte tragen, und die Firma könnte dank ihrer Stärke und ihrer wirtschaftlichen Möglichkeiten auf Regierung und Politik Einfluss nehmen. Headway wird sich für positiven Wandel in vielen Bereichen engagieren, beispielsweise Bildungsreformen, Gefängnisreformen und Reformen der Lebensmittelindustrie.

Manche Leute finden meine Vision abgehoben, aber ich erinnere diese Menschen daran, dass auch ich es entgegen aller Wahrscheinlichkeit schaffte und mit dieser Thematik vertraut bin. Ich glaube, die Chancen sind nicht so gegen mich, wie manche Leute denken. Ich meine, Menschen in aller Welt sind bereit für dauerhaften Wandel und wollen wirklich, dass alle glücklich sind. Ich habe der aussätzigen Hässlichkeit der menschlichen Natur ins Auge geschaut, nur um festzustellen, dass der Mensch von Natur aus gut ist.

Synchronizität als lebendige Realität

Eine Stunde vor Beginn eines Synchronisations-Workshops lassen sich Hunderte von Menschen auf den Stühlen nieder. Ich sitze im »Künstlerzimmer« und kann manchmal ihre murmelnden Stimmen hören. Ich höre Musik, um mich in Stimmung für die Gruppenerfahrung zu versetzen, und mache eine Übung aus der Traumabewältigung, um gegen mein Lampenfieber anzukämpfen. Ich begrüße meine Sicherheitsleute. Wenn es Zeit ist, auf die Bühne zu treten, gehe ich hinter der Bühne an Boxen, Requisiten und Lichttechnik vorbei und stehe hinter dem Vorhang, während mein Mikrofon eingestellt wird.

Durch den Spalt im Vorhang sehe ich die Gesichter in der Menge. Ich höre das laute Geräusch der einleitenden Worte, die mich auf die Bühne bitten. Ich setze mich auf einen der beiden Stühle, die auf der Bühne stehen. Die Scheinwerfer sind hell und tauchen den Raum in ein Glitzern, baden mich in einer surrealen Wärme, die ich inzwischen liebe. Ich blicke über die Menge, sehe ihre Energiefelder, die ineinanderlaufen. Ich sehe, wie in ihren Auras Muster auftauchen, während sie auf mich reagieren. Die stärksten Muster im Energiefeld eines Menschen sind für mich klar wie der Tag erkennbar.

Immer wenn ich zum ersten Mal in eine Stadt komme, wollen die Menschen dort zwei Sachen wissen, deshalb beginne ich damit normalerweise die Sitzung. Sie wollen wissen, was die stärkste positive kollektive Schwingung der jeweiligen Stadt ist und die am meisten verbreitete negative. So wie es Gastronomiekritiker gibt, bin ich inzwischen so etwas wie eine angesehene »Energiekritikerin«.

In einer Stadt wie Boston beispielsweise, wo die Leute sich an die Philosophie des »Kümmere dich um deine eigenen Angelegenheiten« halten, sehe ich oft das Muster der Einsamkeit in der Energie der Menschen. Einsamkeit führt dazu, dass das Aurafeld in sich selbst zusammenfällt und keine Verschmelzung mit etwas anderem außerhalb dieses Feldes zulässt. Das nenne ich »Eindämmung« im Energiefeld.

Alle Städte haben ihre ganz eigene Vibration und Atmosphäre. Kurz vor dem letzten Synchronisations-Workshop in Los Angeles war ich echt ein bisschen nervös. Meistens sind die Menschen, die an diesen Workshops teilnehmen, so bewusst und mit anderen verbunden, dass sie für den Prozess und die Heilung uneingeschränktes Interesse und Geduld aufbringen. Doch in einer Stadt wie L.A., in der Unterhaltung etwas so Schnelllebiges ist, dass man kaum mithalten kann, hatte ich Bedenken, manche der Teilnehmer würden den Workshop als Unterhaltung oder »Show« betrachten und entsprechend von der Geschwindigkeit echter Heilung, wie sie auf der Bühne geschieht, enttäuscht sein.

Ganz sicher würden die Leute in der Gruppe, die L.A. heiß und innig liebten, über meine energetische Einschätzung ihrer Stadt alles andere als glücklich sein. Ich hätte ihnen liebend gerne eine glänzende Beurteilung gegeben, doch es ist in Wahrheit so: Denjenigen Menschen, die sehr empfänglich für die sie umgebenden Energiefelder sind, graust es vor dieser Stadt. Für mich persönlich ist es eine der härtesten Städte im Land, denn auf energetischer Ebene ist sie so etwas wie ein Vakuum oder wie ein Wirbel.

Die vorherrschend negative Schwingung in L.A. ist giftiger Ehrgeiz; dadurch wird die Stadt zu einer der mörderischsten Städte der Welt. Doch interessanterweise ist die vorherrschende positive Schwingung ebenfalls Ehrgeiz, also ironischerweise die positive Kehrseite des giftigen Ehrgeizes.

Eine synchrone Gruppenerfahrung

Wenn ich mir die Leute auf einem meiner Workshops anschaue, sehe ich deren gemeinsame Schwingungen, sowohl positive als auch negative. Dann entscheide ich, was ich auf Grundlage dessen, was ich sehe, lehren will. Ich wähle die vorherrschende negative Schwingung, die den Menschen gemeinsam ist, als Thema dieses Tages, und zwar aus sehr gutem Grund. Die positiven Schwingungen von Menschen funktionieren ja bereits, also muss ich mich nicht darauf konzentrieren.

Diese Menschen suchen meine Hilfe für ihre Sorgen, für das, was nicht funktioniert, und das sehe ich in den kollektiven Energiefeldern im Raum. Wenn ich beispielsweise sehe, dass die kollektive Schwingung, mit der diese Leute ihre Probleme haben, Einsamkeit ist, dann beginne ich zunächst, über Einsamkeit, Gemeinsamkeit und Offenheit zu sprechen.

Das Ablesen der Energie und die Entscheidung für ein übergreifendes Thema sind spannend und gleichzeitig nervenaufreibend, denn ich kann mich auf meine Veranstaltungen nicht vorbereiten. Ich weiß ja nicht, was ich lehren werde, bis zu der Minute, in der ich vor meinem Publikum sitze. Ich weiß nicht, welche Fragen kommen, bis sie live vor aller Augen und Ohren gestellt werden. So viel zum Thema »Im Rampenlicht stehen«. Aber so finden auch die größten Heilungen statt.

Damit Menschen in der Realität an derselben Erfahrung teilhaben können, müssen sie schwingungsmäßig zusammenpassen. Das heißt, sie müssen so viel gemeinsam haben, dass sie an diesem bestimmten Ort und zu diesem bestimmten Zeitpunkt zusammengeführt werden.

Das ist Synchronizität in großem Umfang, und deshalb ist jeder meiner Synchronisations-Workshops etwas Einzigartiges. Oft fliegen Leute aus aller Herren Länder ein, und egal, wie weit entfernt sie voneinander leben oder welche Sprache sie sprechen, eines ist sicher: Wenn sie physisch teilnehmen können, dann passen ihre Schwingungen perfekt zu denen der anderen Teilnehmer im Raum.

Bei den meisten meiner Synchronisations-Workshops geht es um Fragen und Antworten, aber sie sind in erster Linie eine kollektive Heilerfahrung. Leute, die eine Frage haben, können die Hand heben, so wie in der Schule. Die Energie um die Person herum, deren Frage am besten zum kollektiven Unterbewussten der Gruppe passt, leuchtet sichtlich auf, als würde eine Lichtquelle durch ihre Aura projiziert. Ich rufe diese Person auf die Bühne, sie sitzt mir gegenüber und kann ihre Frage vor der versammelten Menge stellen.

Laut Feedback von Teilnehmern sind diese Workshops authentisch und ursprünglich. Ich habe im Rahmen dieser Workshops eine Möglichkeit für Männer und Frauen entwickelt, die sich in ihren Überzeugungen und ihrem Kampf, zusammenzukommen und sich mit einer Gruppe von Menschen zu vereinen, die sie genauso annehmen und willkommen heißen, wie sie sind, isoliert fühlen. Und wie sie feststellen, sind sie nicht nur akzeptabel, sondern auch liebenswert, trotz ihrer Schattenaspekte. Vielleicht bin ich der Grund, warum all diese Menschen zusammengekommen sind, doch wie jeder Vermittler bin ich nur dazu da, etwas zu ermöglichen, das viel größer ist als ich.

Auf diesen Synchronisations-Workshops passen alle Personen im Raum schwingungsmäßig zueinander. Was ich also zu der Person sage, die bei mir auf der Bühne ist, gilt auch für den Rest des Publikums. Ich führe die Person durch den Mikrokosmos ihres persönlichen Problems in einen Zustand der Bewusstheit und Besserung, und dabei erfährt auch der Makrokosmos dieselbe Bewusstheit und Besserung, was eine Massenheilung für alle Anwesenden bewirkt. Mit jeder neu hinzukommenden Person auf der Bühne erhöht sich die Schwingung im Raum.

Kapitel 6

Ein Leben in Selbstliebe

Sich über Kleinigkeiten freuen

Wenn man berühmt wird, dann, so denken die Leute, reist man überall in der Weltgeschichte herum, verdient Millionen und lässt sich von vorne bis hinten bedienen. Es fällt ihnen schwer, diese berühmte Person als Mensch wie sie selbst zu sehen. Manchmal muss ich echt lachen, wenn ich daran denke, wie die Leute reagieren würden, könnten sie sehen, wie ich in Wirklichkeit lebe. Ich mache meinen Sohn für die Schule fertig – wie alle anderen auch. Ich dusche und rasiere mir die Beine. Ich stolpere zuweilen, wenn ich die Treppe hinuntergehe. Und ich erfreue mich an all den Kleinigkeiten, beispielsweise Seifenblasen, in denen sich alle möglichen Farben spiegeln, oder am Gefühl von ungekochtem Reis in meiner Hand.

In meiner Kindheit und Jugend lebte mein nächster Nachbar im Sommer über 25 Kilometer weit weg. Ich war isoliert und konnte zu nichts und niemandem eine Beziehung aufbauen, außer zu meinen Pferden. Jetzt ist durch den Weg der Selbstliebe für mich eine Gemeinschaft von Menschen entstanden. Wir sind Freunde, die zu einer Familie geworden sind. Wenn ich in meinem kleinen Zimmer schlafe, spüre ich ihre Präsenz im ganzen Haus, welches so bewohnt und abgenutzt ist. Ich male meine Frequenzbilder auf der Staffelei im Zimmer meines Sohnes. Ich sitze im Schneidersitz auf meinem Bett und halte meine neuesten Einsichten und Erkenntnisse in meinem Notebook fest.

Das meiste Vergnügen bereiten mir nicht die außergewöhnlichen Aspekte meines Lebens, sondern die Tatsache, dass in meinem Leben die Sonne aufgegangen ist. Vor vielen Jahren, als mein Leben im Schatten verhüllt war, konnte ich das Licht am Ende des Tunnels nicht sehen. Nichts bereitete mir Freude. Das, was andere Menschen genossen, beispielsweise Sonnenuntergänge oder Partys oder Ferien, verursachte mir Schmerzen. Ich lebte sozusagen in einem Glasgefängnis. Ich konnte hinausschauen, aber die anderen konnten nicht hereinblicken. Ich konnte die Freude nicht berühren, so wie sie das konnten.

Hier höre ich also Bigband Jazz, fülle grüne Paprika in der Küche, es weht eine Brise durch den Raum, und im Ofen duftet der Rhabarberkuchen. Ich höre das Lachen meiner Familie, die hinten auf der Veranda am Spielen ist, und denke: *Das ist Freude.* Endlich weiß ich, wie sie sich anfühlt.

Dennoch ist mein Leben keineswegs perfekt. Zu behaupten, alles sei jetzt wunderbar, wäre eine Lüge. Ich habe immer noch mit den Nachwirkungen meines Traumas zu kämpfen, mit den Leuten, die mich für eine Betrügerin halten, die sich diese Geschichte ausgedacht hat, um damit Geld zu machen. Ich bekomme sogar Drohungen per Mail von Menschen, die mich und das, was ich mache, hassen.

Als Berühmtheit lebt man sozusagen unter einem Vergrößerungsglas; alle Aspekte des Lebens werden vergrößert, das Gute wie das Schlechte. Natürlich bin ich nicht ständig voller Freude. Die Sonne ist auch in meinem Leben noch nicht ganz aufgegangen. Aber die Morgenröte zieht herauf, und ich fühle ihre Strahlen manchmal auf meiner Wange, schmecke das Versprechen meiner Zukunft.

Ich kann nicht behaupten, ich würde alles noch einmal machen, wenn ich die Möglichkeit hätte, aber eines kann ich sagen: Das Licht dieser neuen Morgendämmerung hat mir die Schönheit des Schattens enthüllt. Wie ich jetzt sehe, waren in der Dunkelheit, die ich erduldete, immense Geschenke verborgen. Ich musste das Licht sehen, um die der Dunkelheit innewohnende Schönheit zu erblicken.

Ein Weg voller Leichtigkeit

Wie Sie aus meiner persönlichen Geschichte wissen, musste ich mir meinen Weg durchs Leben erkämpfen, oft auf Händen und Knien, bis ich schließlich an diesem Ort der Freiheit, Freude und Liebe angekommen bin, an dem ich heute stehe. Bei genauerem Hinsehen gelang mir das nicht, weil ich so stark war und mir meinen Platz erkämpfte, sondern weil ich lernte, *zuzulassen*.

Die Straße, die vom Selbsthass zur Selbstliebe führt, ist eigentlich leicht zu gehen, aber nur, wenn wir den Mut haben, diese Leichtigkeit zuzulassen.

Für mich war das eine sehr schwierige Lektion, denn die meiste Zeit verhinderte ich selbst ein Weiterkommen auf dem Weg zur Selbstliebe. Wie fast alle Menschen akzeptierte ich die Vorstellung, mein Leben sei ein harter Kampf; wir sind daran gewöhnt, dass alles anstrengend und schwierig ist, und so fällt es uns schwer, dem Gefühl der Leichtigkeit zu vertrauen.

Wenn Sie erst einmal ein paar der nachfolgenden Techniken praktiziert haben, dann akzeptieren und verstehen Sie hoffentlich so wie ich, dass die schmerzhaften Teile unseres Lebens nicht dazu gedacht sind, uns zu quälen und unser Leben zu ruinieren, sondern deshalb Bestandteil unseres Lebens sind, damit wir lernen, uns selbst voller Mitgefühl anzunehmen und geheilt zu werden. Wenn wir gegen Teile von uns selbst ankämpfen, können wir nicht heil werden. Solange wir irgendeinen Teil von uns, auch unsere Schmerzen, von unserer Liebe ausschließen, ist die Liebe immer an Bedingungen geknüpft.

Schmerz wird nicht durch Selbsthass geheilt, sondern nur durch Selbstliebe. Selbsthass ist wie Treibsand: Je mehr man kämpft, desto tiefer versinkt man darin, bis man keine Luft mehr bekommt. Doch wenn wir aufhören zu kämpfen, können wir uns befreien.

Selbstliebe ist also kein Ziel, um das wir kämpfen müssen, sondern vielmehr ein Seinszustand, der uns in jedem neuen Augenblick offensteht. Wir müssen diese Selbstliebe einfach hereinlassen und zulassen. So gelangen Sie schließlich zur Essenz Ihres Seins, und das ist die Liebe. Ihre innere Essenz kann weder verletzt werden noch verloren gehen. Sie können Sie höchstens daran hindern, durch Sie zu fließen, aber selbst das kann durch Selbstliebe verändert werden.

Jeder Moment, in dem wir einen Schritt vorankommen, ist ein brandneuer Moment mit einem brandneuen Ich. Gehen Sie sanft mit sich um. Sie sind etwas Kostbares in dieser Welt. Ohne Sie wäre die Welt nicht vollständig. Sie sind unschätzbar wertvoll, nicht wegen Ihrer Taten, sondern weil Sie existieren. Sie wissen das noch nicht, aber mit der Zeit werden Sie erkennen, dass Sie selbst die Liebe Ihres Lebens sind.

Seinen eigenen erstaunlichen Wandel erkennen

Was für ein Gefühl, zu wissen, dass sich mein eigenes, gebrochenes und verbogenes Leben schlussendlich wie eine Erfolgsgeschichte anhört! Zum ersten Mal kann ich wie bei einem fertig gelegten Puzzle das gesamte Bild meines Lebens sehen. Ich weiß, warum ich als Kind eben die Erfahrungen machte, die ich gemacht habe. Ich fühle meine Aufgabe und weiß nun, wozu ich wirklich hier bin.

Vor einigen Jahren, mit 26, erlebte ich etwas ganz Erstaunliches. Zum ersten Mal in meinem Leben sagte ich zu einem anderen Menschen: »Ich *liebe* mein Leben.«

Was habe ich also gemacht, um diesen wunderbaren Wandel zu bewirken – den Schritt von Selbstmordgedanken, dem höchsten Akt des Selbsthasses, hin zu dem Punkt, an dem ich mein Leben liebe?

Die Antwort ist ziemlich einfach: *Schritt für Schritt habe ich mir beigebracht, mich selbst zu lieben.*

Ich habe Folgendes herausgefunden: Egal, welche Kindheit man hatte (außer man wurde von Wölfen aufgezogen) – man hat immer ein Problem mit Selbstliebe.

Wie so oft bei Leiden öffnete sich für mich dadurch die Tür zu einer Erleuchtungserfahrung. Ich schritt durch diese Tür hindurch und bin nun davon überzeugt, dass meine außersinnlichen Fähigkeiten zusammen mit dem tiefen Selbsthass, den ich aufgrund meiner Kindheitserlebnisse nährte, mich befähigt haben, Menschen vom Selbsthass zur Selbstliebe zu führen. Und so habe ich die Lektionen und Techniken entwickelt, die nun den Rest des Buches füllen: mein »Toolkit der Selbstliebe«.

Teil II

Teals Toolkit der Selbstliebe

Wie das Toolkit der Selbstliebe verwendet wird

Blumen der Selbstliebe hegen

Kennen Sie den Spruch *»Um ein Unkraut auszumerzen, muss man es mit den Wurzeln ausreißen«*? Genauso ist es mit dem Selbsthass. Wir müssen ihn mit den Wurzeln ausreißen und durch Selbstliebe ersetzen. Dadurch verschwindet das Unkraut in Ihrem Leben und wird durch Blumen ersetzt. Jeder einzelne äußere Lebensumstand wird besser. Selbstliebe ist der höchste aller Seinszustände, in dem wir glücklich sind. Üben Sie sich in Selbstliebe, dann werden sich all Ihre Wünsche im Leben erfüllen.

Doch wie geht das? Es gibt eine Million Selbsthilfemöglichkeiten und -methoden für ein besseres Leben. Die Unzahl an Ideen und Techniken zur Verbessserung des Lebens ist schier überwältigend. Doch eigentlich können wir sie alle aufgeben und stattdessen eines tun: *Lernen, uns selbst zu lieben.* Deshalb bezeichne ich die Selbstliebe so oft als die große Abkürzung. Wenn wir lernen, uns selbst wirklich zu lieben, nehmen wir das ganze Universum an.

In diesem Leben arbeiten wir nur an einer einzigen Sache: der Selbstliebe. Selbstliebe – das ist, wenn Sie *»Ich liebe dich«* zu sich selbst sagen. In dieser Welt scheinbarer Dualität meinen wir vielleicht, wir selbst und die Welt seien zwei verschiedene Dinge. Doch in Wirklichkeit existiert diese Trennung nicht. Alles in Ihrem Leben ist in Wirklichkeit eine Projektion Ihrer selbst.

Mitgefühl üben ist Selbstliebe üben. Anderen helfen ist Selbstliebe. Jemandem vergeben ist Selbstliebe. Wenn Sie auch nur ein winziges bisschen Widerstand gegen etwas hegen, können Sie sich nicht wirklich selbst lieben. Wenn Sie dieses Buch lesen, dann wissen Sie allerdings höchstwahrscheinlich nicht, wie Sie sich selbst lieben können.

Wir wollen also klarstellen: So gut wie allen, die dieses Buch lesen, wurde beigebracht, sich selbst zu lieben sei selbstsüchtig – und Menschen, die sich selbst lieben, seien die anderen egal. Eine weitere Lektion hieß: Wir seien unvollkommen und der Sinn des Lebens auf dem Planeten Erde bestehe darin, wie wir *besser* sein können. Um geliebt zu werden, so lernten wir, müssten wir gut sein. Und so wurde uns die Überzeugung eingepflanzt, wir könnten nur auf Liebe hoffen, wenn wir das erreichen, was die anderen als »Erfolg« betrachten.

Und das vielleicht Schlimmste ist: Wir haben auch gelernt, um gut zu sein und geliebt zu werden, müssten wir uns selbst bestrafen, wenn wir diese Standards nicht erfüllen. Dieses Buch beruht auf der Prämisse, dass das einfach nicht wahr ist.

Eine der schlimmsten kollektiven Störungen der Menschheit ist die Überzeugung, *nicht zu genügen* – eine Überzeugung, die wir als reinen Mangel an Selbstliebe bezeichnen können und die alles durchdringt und Mangel in allen anderen Lebensbereichen erzeugt. Die meisten Menschen lieben sich selbst nicht wirklich. Gehören auch Sie dazu? Meinen auch Sie, Sie seien unzulänglich, und lieben sich deshalb noch nicht? Sie sind bei Weitem nicht der bzw. die Einzige. Und dieses Buch ist für Sie geschrieben.

Woher kommt Selbsthass?

Zunächst einmal möchte ich erklären, wie es so weit kommen konnte. Keiner von uns wurde als Kind wirklich vollkommen geliebt. Das ist die Aufgabe, die wir in unserem Leben bewältigen müssen. Wir sind auf die Erde gekommen, um zu lernen, uns selbst zu lieben. Um Selbsthass zu entwickeln, braucht es keinen Missbrauch in der Kindheit. Selbsthass wird genau von der Gesellschaft kultiviert, in der wir leben, und selbst »gute Eltern« verstärken diesen Selbsthass.

Der Prozess, der uns Selbsthass lehrt, nennt sich *Sozialisierung*. Egal, wie gut Ihre Kindheit war, Sie haben als Kind wahrscheinlich zumindest einige der folgenden Aussagen zu hören bekommen und sie sich eingeprägt: *Schäm dich; schau nur, was du angestellt hast. Hör damit auf; leg das hin. Nein, nein, nein. Ich fass es nicht – hast du deine Lektion nicht gelernt? Das weißt du eigentlich besser.*

Und wahrscheinlich geistern immer noch viele negative Sprüche in Ihrem Kopf herum: *Böses Mädchen. Böser Junge. Ich hab's dir doch gesagt. Weil ich das gesagt habe. Was glaubst du eigentlich, wer du bist? Wie kannst du es wagen? Widersprich mir nicht. Das solltest du nicht fühlen. Das geschieht dir recht. Denkst du eigentlich nur an dich selbst?*

Die Erwachsenen, mit denen Sie als Kind zu tun hatten, wollten Sie damit nicht absichtlich verletzen; sie haben Sie einfach nur auf die einzige Weise sozialisiert, die sie kannten; haben Sie genauso erzogen, wie sie selbst erzogen wurden, ebenso wie ihre Eltern, Großeltern und Urgroßeltern.

Wahrscheinlich fühlten sich Ihre Eltern, als Sie klein waren, so wie alle anderen: Sie standen ihrem Leben ohnmächtig gegenüber. Sie konnten nicht gut mit sich selbst leben, wenn sie sich als selbstsüchtig betrachteten; also konnten sie, wenn sie etwas »für dich« taten und von Ihnen dieses und jenes Benehmen erwarteten, nicht zugeben, dass es eigentlich um *sie* und nicht um *Sie* ging.

Eltern und andere Erwachsene in unserer Gesellschaft fanden eine Möglichkeit, ihr eigenes Selbstbild zu bewahren, und zwar, indem sie sich und ihren Kindern die folgende Überzeugung vermittelten: »Es ist nur zu deinem Besten.« Diese Lüge wird uns vom ersten Tag an eingeimpft, selbst Kindern, die in sehr liebevollen Familienverhältnissen aufwachsen. Unsere Kinder müssen stundenlangen Unterricht in der gefängnisähnlichen Umgebung namens Schule über sich ergehen lassen; und dann erzählen wir ihnen, es sei zu ihrem eigenen Besten. Wir disziplinieren sie auf psychisch und physisch schmerzhafte Weise – zu ihrem eigenen Besten, wie wir behaupten.

Und wir erzählen unseren Kindern, ihre Wünsche und Begehren seien unangebracht und sie müssten sich etwas anderes wünschen – auch das zu ihrem eigenen Besten. Doch genau darin liegt das Problem.

Als Kinder glauben wir, unsere Eltern hätten womöglich Recht. Wir denken: *Vielleicht ist es wirklich zu meinem eigenen Besten.* Wir glauben, unsere Eltern müssten mehr über die Welt wissen als wir, denn schließlich scheinen sie ja die Kontrolle über unser Überleben zu haben.

Verwirrende Botschaften, die uns das ganze Leben lang verfolgen

So wird uns also eingetrichtert, Dinge, die uns schmerzen, seien zu unserem eigenen Besten. Wir kommen zu der Überzeugung, Lust sei schlecht und Schmerzen seien gut für uns. Unsere Eltern sagten immerzu: »Ich liebe dich, und ich tue das zu deinem eigenen Besten«, fügten uns aber gleichzeitig Schmerzen zu; daraufhin begannen wir, Liebe mit Schmerz gleichzusetzen, und meinten, wir könnten uns selbst nicht vertrauen.

Natürlicherweise haben wir das Gefühl, unser inneres emotionales »Leitsystem« würde uns in die Irre führen. Denn es gibt uns ja zu verstehen, wir würden Freude verspüren bei etwas, was laut Mama schlecht für uns ist, und signalisiert Schmerz bei etwas, was laut Mama gut für uns ist. Kein Wunder also, dass wir nach einer Weile meinen, etwas würde schieflaufen, wenn wir Lust und Erleichterung verspüren. Wir trauen unseren Wünschen nicht über den Weg und geben die Vorstellung auf, unser eigenes Glück sei wichtig.

Sobald wir glauben, Schmerz, Leiden und Selbsthass würden uns zu guten Menschen machen und Liebe bescheren, können wir den Schmerz nicht mehr loslassen, denn wir meinen, er wäre uns nützlich. Wir sind darauf versessen, den Schmerz aufrechtzuerhalten, und verteidigen ihn innerlich. Wir sind davon überzeugt, den Schmerz loszulassen und uns in Richtung Lust und Selbstliebe zu bewegen, mache uns zu einer Bedrohung für die Gesellschaft; wir würden im Stich gelassen, seien böse und *nicht liebenswert.*

Ihre Eltern haben Sie damit nicht absichtlich verletzen wollen, aber sie haben nicht verstanden, dass eine solche Behandlung Ihnen eine sehr traurige Schlussfolgerung nahelegen würde: »Ich bin nicht gut genug.« Sie folgerten: Wenn ich nicht die Liebe bekomme, die ich von Natur aus von ihnen brauche, dann muss das wohl an mir liegen. Und obwohl diese Mutmaßung nicht stimmte, so läutete sie doch den Kreislauf des Selbsthasses in Ihrem Leben ein.

Strafe und Belohnung

Sozialisierung soll die gesellschaftliche Ordnung bewahren und uns zu »guten« Menschen machen. Das Problem dabei ist: Die Gesellschaft denkt in Maßstäben von Strafe und Belohnung und lehrt uns deshalb, dass wir gut sein müssten, um geliebt und akzeptiert zu werden. Und um gut zu sein, müssten wir uns selbst bestrafen. Gute Menschen, so lernen wir, suchten nach ihren eigenen Makeln und auch den Mängeln der anderen, beurteilten diese Fehler und bestraften sich bzw. die anderen dafür so lange, bis sie etwas daran verändern.

Dieses Modell der Sozialisierung funktioniert nicht nur im privaten Familienumfeld, sondern auch im Bildungs- und Justizwesen.

Wir erkennen nicht, dass fast jeder sich selbst hasst, denn Selbsthass ist der normale Zustand in unserer Welt. Selbsthass betrifft nicht nur Menschen, die nach Drogen, Ritzen, übermäßigem Essen oder Magersein süchtig sind oder sich prostituieren oder Verbrechen begehen. Das sind lediglich Beispiele, in den sich Selbsthass unverhohlen statt verdeckt zeigt. Selbsthass kann viele Formen annehmen, von denen etliche genauso schädlich, jedoch unsichtbar sind.

Und wenn wir dann erwachsen sind, hegen wir die feste, unerschütterliche Überzeugung, wir seien von Natur aus schlecht, ohne Strafe würde dieses *Böse* in uns über das *Gute* in uns den Sieg davontragen und wir wären nicht liebenswert.

Selbsthass ist ein autonomer, endloser Prozess der Selbstkonditionierung und das Ergebnis von Normen und Ansprüchen, die wir nie erfüllen können. Dadurch finden wir unser ganzes Leben lang immer etwas, das wir an uns selbst hassen können – bis wir diesen Kreislauf durchbrechen.

Das ist allerdings schwierig. Warum? Weil uns beigebracht wurde, Selbstliebe sei selbstsüchtig und deshalb etwas Schlechtes. Wir können nur darauf hoffen, dass andere Menschen uns vielleicht lieben, und damit das passiert, müssen wir dem, was andere für »gut« halten, entsprechen. Wir übernehmen ihre Erwartungen und bestrafen uns selbst, wenn wir sie nicht erfüllen. Und genau das schaffen wir nicht, denn es sind nicht wirklich unsere *eigenen* Erwartungen, und sie spiegeln deshalb auch nicht unsere tatsächlichen Wünsche wider.

Und die Art von Liebe, die wir dadurch erringen, dass wir die Erwartungen anderer erfüllen, ist keine wahre Liebe, denn um sie zu erlangen, mussten wir uns verändern, was, wie uns die Gesellschaft sagt, bedeutet, dass wir makelbehaftet sind. Und sobald wir uns auf unsere Mängel konzentrieren, finden wir nur noch mehr davon. Daraufhin fällt uns nur eines ein: Wir bemühen uns noch mehr. Und so setzt sich der Teufelskreis fort.

Kein Wunder, dass wir uns immer verlorener und verwirrter fühlen und unser Leben immer schlimmer wird; wir stecken im Sumpf des Selbsthasses und der Hoffnungslosigkeit fest. Der Versuch, im Leben voranzukommen, obwohl wir uns selbst hassen, ist wie der Versuch, mit angezogener Handbremse Auto zu fahren. Wir stecken in der Zwickmühle. Die einzige Möglichkeit, sich davon zu befreien, besteht darin, den Teufelskreis des Selbsthasses zu erkennen, in dem wir gefangen sind.

Wie das Toolkit der Selbstliebe funktioniert

Wenn Sie erst einmal einsehen, dass Sie in einem endlosen Kreislauf feststecken, und sich eingestehen, dass Ihr Leben nicht gut läuft, können Sie sich daran machen, Ihre falschen Überzeugungen über die Liebe auf den Prüfstand zu stellen. Das fühlt sich anfangs vielleicht so an, als ob Sie Ihrem sicheren Untergang entgegengingen. Immerhin hat man Sie gelehrt, dass nur schlechte Menschen sich selbst lieben. Doch ich bitte Sie inständig: Haben Sie Geduld mit sich selbst! Sie lesen dieses Buch höchstwahrscheinlich, weil Sie bereits erkannt haben, dass Sie so nicht weitermachen können und wollen.

Sie haben beschlossen, es ist das Risiko wert, etwas Neues auszuprobieren, was vielleicht funktionieren könnte, auch wenn die Chancen gering sind. Das finde ich toll!

Gehen Sie aufgeschlossen, mit offenem Herzen und Verstand an diese Arbeit und denken Sie daran: Falls etwas aus diesem Buch für Sie nicht funktioniert, können Sie jederzeit wieder Ihre alten Gepflogenheiten aufnehmen.

Wenn Sie also bereit dazu sind, lade ich Sie ein, mit mir eine Reise der Selbstheilung anzutreten; dieser Abschnitt ist wie ein Werkzeugkasten aufgebaut, den Sie dazu nützen können. Jedes Kapitel beschreibt ein anderes Werkzeug bzw. eine Technik, eine neue Sichtweise, um Selbstliebe zu erlernen. Gehen Sie nicht davon aus, dass Sie alle meine Anregungen und Änderungsvorschläge auf der Stelle in die Tat umsetzen, sonst wird es Ihnen bald zu viel und Sie geben auf. Suchen Sie sich lieber ein oder zwei Dinge aus (eine Technik, ein Werkzeug, eine Idee) und arbeiten Sie dann jeweils erst einmal nur damit. Selbst kleine Schritte geben Ihnen Vertrauen in sich und den Prozess.

Wenn Sie das Buch einmal ganz durchgelesen haben, möchten Sie sich vielleicht jeweils auf ein bestimmtes Kapitel konzentrieren und nur die darin enthaltenen Informationen in Ihr Leben integrieren. Sie werden intuitiv zu den Veränderungen geführt, die Ihnen zum jeweiligen Zeitpunkt am meisten bringen.

Es gibt noch eine andere gute Möglichkeit, dieses Buch zu nutzen: Wenn Sie morgens aufwachen, überlassen Sie einfach dem Universum die Entscheidung dahingehend, was für Sie an diesem Tag oder in dieser Woche »ansteht«. Nehmen Sie das Buch dazu einfach in die Hand und lassen Sie es sich auf einer Seite öffnen. Ihr Blick sollte nun ganz natürlich und von selbst zu einem Satz, einem Absatz oder einer Seite wandern. Betrachten Sie das, was Sie da lesen, als Anleitung vom Universum und nehmen Sie es im Laufe des Tages oder der Woche immer wieder als Denkanstoß, über den Sie nachsinnen können.

Sie brauchen keine Angst zu haben, Sie könnten mit den Informationen aus diesem Buch vielleicht nichts anfangen. Ich verspreche Ihnen: Sie werden eine Möglichkeit finden, sie in Ihr Leben einfließen zu lassen. Vielleicht lesen Sie das Buch ein zweites Mal und stellen fest, dass Sie einige der Veränderungen von ganz alleine umgesetzt haben, weil Sie irgendetwas anderes in Angriff genommen haben.

Sie sehen also, es gibt, wenn Sie diese Informationen nutzen und auf Ihr Leben anwenden, kein Richtig oder Falsch. Die Tatsache, dass Sie dieses Buch überhaupt in die Hand genommen haben, ist sozusagen die Garantie für Ihr Engagement und Bemühen um Selbstliebe.

Selbstliebe hat mir so viel Freude gebracht und tut das auch weiterhin; ich bin sehr zuversichtlich, dass sie auch Ihnen viel Freude bereiten kann.

365 Tage der Selbstliebe

Ein ganzes Jahr der Selbstliebe

Im Moment fühlt sich die Aussage »Ich liebe mich« für Sie vielleicht wie eine Lüge und nicht wie die Wahrheit an, denn sie widerspricht dem, was Ihr Intellekt Ihnen sagt, und würde Ihnen eher noch mehr ins Bewusstsein rufen, wo Sie *nicht sind,* als Ihnen ein gutes Gefühl dahingehend zu vermitteln, wo Sie stehen. Doch wenn Sie sich schon nicht selbst lieben, dann ist *so zu tun, als ob Sie sich liebten,* das Beste, was Sie machen können. Dadurch untergraben Sie die Macht Ihres Selbsthasses und seinen Einfluss auf Ihre Handlungen.

Aus diesem Grund beginnt die Reise vom Selbsthass zur Selbstliebe mit einer Art verbindlichen Verpflichtung: den *365 Tagen der Selbstliebe.* Sie dient als Sprungbrett und hilft Ihnen, die Kluft zwischen Ihrem Ausgangspunkt, an dem Sie jetzt stehen, und der Selbstliebe zu schließen, zu der Sie letztendlich gelangen wollen.

Höchstwahrscheinlich fällt es Ihnen in Ihrem derzeitigen Leben schwer, Entscheidungen zu treffen und Verpflichtungen einzugehen, denn Ihre Entscheidungen gründen nicht auf Selbstliebe, sondern eher auf Prinzipien, dem Wunsch nach Anerkennung und Bestätigung oder Symptomlinderung. Doch um das Leben zu führen, das Ihnen eigentlich bestimmt ist, müssen Sie wieder mit Ihrer persönlichen Wahrheit und Ihrer ganz persönlichen Freude in Kontakt kommen. Diese beiden Dinge müssen die Grundlage für all Ihre Entscheidungen werden. Selbstliebe ist der erste Schritt und die Grundlage; der zweite Schritt besteht dann darin, Ihr Leben mit all seinen Einzelheiten darauf aufzubauen.

Markieren Sie für dieses verbindliche Engagement in einem Kalender den Tag, an dem Sie damit anfangen wollen, und ebenso den letzten Tag 365 Tage später. Danach steht die eigentliche Verpflichtung an. Sie verpflichten sich, genau ein Jahr lang, jeden einzelnen Tag, Ihr Leben nach dem folgenden Mantra zu leben: *Was würde jemand, der sich selbst liebt, tun?*

Das klingt ganz einfach, aber Sie müssen es sich immer wieder vorsagen. Versuchen Sie einmal, es gleich laut auszusprechen: *»Was würde jemand, der sich selbst liebt, tun?«* Gewöhnen Sie sich schon einmal daran, denn Sie werden es sich nun ständig vorsagen, werden sich diese Frage immer wieder stellen, wenn Sie eine Entscheidung zu treffen haben, egal, wie wichtig oder unwichtig sie ist.

Sie werden also ein ganzes Jahr lang jeden Tag Ihr Leben im Grunde an dieser einen einfachen Frage ausrichten. Immer wenn Sie diese Frage stellen, wird Ihnen sofort die Antwort einfallen, wie ein plötzlicher Blitz intuitiver Einsicht. Intuition wird definiert als sofortiges Erkennen bzw. Verstehen ohne bewusste Überlegung und wird uns als plötzliches Wissen offenbart – als Bauchgefühl, Gedanke, Bild, Emotion oder körperliche Empfindung.

Viele Menschen haben gelernt, ihre Intuition zu ignorieren, doch mit diesem einfachen Mantra können Sie mit dieser natürlichen Gabe, die wir alle mitbekommen haben, wieder in Verbindung treten.

Die gute Nachricht lautet: Auch wenn wir uns seit Jahren gegenüber den Mitteilungen unseres wahren Selbst verschlossen haben, werden sie doch weiterhin durchgegeben; es ist also unmöglich, seine Intuition komplett zu verlieren.

Gut hinhören und etwas unternehmen

Wer wirklich auf seine Intuition hört, lauscht mit allen Sinnen. Intuitive Botschaften kommen auf vielerlei Weise und bei verschiedenen Menschen unterschiedlich durch. Stellen Sie sich selbst innerlich eine Frage – und Sie *hören* die Antwort vielleicht, aber möglicherweise *sehen* Sie sie auch. Oder Sie *wissen* sie einfach.

Eventuell *spüren* Sie die Antwort auch körperlich als Frösteln oder plötzliche Hitzewallung, oder Sie *empfinden* sie auf emotionaler Ebene. Mit zunehmender Übung erkennen Sie immer besser, wie Ihnen intuitive Informationen zuteil werden, egal in welcher Form.

Immer wenn Sie sich fragen: *Was würde jemand, der sich selbst liebt, tun?*, erhalten Sie die für Sie richtige Antwort in Form einer Intuition, und zwar umgehend. Sie taucht ganz plötzlich in Ihrem Kopf auf. Und dann sind Sie bereit für den nächsten Teil des Prozesses, nämlich etwas zu tun.

In diesem aktiven Teil des Prozesses treten Sie entsprechend der Ihnen zugekommenen Antwort in Aktion und unternehmen etwas. Sie beachten Ihre Intuition und gehen in die Richtung, die im Einkang mit Ihrer Selbstliebe ist.

Ein Beispiel: Sie sind zu Hause und haben Tausende von Sachen zu erledigen, können sich aber nicht entscheiden, was davon wichtig ist. Also fragen Sie sich: *Was würde jemand, der sich selbst liebt, tun?* Hören Sie auf die Antwort aus Ihrem Inneren. Wenn die Antwort lautet, ein schönes Bad zu nehmen, dann nehmen Sie ein Bad. Und wenn Ihre Intuition Ihnen antwortet, Sie sollten sich an den Hausputz machen, dann machen Sie sich ans Putzen.

365 Tage lang stellen Sie diese Frage immer dann, wenn Sie eine Entscheidung zu treffen haben. Das ist offensichtlich eine gute Vorgehensweise, wenn es um so wichtige Entscheidungen geht wie »Sollte ich meinen Job behalten oder lieber kündigen?«.

Ihre Intuition dient Ihnen als Führer im Leben, da gibt es keinen Zweifel. Doch selbst bei so schlichten und alltäglichen Entscheidungen wie »Soll ich einen Apfel essen oder lieber eine Orange?« sollten Sie sich immer wieder diese Frage stellen.

Konsequent zu sein und zu üben, das zu tun, was Sie lieben, ist wertvoll und nützlich, egal, was um Sie herum vorgeht und um was es geht.

Einfaches Tun, tiefgreifende Veränderungen

Haben Sie sich erst einmal auf diesen Prozess eingelassen, werden Sie schon sehr bald merken, dass Sie den ganzen Tag lang Entscheidungen treffen. Die Kraft dieses Prozesses liegt darin, dass Sie es sich nach Ablauf der 365 Tage zur Gewohnheit gemacht haben, Ihr Leben auf die Selbstliebe auszurichten und entsprechend zu leben. Und was noch wichtiger ist: Sie können gar nicht mehr anders!

Dieser Prozess ist viel tiefgreifender, als es den Anschein haben mag. Immer wenn Sie sich fragen: *Was würde jemand, der sich selbst liebt, tun?*, kann Ihre Intuition Ihnen die Antwort liefern, und wenn Sie entsprechend handeln, tritt alles zutage, was Sie davon abhält, genau das Leben zu führen, das Sie sich wünschen.

Diese Verpflichtung bildet die Grundlage Ihrer Reise vom Selbsthass zur Selbstliebe. Alle weiteren Werkzeuge und Informationen in diesem Buch bauen auf dieser Verpflichtung auf. Meiner Meinung nach ist alles, was sonst noch in diesem Buch steht, zweitrangig; an erster Stelle steht immer die Frage: *Was würde jemand, der sich selbst liebt, tun?*

Wenn das das Einzige ist, was Sie aus diesem Buch mitnehmen, dann ist das bereits genug.

Sie haben es verdient!

Die schlechte Angewohnheit, etwas vorzuenthalten

Der größte Stolperstein auf dem Weg zur Selbstliebe ist das Gefühl, wir verdienten die Liebe nicht. Dieses Muster bildet sich normalerweise in der Kindheit aus, denn als Kind kommen wir zu dem Schluss, wenn wir etwas nicht bekämen, hätten wir es nicht verdient bzw. stünde es uns nicht zu.

Ein Baby kommt nicht auf die Welt, basierend auf dem Konzept, es stünde ihm nicht zu, seine Bedürfnisse befriedigt zu bekommen und versorgt zu werden. Ein Baby kommt nicht auf die Welt und meint, es hätte es nicht verdient, dass seine Windeln gewechselt werden, dass es gefüttert, gehätschelt oder in den Schlaf gewiegt wird. Und als Erwachsene haben wir auch nicht die Vorstellung, ein Baby würde all das nicht verdienen.

Doch leider fördern gar zu viele Eltern ihre Kinder nicht liebevoll darin, Stärke und ein positives Selbstbild zu entwickeln. Vielmehr tragen Erwachsene zur Abhängigkeit ihrer Kinder eine Zeit lang bei, nur um später eine willkürliche Linie im Sand zu ziehen; dann fühlen sie sich von ihren Kindern »ausgenutzt«, weil von ihnen erwartet wird, ihnen alles zu geben.

An diesem Punkt ist es für Eltern sehr schwierig, zwischen Zustehen und Beanspruchen zu unterscheiden. Sie neigen dann plötzlich dazu, dem Kind den Eindruck zu vermitteln, es würde das, was die Eltern ihm bislang so freigebig haben zukommen lassen, nicht verdienen.

Das Kind kommt daraufhin zum einzigen logischen Schluss: »Ich habe wohl etwas falsch gemacht, dass ich das nicht verdiene«, oder noch schlimmer: »Mit mir stimmt wohl etwas nicht.« Das Kind hat daraufhin das Gefühl, es sei *schlecht.*

Die Gesellschaft legt es darauf an, Kinder wissen zu lassen, dass sie schlecht sind und all das Gute gar nicht verdienen. Das ist die Strafe des sogenannten *Zurückhaltens,* und das geschieht teilweise, weil die Leute den Unterschied zwischen »etwas verdient haben« und »anspruchsberechtigt sein« nicht verstehen.

Zustehen oder Anspruchsdenken?

Für diejenigen von uns, die den Glauben nicht so leicht abschütteln können, es mache einen zu einem selbstsüchtigen Menschen mit Anspruchsdenken, zu meinen, man verdiene automatisch dieses oder jenes, ist es sehr wichtig, zwischen Anspruchsdenken und Zustehen zu unterscheiden.

Zustehen hat mit einem tiefen inneren Wissen zu tun, dass man das, was man braucht und wünscht, auch wert ist. Glaubt man, etwas stünde einem nicht zu, hat das mit dem Gefühl zu tun, es *nicht wert* zu sein. Anders ausgedrückt, hat das mit Selbstwert zu tun. Wer meint, es stünde ihm etwas zu, besitzt inneren Selbstwert. Und das ist gut, denn jemand, der das Gefühl hat, ihm würde etwas zustehen, besitzt auch genug Selbstwertgefühl und Selbstvertrauen in seine Fähigkeiten, alles Gewünschte zu erhalten, ohne es jemandem wegzunehmen.

Anspruchsdenken ist etwas völlig anderes; eine Person mit Anspruchsdenken meint, sie hätte das Recht, etwas, was ihr zusteht, von anderen einzufordern. Ein solches Denken hat demnach nichts mit echtem Zustehen zu tun. Solche Menschen sind zutiefst verunsichert und zweifeln ihre Fähigkeiten an, das, was sie sich wünschen, zu bekommen; sie übertünchen diese Unsicherheit mit Stolz und dem arroganten Gedanken, das, was ihnen zusteht, müsste ihnen von anderen gegeben werden.

Anspruchsdenken ist eine Art tiefes Leiden; Zustehen dagegen ist eine Form der Selbstliebe. Es ist sehr wichtig, sich Zeit zu nehmen und zwischen beiden wirklich zu unterscheiden, denn um sich selbst zu lieben, müssen wir uns zunächst dafür entscheiden, dass Liebe uns zusteht. Hält Sie etwas von dem Gefühl ab, Ihnen stünde Liebe zu, werden Sie sich immer selbst sabotieren, wenn der Zeitpunkt da ist, Liebe zu bekommen.

Ein Gefühl dafür entwickeln, etwas verdient zu haben

Beim Versuch, die Überzeugung zu fördern, dass Ihnen Liebe zusteht, müssen Sie zunächst einmal einen objektiven Blick auf Ihr Leben werfen und herausfinden, inwieweit Sie mit sich umgehen, als ob Sie es *nicht* verdient hätten, sich selbst zu lieben. Das ist der Ausgangspunkt: einfach zur Kenntnis nehmen, auf wie viele Arten Sie sich selbst so behandeln, als ob Sie die Selbstliebe und eigene Aufmerksamkeit nicht verdienen würden.

Achten Sie beispielsweise genug auf sich selbst? Geben Sie sich mit dem Zweitbesten zufrieden? Nehmen Sie beim Blick in den Spiegel sofort Ihre Mängel wahr? Reden Sie sich, wenn Sie traurig sind, ein, da müssten Sie »drüber hinwegkommen«? Versuchen Sie, Ihre Gefühle durch passive Aggressivität oder eine Sucht zu unterdrücken oder zum Schweigen zu bringen?

Nehmen Sie sich Zeit, sich Ihr Leben einmal anzuschauen, und schreiben Sie alles auf, womit Sie sich selbst so behandeln, als ob Sie keine Liebe verdienen würden.

Jetzt nehmen Sie sich diese Liste vor und stellen sich vor, Sie würden eine andere Person so behandeln, wie Sie sich gemäß Ihrer Feststellung selbst behandeln.

Vielleicht sind Sie beispielsweise ein Mensch, der sich selbst einredet, er müsse »darüber hinwegkommen« oder »damit schon fertig werden«, wenn er traurig ist oder Angst hat. Stellen Sie sich vor, ein Freund ruft Sie weinend an, und Sie sagen: »Du kommst schon darüber hinweg.« Merken Sie, wie traurig Sie sich bei dieser Vorstellung fühlen? Es fühlt sich deshalb so traurig an, weil Sie damit aussagen: »Du hast keine Liebe verdient.« Doch wie Sie sehen können, haben Sie das mit sich selbst die ganze Zeit gemacht. Sie haben sich von innen heraus vergiftet. Die Lektion dieser Übung heißt: Uns wurde beigebracht, andere zu lieben, aber nicht uns selbst.

Jetzt nehmen Sie sich Ihre Liste noch einmal vor. Entscheiden Sie bei jedem einzelnen Punkt, der beispielhaft anführt, wie Sie sich selbst so behandeln, als ob Sie keine Liebe verdienten: Wie würden Sie stattdessen besser mit sich umgehen? Wie schaffen Sie das?

Schreiben Sie nur Aussagen auf, die folgendermaßen anfangen: »Ich bin bereit und willens, _____.«

Führen Sie für jeden Punkt auf der Liste den Satz zu Ende. Und vergessen Sie nicht: Es gibt keine richtige oder falsche Antwort. Jeder Mensch wird andere Antworten geben. Sie müssen nur dafür sorgen, dass Ihre Vorstellung von einem besseren Umgang mit sich selbst sich wirklich total gut anfühlt.

Zum Beispiel: Wenn Ihre ursprüngliche Aussage lautete: »Ich rede mir ein, ich müsste darüber hinwegkommen«, dann würden Sie sich vielleicht lieber so behandeln: »Ich bin bereit und willens, mir meine Gefühle zuzugestehen, mir Zeit zu nehmen, auf meine Emotionen zu hören, und meinen Gefühlen Priorität einzuräumen.«

Wenn Sie diese neue Liste mit Möglichkeiten, wie Sie sich gerne behandeln würden, fertig haben, schreiben Sie bitte fünf praktische Verpflichtungen auf, die Sie gleich in Ihrem Leben umsetzen können und die diesem neuen Umgang mit Ihnen selbst entsprechen. Das muss nichts Großartiges sein – einfach Dinge, die Sie Ihrem Gefühl nach gleich umsetzen können.

Steht zum Beispiel die oben stehende Aussage auf Ihrer Liste (»Ich bin bereit und willens, mir meine Gefühle zuzugestehen, mir Zeit zu nehmen, auf meine Emotionen zu hören, und meinen Gefühlen Priorität einzuräumen«), dann könnten Sie sich dazu verpflichten, jedes Mal, wenn eine negative Emotion hochkommt, sie in einem Notizbuch oder Tagebuch aufzuschreiben, anstatt sie zu unterdrücken.

Durch Visualisierung das Innere Selbst beruhigen

Der Kopf übernimmt anscheinend gerne alle möglichen Wahrheiten, die bei genauerem Hinsehen lächerlich sind. Die Vorstellung, Sie hätten etwas nicht verdient, ist eine solche Überzeugung. Um dagegen anzugehen und sie durch eine positivere und eher der Wahrheit entsprechende Sichtweise zu ersetzen, schlage ich folgende Übung vor: Setzen Sie sich für mindestens 20 Minuten hin, schließen Sie die Augen und nehmen Sie das Visualisieren zu Hilfe.

Sie sitzen ruhig da und stellen sich einen sicheren, wunderbaren Ort vor, entweder einen Platz, den es in Wirklichkeit gibt, oder einen Fantasieort wie zum Beispiel einen persönlichen Himmel. Stellen Sie sich vor, Sie befänden sich als Kind an diesem sicheren Ort. Lassen Sie das Bild einfach im Geist hochkommen, egal, was es ist. Vielleicht sehen Sie ein ganz kleines Kind, vielleicht ein etwas älteres Kind. Beobachten Sie sich einfach als Kind.

Achten Sie darauf, was dieses Kind macht, wie es aussieht und welche Gefühle es anscheinend hat.

Nun überlegen Sie, ob dieses Kind, das Sie da beobachten, Glück verdient hat. Überlegen Sie, ob es ihm zusteht, geliebt zu werden. Verdient es dieses Kind, unglücklich zu sein? Oder Mangel zu leiden? Oder allein und ungeliebt zu sein?

Sie werden feststellen: Sie können Ihr kindliches Selbst nie anschauen und behaupten, dieses Kind verdiene es, unglücklich und ungeliebt zu sein oder unter Mangel zu leiden. Sie wissen, dass das nicht stimmt, wenn es um ein Kind geht, egal welches.

Behalten Sie diese Visualisierung im Geist und gehen Sie in Ihrem Leben zurück in die Zeitspanne zwischen dem Alter dieses visualisierten Kindes und Ihrem jetzigen Alter. Versuchen Sie herauszubekommen, an welchem Punkt in Ihrem Leben Sie auf einmal Glück und Liebe nicht mehr verdient hatten. Finden Sie diesen Punkt? Die Antwort auf diese Frage lautet immer: Nein!

Nun gehen Sie in Ihrem Leben zurück an den Punkt, an dem es dieses Kind nicht mehr gab. Starb dieses Kind zu einem bestimmten Zeitpunkt, und seine Stelle wurde plötzlich von einem Erwachsenen eingenommen? Auch die Antwort auf diese Frage lautet immer: Nein!

Stellen Sie sich nun vor, wie Sie auf dieses Kind zugehen und sich ihm vorstellen. Sagen Sie diesem Kind, es müsse nicht mehr stark sein. Sie seien jetzt erwachsen und es sei an der Zeit, einfach Spaß zu haben. Sagen Sie diesem kindlichen Ich, es verdiene es, geliebt zu werden, glücklich zu sein und alles zu haben, was es braucht und sich wünscht.

Lassen Sie dieses Kind wissen, Sie würden ihm das alles geben, weil Sie jetzt erwachsen und bereit seien, für es zu sorgen. Teilen Sie ihm mit, Sie liebten es sehr, und auch, was Sie an ihm lieben.

Dann stellen Sie sich vor, wie Sie dieses Kind umarmen. Halten Sie Ihr Kind im Arm. Wenn es dabei zu weinen anfängt, lassen Sie das einfach geschehen. Trösten Sie es so, wie Sie sich immer gewünscht haben, getröstet zu werden. Achten Sie auf ein Gefühl der Erleichterung und der Entspannung.

Wenn Sie und Ihr kindliches Selbst so weit sind, sagen Sie diesem Kind, dass Sie für es da sind, um es zu trösten und mit ihm zu reden, wann immer es möchte. Stellen Sie sich vor, dass dieses Kind ein warmes Bett, sein Lieblingsessen und einen Spielkameraden an diesem sicheren Ort in Ihrem Geist hat. Zeigen Sie dem Kind, wo es sich befindet, und erzählen Sie ihm, dass Sie nun für eine Weile Erwachsenendinge zu erledigen hätten.

Wenn Sie das Gefühl haben, das Kind ist bereit, dass Sie gehen können, umarmen Sie es noch einmal und sagen ihm, dass Sie es lieben, immer geliebt haben und immer lieben werden. Stellen Sie sich vor, wie Sie es ins Bett bringen oder dabei zusehen, wie es etwas mit Genuss verspeist oder davonläuft, um mit seinem Freund zu spielen.

Dann kehren Sie mit Ihrer Aufmerksamkeit langsam zurück in den Raum, in dem Sie sich befinden. Bewegen Sie die Zehen und Finger, atmen Sie tief ein und aus und öffnen Sie dann die Augen.

Sie haben es schon immer verdient!

Wenn das Visualisieren bei Ihnen nicht so recht funktioniert, suchen Sie ein Bild von sich selbst als kleines Kind. Schauen Sie dieses Bild an und fragen Sie sich, ob das Kind auf dem Foto Glück verdient hat oder nicht, Liebe verdient hat oder nicht. Verdient es dieses Kind, unglücklich zu sein oder Mangel zu leiden, allein und ungeliebt zu sein?

Denken Sie über die Zeit zwischen diesem Foto und Ihrem heutigen Leben nach und versuchen Sie herauszufinden, an welchem Punkt in Ihrem Leben Sie auf einmal kein Glück und keine Liebe mehr verdient hatten. Gelingt Ihnen das? Die Antwort auf diese Frage lautet immer: Nein! Dann lassen Sie Ihr Leben noch einmal im Geist vorbeiziehen und versuchen herauszufinden, wann dieses Kind auf dem Foto auf einmal nicht mehr da war. Ist es an einem bestimmten Punkt gestorben, und plötzlich ist ein Erwachsener bzw. eine Erwachsene an seine Stelle getreten? Auch auf diese Frage lautet die Antwort immer: Nein!

Diese Übungen zeigen, wie einfach es ist, ein Kind anzuschauen und zu erkennen, dass es Glück und Liebe verdient hat.

Jedes Mal, wenn Ihnen Gedanken im Kopf herumgehen wie: »Das ... [hier das Entsprechende einsetzen] habe ich nicht verdient«, und jedes Mal, wenn Sie in Worten oder Taten bekunden: »Das ... [hier das Entsprechende einsetzen] habe ich nicht verdient«, sagen Sie genau dies zu dem Kind, das nach wie vor in Ihnen lebt.

Sie würden nie einem Kind sagen, es habe es nicht verdient, glücklich zu sein oder geliebt zu werden oder seine Träume Wirklichkeit werden zu lassen. Aber warum erzählen Sie sich das selbst?

Diese Übung lehrt Sie: In Ihrem Leben gab und gibt es nie eine Zeit und wird es nie eine Zeit geben, in der Ihnen jemals weniger zusteht als Ihrem kindlichen Selbst.

Sich einstimmen

Das Universum, in dem wir leben, funktioniert nicht auf Basis von »verdienen« oder »nicht verdienen«. Es stand nie infrage, es steht nicht infrage und wird auch nie infrage stehen, dass Sie etwas verdient haben. Es ist ein absolutes Geschenk. Nie gab oder gibt es eine Zeit oder wird es eine Zeit geben, in der Sie Liebe und Glück nicht verdient haben. Sie verdienen es, alles zu haben, was Sie sich je wünschen könnten, in dem Moment, in dem Sie es sich wünschen. Wenn wir im Leben etwas Gewünschtes nicht bekommen, hat das überhaupt nichts damit zu tun, ob wir das verdienen oder nicht, sondern ob wir *glauben,* es verdient zu haben oder nicht. Es hat damit zu tun, ob unsere Schwingung zu dem passt, was wir uns wünschen, oder nicht.

Das Universum liebt Sie mehr, als Ihnen jemals bewusst ist, und es funktioniert streng nach dem Gesetz der Anziehung, welches besagt: Sie können *nur* das als physische Manifestation erfahren, was zu Ihrer eigenen Schwingung passt.

Um das besser zu verstehen, stellen Sie sich einen Funkturm vor. Er sendet ständig auf der Frequenz 90.1 FM. Doch damit Sie diesen Sender empfangen können, müssen Sie zunächst einmal Ihr Radiogerät auf die Frequenz 90.1 FM einstellen. Bei dieser Analogie ist das Universum der Funkturm, der immer auf der Frequenz sendet, die Sie sich wünschen. Er sendet beispielsweise immer auf der Frequenz, die wir *Liebe* nennen. Doch damit wir *Liebe* empfangen können, müssen wir zuerst den Regler auf *Liebe* einstellen.

Wenn das so einfach ist, was bestimmt dann Ihre Schwingung? Es sind Ihre Gedanken. Und was heißt das? Sie können nicht denken: *»Was bin ich bloß für ein Versager!«*, und zur Frequenz des Erfolgs passen. Sie können nicht denken: *»Ich bin in allem schlecht«*, und dann Leute kennenlernen, die Ihnen ein gutes Gefühl über sich selbst vermitteln, oder auf Möglichkeiten stoßen, die Ihnen Selbstvertrauen geben. Stattdessen sind solche Gedanken eine Garantie dafür, dass Sie nur Leute treffen, die Ihnen ein schlechtes Gefühl über sich selbst vermitteln, und nur in Situationen geraten, die Ihr Gefühl, Sie seien in allem schlecht, noch verstärken.

Das Universum betrachtet Sie nie mit Augen voller Zweifel, Enttäuschung oder Verurteilung, sondern nur mit dem Wissen, dass Sie alles, was Sie sich jemals wünschen, in dem Moment haben könnten, in dem Sie Ihre Aufmerksamkeit darauf richten, anstatt sich auf das Fehlen und den Mangel davon zu konzentrieren. Denn wenn dieses Universum Sie mit anderen Augen betrachtete, übersähe es Ihre wahre Großartigkeit komplett.

Auf Basis dieser Prinzipien ist das Glück also auf Ihrer Seite, sobald Sie akzeptieren, dass Sie es *verdient* haben, das, worum Sie gebeten haben, zu empfangen; wie Sie feststellen werden, hält das Universum nichts zurück. Sobald Sie Ihre Gedanken verändern, werden Sie erleben, wie schnell das Universum Ihre neuen Gedanken physisch genau so in die Wirklichkeit umsetzt.

***

Denken Sie daran: Ob Sie etwas verdient haben oder nicht, stand nie infrage. Alles steht Ihnen alleine durch Ihre Existenz zu. Das Universum möchte, dass Sie erfolgreich sind und ein Leben in Fülle, Freiheit und Freude erfahren. Dies ist kein Universum, welches Sie so behandelt, als ob Sie sich das nicht selbst erschaffen könnten. Und das heißt, es liebt Sie mehr, als Ihnen manchmal recht ist!

Die wichtigste Entscheidung, die Sie jemals treffen werden

Sich für das Glück entscheiden

Jetzt sind Sie bereit dafür, das Wichtigste über Selbstliebe zu lernen. Das hat allerdings nichts mit Wissen zu tun, welches Sie erwerben, sondern es handelt sich um eine Entscheidung, die Sie fällen werden – die Entscheidung, die jeder Mensch, der sich selbst lieben möchte, treffen muss: Sie müssen Ihr Wohlergehen zur höchsten Priorität in Ihrem Leben machen. Anders ausgedrückt: Sie müssen sich für *Glück als höchstes Ziel in Ihrem Leben* entscheiden.

Sie möchten sich selbst lieben? Dann darf es Ihnen nicht egal sein, wie es Ihnen geht; das muss im Gegenteil das Wichtigste überhaupt in Ihrem Leben sein. So schlagen Sie den Weg in Richtung Freude ein, ungeachtet der Risiken, die Ihrer Meinung nach damit verbunden sind.

Menschen, die sich selbst lieben, machen Glück zu ihrem wichtigsten Ziel. Sie wissen, dass alles andere zweitrangig ist, dass alles, was sie im Leben tun, getan wird, weil sie meinen, sie fühlten sich dann besser und das machte sie glücklich.

Das mag beim erstmaligen Lesen keinen Sinn ergeben, aber Sie sollten sich das genauer anschauen. Dies ist eine Übung in Verständnis und Mitgefühl, die vielleicht bei anderen Menschen ihren Anfang nimmt, aber letztendlich bei Ihnen endet.

Warum opfert eine Mutter ihr Leben ihren Kindern, wenn sie erst einmal auf der Welt sind? Weil sie aufgrund ihrer Überzeugungen meint, es würde ihr damit besser gehen, als wenn sie ein selbstsüchtiges Leben führt. Warum spritzt sich ein Junkie Drogen? Weil er meint, er würde sich danach besser fühlen als in dem Moment zuvor. Warum macht jemand einer anderen Person einen Heiratsantrag? Weil er oder sie seiner bzw. ihrer Überzeugung nach sich besser fühlt, wenn der Antrag angenommen wird.

Sie sehen also, alles, was wir tun, ob aus Selbstsucht oder nicht, ob »gut« oder »schlecht«, geschieht nur aus einem einzigen Grund: *Wir denken, es würde uns glücklicher machen.*

Glück ist die einzige motivierende Kraft in diesem Universum. Selbstliebe bedeutet, wir können den Mittelsmann weglassen. Wenn wir erst einmal erkennen, dass das »Wie« zum Glück der Mittelsmann ist, können wir dieses »Wie« loslassen und einfach Glück zu unserem Ziel machen.

Wie ein Blick auf die obigen Szenarien zeigt, ist der Verzicht auf den persönlichen Lebensstil das »Wie« im Leben der Mutter. Die Drogen sind das »Wie« im Leben des Junkies. Die Heirat ist das »Wie« im Leben des Bräutigams bzw. der Braut.

Und was ist Ihre Motivation?

Damit diese wichtige Botschaft wirklich »ankommt«, müssen wir verstehen, was Motivation bedeutet. Die meisten Leute meinen, sich und andere motiviere man am besten mit äußeren Anreizen, also Belohnungen wie Geld oder Bestrafungen wie eine Gefängnishaft. Das ist der »Zuckerbrot und Peitsche«-Ansatz, was man kurz beschreiben kann als »Wenn …, dann ….«. Wenn ein Kind beispielsweise das Geschirr spült, bekommt es eine Zulage zu seinem Taschengeld.

Zuckerbrot und Peitsche sind allerdings keineswegs das beste Motivierungs- oder Anreizsystem, ja es ist sogar eher abträglich, denn wahre Motivation wird dadurch zerstört. Wahre Motivation kommt von innen als tiefes, uns innewohnendes menschliches Bedürfnis, sein Leben selbst in die Hand zu nehmen, zu lernen sowie Neues zu erschaffen und durch die Suche nach Verbesserung den Sinn des Lebens zu finden.

Diese Motivation kommt von innen, weil persönliche Befriedigung von innen kommt. Als Kinder lernen wir, diese innere Motivierung aufzugeben und uns von außen motivieren zu lassen, weil für uns die Anerkennung der anderen eine wichtigere Belohnung für ein erfolgreiches Leben darstellt als unsere von innen kommende Motivation.

Belohnungen machen uns vorübergehend glücklich; ironischerweise werden wir also um unseres Glückes willen von außen dazu motiviert, unsere persönliche Befriedigung aufzugeben wegen der Belohnungen, die wir von den Erwachsenen bekommen. Kinder werden von außen dazu motiviert, nach äußeren Belohnungen zu streben (beispielsweise Anerkennung) und Strafen zu vermeiden (beispielsweise versohlt zu werden). Das ist natürlich im Hinblick auf den Selbsterhaltungstrieb eine sehr kluge Entscheidung, aber wahres Glück und wahre Freude werden dadurch nicht erreicht. Wir fühlen vielmehr eine innere Leere, da uns die innere Motivation und die Freude fehlen.

Stattdessen wollen wir diese Leere mit Äußerlichkeiten füllen. Als Erwachsene suchen wir uns eine Arbeit, die wir eigentlich hassen, nur wegen der guten Bezahlung, die als Belohnung winkt. Wir verharren in unbefriedigenden Beziehungen, nur weil wir die Missbilligung der anderen vermeiden wollen, die wir uns im Falle einer gescheiterten Beziehung zuziehen.

Wir lassen uns auf einen erbarmungslosen Konkurrenzkampf und die tägliche Tretmühle ein, nur weil am Ende das Zuckerbrot winkt, und nicht, weil uns das Rennen glücklich macht. Alles wird an äußeren Anreizen festgemacht.

Zur eigenen Wahrheit vordringen

Wir müssen uns auf die Frage, worin unser wahrer Anreiz besteht, eine ganz ehrliche Antwort geben. Wenn Sie jetzt gerade dieses Buch lesen, dann haben Sie sich bereits entschieden, Selbstliebe zu erlernen. Und wie wir ja inzwischen wissen, bedeutet Selbstliebe, sein Glück über alle anderen Anreize im Leben zu stellen.

Doch welche Art von Glück wünschen Sie sich? Zeitweiliges Glück, wie es durch äußere Belohnungen und das Vermeiden äußerer Strafen erreicht wird? Oder dauerhaftes Glück, indem Sie gemäß Ihrer inneren Motivation leben?

Wünschen Sie sich ein Leben, bei dem Sie ständig versuchen, Ihre innere Leere mit äußeren Ersatzbefriedigungen zu füllen? Oder ein Leben, in dem keine Leere herrscht, weil Sie so leben, dass es voller Freude und persönlicher Befriedigung ist?

Wir wollen einmal davon ausgehen, dass wir alle ein glückliches Leben ohne Leere möchten. Dann müssen wir uns fragen: *Was würde ich machen, wenn ich alles Geld der Welt hätte?* Oder andersherum gefragt: *Was würde ich tun, selbst wenn ich dafür kein Geld bekäme?*

Keine Sorge, die Antwort auf diese Frage lautet ganz bestimmt nicht: »Dann würde ich gar nichts tun«, denn das verstößt gegen die Natur des Lebens. Und genau das ist die Lüge, die wir uns schon so lange einreden: dass die Leute, wenn sie nicht von außen durch Belohnung und Strafe motiviert würden, gar nichts täten. Nichts könnte weiter von der Wahrheit entfernt sein.

Alle Wesen werden mit innerer Motivation geboren. Unserer wahren Natur entspricht der Wunsch, unser Leben in die Hand zu nehmen, zu lernen, Neues zu erschaffen und bei der Suche nach Verbesserung den Sinn des Lebens zu finden. Das ist unsere wahre Natur, denn all das bringt uns und allen anderen Lebewesen Freude und ist in sich selbst eine Belohnung von innen heraus.

Nach den eigenen Prioritäten leben

Wenn Sie also Glück zur Priorität in Ihrem Leben machen wollen, ist es das Wichtigste dabei, Ihr Leben entsprechend Ihrer inneren Motivation und nicht nach äußeren Anreizen zu leben.

Wenn Sie eine berufliche Laufbahn und die Dinge zur Priorität erheben, die in sich selbst schon eine Belohnung sind, weil Sie dadurch glücklich werden, dann geht es Ihnen gut mit sich und Ihrem Leben und Sie beginnen, sich selbst zu lieben. Jegliche äußere Belohnung, beispielsweise ein gutes Gehalt, ist dann nur ein zusätzlicher »Bonus«.

Sie müssen sich fragen: *Was ist Ihnen Ihr Glück wert?* Externe Anreize gegen das einzutauschen, was, wie wir tief im Herzen wissen, unsere inneren Anreize sind, mag Mut erfordern. Und es erfordert Mut, unsere eigene Freude über den Wunsch nach Belohnungen oder die Vermeidung von Strafen durch andere zu stellen. Doch letztendlich finden Sie nur so zu dauerhaftem Glück.

Bei Ihrer Geburt und dem Eintritt in dieses Leben war Glück Ihr Ziel Nummer eins, denn das ist die einzige Motivation, die es überhaupt gibt. Sie wussten: Sie müssten nur Ihrem Glück durch die Welt folgen, dann würden Sie von ganz allein auf den Sinn Ihres Lebens stoßen. Sie wussten: Wenn Sie von Anfang an Ihr Glück zur Priorität erheben würden, würden Sie niemals im Leben an den Tiefpunkt kommen, an dem es sich für Sie besser anfühlen würde, sich selbst oder andere zu verletzen, als Ihr derzeitiges Leben.

Sich etwas zu wünschen – sei es nun Freiheit durch Wohlstand oder die Freiheit einer Welt, die nicht von Geld regiert wird, eine glückliche Ehe oder in der Welt umherzustreifen und nur sich selbst verpflichtet zu sein, eine tolle Villa oder ein einfaches Leben – egal, was es ist, es ist völlig in Ordnung.

Selbstliebe beginnt mit dem Entschluss, um des eigenen Glückes willen zu leben. Glück und Liebe sind keine endlichen, begrenzten Bedarfsartikel, sondern unendlich. Glücklich zu werden und sich selbst zu lieben bedeutet keineswegs, das Glück anderer zu beschneiden. Wenn Glück Ihre Priorität im Leben ist, tun Sie niemandem damit weh. Im Gegenteil: Dieses Glück fließt über, und das Licht Ihres Glückes leuchtet denjenigen, die in Dunkelheit leben, und hilft ihnen, einen Weg aus der Dunkelheit herauszufinden. Sie zeigen anderen Menschen, wie sie glücklich werden können – indem Sie ein leuchtendes Beispiel sind.

Wahre Selbstliebe folgt also der Erkenntnis, dass alles andere als das eigene Glück nur ein »Wie« ist, auf dem Fuß. Alle anderen Wünsche entspringen der Überlegung, wie Sie Glück erreichen könnten. So einfach ist das.

Tool #4

Sich seine Tasse füllen

Das Elixier der Liebe

Selbstliebe zu lernen dauert nicht für immer, aber Selbstliebe ist ein lebenslanger Prozess. Wenn man jemanden liebt, fragt man sich nie: »Wie lange muss ich diese Person nun lieben?« Man liebt einfach. In der Beziehung zu sich selbst ist das nicht anders.

Damit die Beziehung zwischen Ihnen und sich selbst blühen und gedeihen kann, muss sie liebevoll gepflegt werden. Die meisten Menschen verbringen viel Zeit mit dem Versuch, anderen Liebe zu schenken, aber irgendwie scheinen wir uns nie Zeit zu nehmen, uns selbst zu lieben – geradezu ein Rezept für das Unglücklichsein in all seinen vielen Formen. Wir alle versuchen, voneinander Liebe zu bekommen, doch unsere »Liebesvorräte« sind alle leer. Wir sind wie Bettler, die sich gegenseitig anbetteln.

Deshalb möchte ich Sie mit der sogenannten Tassen-Analogie bekannt machen. Stellen Sie sich einmal Folgendes vor: Jedes Lebewesen auf der Erde ist eine Tasse. Die ganze Welt besteht also aus dicht an dicht aneinandergereihten Tassen und sonst nichts, und Liebe ist die Flüssigkeit, mit der diese Tassen gefüllt werden wollen. Doch in der Welt, in der wir leben, lassen sich diese Tassen nicht kippen. Jeder Versuch, unsere Liebe anderen Menschen gegenüber zu zeigen, indem wir unsere Liebesflüssigkeit in ihre Tassen gießen, ist also vergebliche »Liebesmüh«. In einer Welt, in der Tassen nicht kippen können, funktioniert das nicht.

Doch wie könnte man nun in dieser Welt die Tassen der anderen füllen? Indem man seine eigene Tasse so voll macht, dass sie überfließt. So funktioniert es eigentlich mit allem. Wenn Sie sich so anfüllen, dass Sie von allem und jedem genug haben, dann gibt es »Überfluss«, und das, was da überläuft, nährt die Welt.

Liebe als Mangelware behandeln

Und wie sieht das bei Menschen aus, deren Leben auf Gier basiert? Auch sie wollen ihre Tassen mit Liebe füllen, aber funktioniert das? Wir wollen einmal sehen.

Gier ist von Natur aus keine menschliche Eigenschaft; sie entspricht nicht der Natur der Lebewesen. Gier entsteht nur dann, wenn man das Gefühl hat, nicht genug zu haben, sich auf diesen Mangel konzentriert und davon überzeugt ist. Das verursacht tiefes Leiden. Gier entsteht tendenziell bei Menschen, die sich nicht darauf konzentrieren, ihre eigene Tasse zu füllen, was meist dann der Fall ist, wenn jemand sich dazu nicht in der Lage fühlt; solche Menschen meinen, sie müssten anderen etwas wegnehmen, um ihre Tasse zu füllen.

Wenn wir Menschen dagegen das Gefühl haben, genug zu haben, teilen wir von Natur aus gerne und haben Freude daran. Das Gefühl des Überflusses erfüllt uns. Jemand anderem zu sagen, er habe genug und müsse nun teilen, funktioniert allerdings nicht; man muss selbst das Gefühl des Überflusses und der Fülle haben. Die Person, der man diese Wahrheit verkündet, hat nur das Gefühl, das, wovon sie sowieso zu wenig hat, würde ihr auch noch weggenommen.

Anders ausgedrückt: Jemanden darum zu bitten, das mit anderen zu teilen, wovon die Person selbst meint, nicht genug zu haben, ist dasselbe, wie ein hungerndes Kind darum zu bitten, sein bisschen Essen zu teilen.

Mangel entsteht im Kopf. Bei einem Mangel an Liebe ist das nicht anders. Die Moral dieser Analogie lautet also: Zu lernen, sich selbst zu lieben, bedeutet, seine eigene Tasse zu füllen.

Wie Blumen, die sich der Sonne öffnen

Würde ich Sie jetzt bitten, ein paar Möglichkeiten zu nennen, jemand anderem Liebe zu zeigen, könnten Sie höchstwahrscheinlich ein paar Beispiele anführen, weil wir so daran gewöhnt sind, anderen zu geben.

Doch nun bitte ich Sie, einige Möglichkeiten aufzulisten, wie Sie sich selbst Liebe zeigen könnten. Betrachten Sie nun einmal Ihr Leben und fragen Sie sich: *Welche Möglichkeiten fallen mir ein, mir selbst Liebe zu zeigen?*

Erstellen Sie eine Liste, auf Papier oder im Computer. Schreiben Sie alles auf, was Ihnen einfällt, und zwar so persönlich wie möglich. Je kreativer Sie dabei vorgehen und je mehr Ideen Ihnen dazu einfallen, desto besser.

Nachfolgend einige Beispiele, die auf der Liste stehen könnten.

Möglichkeiten, sich selbst Liebe zu zeigen

- Sich fragen: *Was würde jemand, der sich selbst liebt, jetzt tun?*
- Die Wahrheit sagen (vor allem sich selbst gegenüber).
- Meine Gefühle respektieren und darauf reagieren.
- Daran denken, dass Gefühle wichtige Signale sind.
- Mein Glück und mein Wohlergehen zur höchsten Priorität in meinem Leben machen.
- Mich selbst, wie ich wirklich bin, respektieren, denn nur ich selbst weiß, was mich glücklich macht.
- Erkennen, dass das Universum im wahrsten Sinn des Wortes aus Liebe gemacht ist. Wenn ich offen werde, sie zu empfangen wie eine Blume, die sich der Sonne öffnet, ist alles möglich.
- Den ganzen Tag lang nach allem suchen, was mir an meinem Umfeld und den Menschen, mit denen ich zusammen bin, gefällt, und mich auf das fokussieren, wofür ich dankbar bin.
- Eine Liste mit meinen positiven Seiten anlegen, von denen ich wirklich überzeugt bin.
- Mir meine Wünsche eingestehen, ebenso die Gründe dafür, und erkennen, dass ich das Recht habe, das zu wollen, was ich mir

wünsche. Mich in Richtung meiner Glückseligkeit bewegen, ganz gleich, wie verrückt oder gefährlich das erscheinen mag.

- Mir meine Ängste eingestehen.
- Bücher lesen, die mir ein gutes Gefühl über mich selbst vermitteln.
- Möglichkeiten finden, die mir ein Gefühl der Sicherheit geben, und das zur Priorität erheben, egal, was los ist oder was dringend ist, insbesondere wenn ich mich unsicher fühle.
- Filme anschauen, die inspirierend oder wohltuend sind.
- Lachen und mir Sachen aussuchen, die mich zum Lachen bringen, denn Lachen ist Treibstoff für meine Seele.
- Nahrung essen, die meinem höchsten Wohl dient.
- Meine eigene Gesundheit und mein eigenes Glück über alles andere stellen. Ich kann anderen nur nützen, wenn ich ihnen als gutes Beispiel diene.
- Mir meine Fehler verzeihen.
- Mich nicht durch Furcht davon abhalten lassen, was ich möchte.
- Erkennen, dass es okay ist, nicht okay zu sein.
- Das, was ich nicht tun will, *nicht* tun.
- Mir eingestehen, wenn ich unrecht oder einen Fehler gemacht habe.
- Meinem Höheren Selbst vertrauen und mich darauf verlassen, dass ich, wenn ich »voller Vertrauen loslasse«, in die Richtung gehe, die für mich am besten ist.
- Mich selbst loben, anstatt mich zu kritisieren. Für jede Selbstkritik fallen mir drei Dinge ein, für die ich mir ein Kompliment machen kann!
- Meine Freude an bestimmten Sachen wichtiger nehmen als meine »Prinzipien«. Zum Beispiel: Wenn ich meine, ich müsste etwas erledigen, mich dabei aber nicht gut fühle, dann lasse ich es.
- Mir Ausrutscher erlauben, ohne zu meinen, ich müsste wieder ganz von vorne anfangen.
- Nur diejenigen Überzeugungen beibehalten, die für mich nützlich und vorteilhaft sind.
- Anderen gegenüber meine wahren Gefühle kommunizieren.

- Eine Liste machen mit Gründen, warum andere Leute mich vielleicht gerne als Freund bzw. Freundin hätten und gerne mit mir zusammen sind.
- Mich nicht mit Leuten vergleichen, auf die ich neidisch bin.
- Keine Zeit mit Leuten verbringen, die mir ein schlechtes Gefühl über mich selbst vermitteln.
- Andere um körperliche Berührung bitten, wenn mir danach zumute ist.
- Zulassen, dass andere mir ihre Zuneigung zeigen.
- Darauf achten, was mir mein Körper sagt, und es wirklich *beherzigen*.
- Nicht mehr gemäß den Wertvorstellungen, Überzeugungen, Wünschen oder Prioritäten anderer leben, sondern nach meinen eigenen.
- Das loslassen, was für mich nicht mehr dienlich ist, auch Überzeugungen, Muster, Handlungen, Süchte und Gedanken.
- Mich selbst so behandeln, wie meiner Meinung nach andere behandelt werden wollen und das auch verdienen.
- Erkennen, dass es in Ordnung ist, um Hilfe zu bitten – und dann um Hilfe bitten.
- Den Weg des geringsten Widerstandes gehen.
- Erkennen, wann mein Leben von Angst und nicht von Wünschen bestimmt wird.
- Meditieren.
- Mit dem Rauchen aufhören.
- Abends zum Essen ausgehen, wenn ich Lust dazu habe.
- Kochen, wann ich will.
- Ab und zu shoppen gehen, um mir zu zeigen, dass ich mich wichtig genug nehme, um das zu kaufen, was ich gerne hätte.
- Geld sparen, damit ich mich sicher fühlen kann.
- Meine Kreativität so zum Ausdruck bringen, wie es mir Freude bereitet, beispielsweise durch Malen, Zeichnen, Kollagen-Anfertigen oder Schreiben.
- Ein Tagebuch führen.
- Eine Liste mit dem erstellen, was mich glücklich macht (von den geringsten Kleinigkeiten bis zu den wirklich großen Din-

gen) und mich verpflichten, jeden Tag einen Punkt der Liste in die Tat umzusetzen.

- ■ Mich immer weiter bemühen.

Je mehr Sie über die Selbstliebe lernen, desto mehr Dinge können Sie dieser Liste hinzufügen. Sie können sie einmal im Monat überarbeiten und sich fragen, ob Sie nach wie vor gemäß den darin aufgeführten Punkten leben. Wenn nicht, finden Sie heraus, wie Sie es schaffen, entgegen diesen Vorsätzen zu leben. Dann entscheiden Sie sich für *eine Sache,* die Sie tun können, mit Ihren Mitteln und an dem Punkt, an dem Sie jetzt stehen, um in Ihrem Leben mehr Selbstliebe widerzuspiegeln. Nur eine Sache deshalb, damit Sie sich wirklich darauf einlassen können, ohne sich zu viel zuzumuten.

Wenn wir uns selbst nicht lieben, neigen wir gerne dazu, uns etwas auszusuchen, was bestimmt misslingt, und laden uns das dann auf, bis wir gar nicht mehr aus noch ein wissen. Indem wir uns anschauen, wie wir es schaffen, nicht gemäß unserer Selbstliebe-Liste zu leben, und indem wir nur eine Sache herausgreifen, mit der uns das besser gelingt, haben wir einen Ausgangspunkt, von dem aus wir weitermachen können.

Wenn Sie sich schlecht fühlen, halten Sie einfach an und fragen sich: *Was ist die eine Sache, die ich jetzt gleich tun könnte, um meine Tasse zu füllen?* Handeln Sie dann entsprechend der Antwort, die Sie empfangen. Ganz egal, was Sie meinen oder was man Ihnen erzählt hat: Sie *haben* den Mut, etwas Revolutionäres zu unternehmen. Sie haben, was Sie brauchen, um etwas für Ihr Glück zu tun.

Das Ziel der Selbstliebe besteht nicht darin, zu einem kleinen, isolierten Universum zu werden, das nur aus sich selbst heraus existiert und in dem Sie von niemandem mehr etwas brauchen oder wollen. Vielmehr zielt die Selbstliebe darauf ab, sich selbst an einen Punkt zu bringen, an dem man diejenigen Menschen und Dinge in seinen Erfahrungsbereich zieht, die das eigene Glück noch vermehren und durch die man so geliebt wird, wie man schon immer geliebt werden wollte.

Selbstwertgefühl entwickeln

Eine Frage der Wertigkeit

Mangelndes Selbstwertgefühl ist ein Nebenprodukt des Mangels an Selbstliebe; doch umgekehrt ist mangelnde Selbstliebe auch ein Nebenprodukt eines fehlenden Selbstwertgefühls. Um zu verstehen, wie fehlendes Selbstwertgefühl zu einem Mangel an Selbstliebe führt, müssen wir zunächst einmal einen Blick auf das Konzept von Wert an sich werfen.

Wert wird definiert als die Eigenschaft oder Qualität, die zu etwas Wünschenswertem, Nützlichem oder Hochwertigem führt. Wertigkeit ist das, was etwas begehrenswert, nützlich oder *wertvoll* macht.

Wert basiert somit auf Erwünschtheit, Nützlichkeit, Qualität und Nutzen. Doch die Frage ist: *Für wen?* Die meisten Menschen definieren ihren eigenen Wert über den Wert, den sie für andere haben. Wer voller Selbsthass ist, meint wahrscheinlich, er sei eben unerwünscht, unnütz, mit Makeln behaftet und wertlos. Aber das ist eigentlich unmöglich, denn wir leben ja mit uns, in unserer Haut, jeden Tag unseres Lebens. Und weil das so ist, sind wir für uns selbst ganz offensichtlich ungeheuer wertvoll.

Doch nur weil man sich das sagt, geht der Selbsthass nicht weg. Die Wurzeln des Selbsthasses verzweigen sich als Unkraut in zwei Richtungen: *Stolz* und *Scham* – was beides im Grunde mit Unsicherheit zu tun hat: Wir sehen die Welt und vergleichen. Diese vergleichende Weltsicht bezeichnen wir als *vertikales Denken,* ein Konzept, das wir unbedingt verstehen sollten. Menschen, die vertikal denken, haben tendenziell eine beschränkte Weltsicht, in der sie entweder besser oder schlechter sind bzw. über oder unter anderen Menschen, Dingen, Ereignissen oder Lebensumständen stehen.

Menschen voller Hochmut und Stolz denken vertikal und haben ein furchtbar schlechtes Selbstwertgefühl, denn sie überdecken ihre tiefe Unsicherheit mit Arroganz und Narzissmus. Als Ersatz für echten Selbstwert hegen sie die Meinung, sie seien besser und wichtiger als andere. Sie klammern sich an die Überzeugung, sie seien mehr (wert) als ein Mensch.

Auch Menschen, die sich schämen, verfügen über ein sehr schlechtes Selbstwertgefühl. Sie stecken in ihren Unsicherheiten fest, betrachten sich selbst als den Staub der Erde. Sie entwickeln sich selbst gegenüber keinerlei Wertschätzung. Als Ersatz für echten Selbstwert pflegen sie die Demut. Sie klammern sich an die Überzeugung, sie seien weniger (wert) als ein Mensch.

Authentisches Selbstwertgefühl

Wahres Selbstwertgefühl andererseits entspringt dem Wissen, dass niemand mehr oder weniger wert ist als ein Mensch und niemand weniger oder mehr wert ist als Sie. Menschen mit Selbstwertgefühl haben erkannt, dass Unvollkommenheit Seite an Seite mit Vollkommenheit existiert und dass Unvollkommenheit nicht heißt, sie wären mehr oder weniger wert als andere. Menschen mit Selbstwertgefühl betrachten andere als anders, aber ebenso viel wert wie sie selbst; das ist eine horizontale Weltsicht.

Geht man mit dieser Weltsicht des gleichen Wertes noch einen Schritt weiter und akzeptiert, dass die Welt um uns herum und die Menschen, die darin leben, nur Projektionen unserer selbst sind, dann werden wir feststellen, dass es weder Über- noch Unterlegenheit gibt. Alles, was existiert, ist … *unser Selbst*. Schaffen wir das, dann stehen wir nicht mehr mit der Welt auf Kriegsfuß und auch nicht mehr mit *uns selbst*.

Wir können uns Selbstwert als eine Art Licht vorstellen, welches immer da ist. Es kann weder weggenommen noch hinzugefügt werden, man kann es weder verdienen noch verlieren. Es existiert einfach als unveränderliches, unberührbares Licht, welches immer fließt. Das, was wir mit *Wert* verwechseln, zum Beispiel positive Charakterzüge, Leistungen oder Talente, ist nichts anderes als ein Buntglasfenster, welches wir vor diesem Licht errichtet haben, damit es schön zur Geltung kommt.

Ähnlich ist es mit all dem, was wir mit *Wertlosigkeit* verwechseln, beispielsweise negativen Persönlichkeitsmerkmalen, Misserfolgen und Mängeln; sie sind nichts weiter als Spinnweben, die wir vor diesem Licht gesponnen haben, wodurch seine Schönheit nicht mehr zum Ausdruck kommen kann. Was auch immer wir vor dieses Licht stellen und womit wir es verstärken oder unterdrücken – das Licht des eigenen Selbstwertes ist immer vorhanden, und zwar in allen Menschen. Diesen Wert können wir als unser Potenzial betrachten.

Den eigenen Selbstwert erkennen

Mangelndes Selbstwertgefühl nimmt seinen Anfang mit der Vorstellung, wir seien so, wie wir sind, nicht gut genug, und deshalb könnte uns so auch niemand lieben. Wenn wir aber meinen, wir seien nicht gut genug, wie sollten wir uns dann überhaupt selbst lieben können?

Auf diese Frage gibt es zwei plausible Antworten. Erstens: Dazu müssten wir vollkommen und perfekt werden. Und zweitens: Dazu müssen wir die Überzeugung, nicht gut genug zu sein, aufgeben.

Um Ihren wahren Selbstwert zu verstehen, müssen Sie nach den Ihnen bereits innewohnenden Qualitäten suchen, dem, was Sie begehrenswert macht, wodurch Sie nützlich sind, und dem Wert, den Sie einfach haben. Selbstwert steht auf drei Beinen: gegenwärtigen Vorzügen, Potenzialen sowie Leistungen und Erfolgen.

Ein derzeitiger Vorzug wäre etwas, was Sie von Natur aus mitbringen und was Freude bereitet, zum Beispiel: »Mir ist das Wohlergehen meiner Mitmenschen sehr wichtig.« Ein Potenzial ist eine angeborene Fähigkeit wie zum Beispiel: »Ich bin fähig, anderen Menschen Liebe zu übermitteln.« Bei Leistungen und Erfolgen der Vergangenheit denkt man daran, wie man sich, anderen oder der

Welt etwas Gutes getan hat. Beispiele dafür sind: »Als ich sechs Jahre alt war, habe ich einem Vogelbaby, das aus dem Nest gefallen war, das Leben gerettet«, oder: »Vor zwei Jahren bin ich in der Firma befördert worden.«

Der Schlüssel dabei ist: Um seinen Selbstwert zu finden, *muss man danach suchen.* Es geht also darum, nicht mehr den Fokus auf dem zu haben, wo Sie sich wertlos fühlen, sondern ihn dorthin zu lenken, wo bereits Wert vorhanden ist. Wenn Sie seit vielen Jahren auf den Mangel fokussiert sind, müssen Sie sich vielleicht ein bisschen anstrengen, um sich mehr auf das zu konzentrieren, was bereits da ist, anstatt auf das, was fehlt. Doch ich verspreche Ihnen: Sie *können* sich umtrainieren und wieder zu Ihrem natürlichen Zustand zurückfinden, dem Zustand der Selbstwertschätzung. Sie ist nicht einfach nur der »Dünger« für die Selbstliebe, sie *ist* Selbstliebe.

Liebe kultivieren

Mit dem Wort *Liebe* werden so viele Dinge beschrieben, dass es zum Allerweltswort geworden ist. Aber was ist *Liebe?* Ich würde sagen, *Liebe ist, wer und was Sie wirklich sind.* Liebe ist ein ewiger Zustand reinen, positiven, wertschätzenden Bewusstseins. Wenn Sie im physischen Leben Gedanken denken, die diesem reinen positiven Fokus entsprechen, dann spiegelt sich dieser Fokus im Gefühl der *Liebe* – einem Gefühl, welches sämtliche positiven Zustände enthält: den Zustand der Freiheit, den Zustand der Glückseligkeit, den Zustand des Friedens, den Zustand der Gelassenheit und so weiter. All das ist in dieser einen Emotion enthalten.

Liebe ist also die emotionale Widerspiegelung der Schwingung der Einheit, und sie existiert nur im gegenwärtigen Moment. Die Emotion der Liebe zeigt an, dass Sie etwas aus genau derselben Perspektive betrachten wie das ewige Bewusstsein in Ihnen – das Bewusstsein, welches wir *die Seele* oder *das Höhere Selbst* nennen. Liebe ist demnach der Zustand der perfekten Ausrichtung auf Ihre Seele.

Selbstliebe ist somit das Beibehalten derselben Perspektive und desselben Fokus sich selbst gegenüber, wie ihn die eigene Seele hat – ein Fokus, der *immer* wertschätzend ist. Vereinfacht ausgedrückt, ist Liebe ein *reiner, positiver Fokus.* Immer wenn Sie sich positiv auf andere oder sich selbst fokussieren, *sind* Sie im Zustand der Liebe; und immer wenn Sie sich negativ auf andere oder sich selbst fokussieren, sind Sie *nicht* im Zustand der Liebe. Liebe ist also eine in jedem Moment erneut zu treffende Entscheidung. Sie ist unser natürlicher Zustand, den man uns aber allzu oft abgewöhnt hat.

Selbstliebe kultivieren bedeutet, sich wieder darauf auszurichten. Deshalb ist es eine Entscheidung. Sie haben die Wahl, Ihre Aufmerksamkeit positiv oder negativ auf sich selbst zu richten. Selbstliebe ist ein Einlassen auf einen positiven Fokus und eine wertschätzende Haltung gegenüber sich selbst; sie ist eine Fertigkeit, die man entwickeln kann. So einfach ist das. Wenn Sie sich positiv auf sich selbst fokussieren, fühlen Sie die emotionale Widerspiegelung der Liebe, die auf Sie gerichtet ist. Das ist eine Wahl, die Sie in jedem Moment treffen, und je mehr Sie üben, desto besser werden Sie darin.

Eine persönliche Bestandsaufnahme

Wenn Sie damit beginnen, Ihr Selbstwertgefühl zu kultivieren, sind drei Listen ganz nützlich, und zwar so lange Listen wie möglich; das muss nicht unbedingt auf einmal geschehen, sondern Sie können die Listen auch mit der Zeit vervollständigen.

Für die erste Liste machen Sie sich innerlich sozusagen auf die Jagd nach Ihren derzeitigen Vorzügen und fertigen dann eine riesenlange Liste mit all Ihren positiven Charakterzügen und Talenten an. Ein Wörterbuch bietet sich hier als nützliches Werkzeug an; Sie können darin nach positiven Persönlichkeitsmerkmalen suchen und diejenigen in Ihre Liste übernehmen, die auf Sie zutreffen. Oder Sie rufen ein paar Leute an und fragen sie, welche Vorzüge sie an Ihnen sehen und was sie an Ihnen wertschätzen. Hier eine Liste mit Beispielen:

Die Liste mit meinen Vorzügen

- Ich bin eine gute Köchin.
- Ich bin ausdauernd.
- Ich halte Innenschau.
- Ich kümmere mich.
- Ich habe ein gutes musikalisches Gehör.
- Mir erzählen die Leute gerne ihre Probleme.
- Ich habe Humor.
- Ich bin ehrlich.
- Ich bin loyal.
- Es bedeutet mir viel, dass die Leute, mit denen ich zu tun habe, sich geliebt fühlen.

In der zweiten Liste stellen Sie diejenigen Ihrer Fähigkeiten und Potenziale zusammen, die ausdrücken, was Sie tun können und könnten. Das könnte zum Beispiel so aussehen:

Meine Liste mit Fähigkeiten und Potenzialen

- Ich habe immer das Potenzial, das, was für mich nicht mehr nützlich ist, loszulassen.
- Ich bin fähig, etwas zu tun, auch wenn es mich ängstigt.
- Mein Körper ist fähig, Nahrung aufzunehmen und sie in Energie umzuwandeln.
- Ich habe das Potenzial, Hoffnung zu finden.
- Ich kann durch mein Handeln anderen Menschen Liebe übermitteln.
- Ich kann meine Gedanken erkennen.
- Ich bin fähig, mir selbst gewahr zu sein.
- Ich könnte mich entscheiden, einfach Schluss zu machen und mein Leben zu beenden, aber das habe ich noch nicht getan.
- Ich könnte lernen, im gegenwärtigen Moment zu sein.
- Ich bin fähig, beide Seiten einer Geschichte zu verstehen.

In der letzten Liste stellen Sie das auf, was Sie in der Vergangenheit erreicht und gemacht haben, also Beispiele dafür, als Sie zu Ihrem Wohlergehen und dem von anderen Menschen beigetragen haben, und Ihre Erfolge im Leben. Das könnte beispielsweise so aussehen:

Meine Liste mit Leistungen und Erfolgen

- Ich habe mit dem Mädchen in der Schule, das keine Freunde hatte, Freundschaft geschlossen.
- Ich war Siegerin beim Talentwettbewerb an meiner Schule.
- Ich habe es geschafft, aufs College zu gehen, obwohl meine Familie arm war.
- Ich habe Geld für ein Tierheim gespendet.
- Ich verstehe mich nach wie vor gut mit meinem Exfreund bzw. meiner Exfreundin.
- Ich habe meiner besten Freundin einen Geburtstagskuchen gebacken.
- Ich habe die Insekten rausgebracht, anstatt sie zu töten.
- Ich habe meiner Großmutter vor ihrem Tod gesagt, dass ich sie liebe.
- Ich bin bei der Arbeit befördert worden.
- Ich habe das Rauchen aufgegeben.

Seinen Selbstwert stärken

Sie müssen unbedingt erkennen, dass Sie gar nicht wertlos sein können. Und auch die folgende Einsicht ist wichtig: Wenn Sie jemals etwas Gutes für sich oder ein anderes Lebewesen in diesem Universum getan haben, dann ist es noch unmöglicher als unmöglich, wertlos zu sein.

Ich schlage Folgendes vor: Bewahren Sie diese Listen irgendwo auf, wo Sie sie jeden Abend vor dem Schlafengehen zu Rate ziehen können. Wenn Ihnen Schreiben nicht liegt, können Sie die Ideen hinsichtlich Ihrer Vorzüge, Potenziale und Erfolge auch sprechen und auf Tonträger aufnehmen und sie dann vor dem Schlafengehen abspielen. Im Schlaf haben Sie die Chance, die Übung des positiven Fokus mühelos von zehn Minuten auf acht Stunden auszudehnen. Beim Aufwachen sind Sie dann so eingestimmt wie am Abend zuvor und gehen den Tag bestimmt mit Selbstliebe statt mit Selbsthass an.

Selbstwert und Selbstliebe sind eng miteinander verbunden und nähren sich gegenseitig. Durch das Üben und Erkennen Ihres eigenen Wertes nimmt von Natur aus auch Ihre Selbstliebe zu; und je mehr Sie sich selbst lieben, desto stärker wird natürlicherweise Ihr Selbstwertgefühl. Sie sollten also nicht das Gefühl haben, Sie müssten erst einmal Ihr Problem mit dem Selbstwert von Grund auf bewältigen, bevor Sie sich lieben können. Sie können direkt mit dem Prozess arbeiten, wie wir es gerade anhand der drei Listen gemacht haben; aber Selbstwert entsteht auch aus Selbstliebe, die Sie nach und nach entwickeln.

Und die gute Nachricht lautet: Die Tatsache, dass Sie gerade dieses Buch lesen, bedeutet: Sie haben sich bereits entschieden, dass Sie Ihrer Selbstliebe würdig sind. Wäre das nicht der Fall, hätten Sie sich gar nicht erst die Mühe gemacht, nach einer Möglichkeit zu suchen, um herauszufinden, wie Sie sich selbst lieben können.

Aus dem Gefängnis unserer Überzeugungen ausbrechen

Die Geburt einer Überzeugung

Unser Geist erzeugt den lieben langen Tag Gedanken. Doch unsere Gedanken sind nicht das Problem; das Problem liegt vielmehr darin, dass wir diese Gedanken, die im Kopf entstehen, *glauben* und davon überzeugt sind. Manche dieser Glaubensüberzeugungen werden zu Gefängnisgittern, die uns dauerhaft gefangen halten; andere dagegen sind befreiend und lassen uns schweben. Darum geht es hier, aber zunächst wollen wir definieren, was eine Überzeugung überhaupt ist. Eine Überzeugung ist ein Gedanke, den wir so oft gedacht haben, dass er sich physisch in unserem Leben manifestiert.

Ein Beispiel: Sie denken gerade an Delfine, und das manifestiert sich darin, dass Sie den Fernseher einschalten und gerade ein Dokumentarfilm über Delfine läuft. Wenn wir ständig denken: »Ich bin dumm«, dann manifestiert sich das unter Umständen in einer nicht bestandenen Prüfung. Solange uns nicht voll bewusst ist, dass unsere Gedanken unsere Realität erschaffen, betrachten wir solche Manifestationen als Beweis für die Richtigkeit des ursprünglichen Gedankens.

Tappen Sie nicht in diese Falle! Nutzen Sie lieber Ihren Geist und überlegen Sie einmal ernsthaft, was eine Überzeugung wirklich ist und wie Überzeugungen funktionieren. Dann werden Sie nämlich Folgendes erkennen: Wenn Sie absichtlich andere Gedanken oft genug denken, werden auch diese sich als physischer Beweis manifestieren. Und schon bald halten Sie nach Beweisen Ausschau, die die Richtigkeit der *neuen* Gedanken belegen.

Wie können Sie also Ihre Überzeugungen verändern? Indem Sie Ihre Gedanken verändern. Das ist leichter gesagt als getan, aber Sie können es schaffen. Ich werde Ihnen zeigen, wie Sie aus diesem Gefängnis ausbrechen können.

Höchste Zeit für ein paar neue Überzeugungen

Wir Menschen halten an der Vorstellung fest, es existiere eine von uns getrennte Realität, die wir entdecken und in Besitz nehmen müssen, um glücklich zu sein. Wir sind von der Idee besessen, die »Wahrheit« zu entdecken. Doch die Wahrheit lautet: Unsere physische Dimension wurde wie ein riesiger holografischer Spiegel entworfen, als physische Widerspiegelung unserer Gedanken. Die Realität, die wir erleben, spiegelt also unsere vorherrschenden Gedanken wider, und die nennen wir – genau! – *Überzeugungen*.

Deswegen hat jeder Mensch eine andere Realität. Jeder Mensch kann nur die Manifestationen seiner eigenen Gedanken erfahren, kann nur auf seine eigenen Projektionen treffen. Natürlich wünschen wir uns, die Realität, in der wir leben, möge uns gefallen. Aber überlegen Sie einmal: Wenn Ihre Realität nur eine Projektion Ihrer Überzeugungen ist, können Sie sie nicht wirklich genießen, solange Sie noch an Überzeugungen festhalten, die Sie unglücklich machen. Höchste Zeit also für ein paar neue Überzeugungen!

Dieser Prozess ist eng mit Selbstliebe verknüpft, denn wer sich selbst liebt, ist auch bereit, das, was für ihn nicht dienlich ist, loszulassen. Wer bereit ist, sich selbst zu lieben, hat den Mut, sich aus der Tretmühle auszuklinken und nicht mehr zu versuchen herauszufinden, was wahr ist, sondern das zu erschaffen, was er sich als Wahrheit *wünscht*. Menschen, die sich selbst lieben, finden so viele Möglichkeiten wie nur möglich, *das, was ist,* zu lieben.

Sich selbst zu lieben heißt also, sein Glück über alles andere zu stellen. Und wie wir ja gerade erfahren haben, ist ein wesentlicher Punkt dabei, das loszulassen, was uns unglücklich macht. Und denken Sie daran: Das, was Sie unglücklich macht, ist nicht das, worauf Ihr Blick fällt. Es sind nicht die Menschen, Umstände und Ereignisse im Leben, sondern Ihre Gedanken über das, worauf Ihr Blick fällt. Und noch einmal, weil es so wichtig ist: Ihre *Gedanken* über Menschen, Umstände und Ereignisse im Leben machen Sie unglücklich.

Schluss mit dem Widerstand gegen Ihr Wohlbefinden!

Die Überzeugung, die Dinge *sollten* anders laufen, als sie sind bzw. waren, ist eine der häufigsten Quellen für ein unglückliches Leben. Das ist ein Zustand des Widerstands gegen das, was ist bzw. war. Ein glückliches Leben zu führen und gleichzeitig diesen Widerstand beizubehalten, ist unmöglich. Um sich selbst zu lieben, muss man bereit sein, den Widerstand gegen das, was ist und war, aufzugeben und einfach im jetzigen Moment zu leben.

Eine der besten Möglichkeiten, das zu erreichen, besteht darin, sein Schubladendenken aufzugeben, sich die Gedanken vorzunehmen, die verletzend sind, und sie ins Gegenteil zu verkehren. Ich habe das, wie nachfolgend beschrieben, geschafft, und auch Sie können das. Es funktioniert tatsächlich. Zuerst kehre ich einen Gedanken um, der, wie ich weiß, richtig ist, zum Beispiel: *»Ich bin Teal Swan«*, und verkehre ihn ins Gegenteil, also: *»Ich bin nicht Teal Swan«*. Dann versuche ich, auf jede nur erdenkliche Art und Weise diese gegenteilige Aussage zur Wahrheit zu machen.

Man kann Gedanken auf vielerlei Weise umkehren, zum Beispiel in sein logisches Gegenteil; oder man kann die Subjekte oder Verben in ihr Gegenteil verkehren oder den Gedanken auf sich beziehen bzw. gegen sich kehren.

Ein Beispiel: Das logische Gegenteil des Gedankens *»Sie hasst mich«* ist *»Sie liebt mich«*. Oder man tauscht Subjekt und Objekt aus: *»Ich hasse sie.«* Oder man kehrt ihn gegen sich selbst: *»Ich hasse mich.«*

Sie könnten also beispielsweise den Gedanken *»Mein Mann sollte mich lieben«* umkehren in *»Ich sollte mich lieben«* und dann jede Menge Möglichkeiten finden, diese alternative bzw. gegenteilige Aussage wahr werden zu lassen. Drei Möglichkeiten, die Aussage »*Ich sollte mich lieben*« wahr werden zu lassen, wären für mich beispielsweise: »In meinem Körper zu leben und mich zu hassen, ist keine Art zu leben«, und: »Ich habe keinerlei Kontrolle darüber, ob andere Leute mich lieben oder nicht, aber ich habe es in der Hand, ob ich mich selbst liebe oder nicht«, und: »Ich bin hier auf der Erde, ich wurde erschaffen, und deshalb muss ich einen Sinn und einen Wert haben – sonst wäre ich ja gar nicht erst erschaffen worden.«

Dieses Umkehren funktioniert mit jedem beliebigen Gedanken, den es nur gibt. Mit dieser Übung können Sie eine umfassendere Sichtweise erlangen und erkennen, dass Alternativen zu Ihren Gedanken womöglich sogar *wahrer* sind als das, was Sie derzeit denken. Am meisten Schmerz verursacht die Überzeugung, dass unsere schmerzhaften Gedanken tatsächlich absolut wahr sind.

Das Gehirn bestmöglich nutzen

Um Überzeugungen zu verändern, müssen wir unbedingt erst einmal herausfinden, was wir denn überhaupt glauben. Manche Gedanken sind bewusst, andere eher unterbewusst; Letzteres heißt allerdings nicht unbedingt, dass wir keine Kontrolle darüber haben, sondern nur, dass wir einen bestimmten Gedanken so oft gedacht haben, meistens schon als Kind, dass unser Gehirn die Verantwortung für diesen Gedanken übernahm und eine Nervenbahn aufgebaut hat, die diesen bestimmten Gedanken nun an den restlichen Körper kommuniziert, ganz ohne unser Zutun und ohne Bewusstheit.

Das bedeutet: Je öfter wir einen Gedanken denken, desto stärker wird die Nervenbahn, die diesen Gedanken umsetzt, und desto leichter fällt es uns, diesen Gedanken in Zukunft zu denken. Das kann so weit gehen, dass Gedanken vom Gehirn so schnell in unsere physische Realität umgesetzt werden, dass wir uns überhaupt nicht bewusst sind, diesen Gedanken überhaupt gedacht zu haben. Das ist das sogenannte »Unterbewusstsein«.

Die unglaubliche Effizienz des menschlichen Gehirns ist bewundernswert, beispielsweise beim Schwimmen oder Kaffeekochen am Morgen. Dank unseres Gehirns können wir mühelos rückenschwimmen, ohne darüber nachzudenken, wie das wohl geht. Das ist toll! Doch eben dieses hocheffiziente Gehirn kann uns auch schwer schädigen, wenn es um Dinge wie mangelndes Selbstwertgefühl geht. Wir sabotieren uns selbst, ohne die Gedanken, die innerhalb von Sekundenbruchteilen zu dieser sabotierenden Entscheidung führen, überhaupt bewusst mitzubekommen.

Die beste Art, dafür zu sorgen, dass unser Gehirn uns *nur* zu Handlungen anregt, die gut für uns sind, besteht darin, ihm *nur* Gedanken zuzuführen, die gut für uns sind. Wir müssen Gedanken also mit voller Absicht und Überlegung denken, bewusst Gedanken hegen, die sich gut anfühlen, und diejenigen Gedanken, die sich nicht gut anfühlen, aufgeben. Und wir müssen herausfinden, wie wir selbstsabotierende, unterbewusste Gedanken aufdecken und ersetzen können. Das sind die sogenannten *negativen Kernüberzeugungen*.

Der Weg zu besseren Überzeugungen

Situationen, die starke negative Emotionen hervorrufen, sind die perfekte Chance, negative Kernüberzeugungen aufzudecken. Das können Sie tun, indem Sie jede Aussage, die Sie treffen, mit zwei Fragen »verfolgen«:

- Warum wäre das schlimm?
- Was würde das bedeuten, wenn es wahr wäre?

Und so funktioniert es: Stellen Sie sich eine Situation vor, in der Sie Angst haben, beispielsweise große Versagensangst. Die Aussage »Ich habe Angst davor, zu versagen« ist nicht die Kernüberzeugung, sondern eine emotionale Reaktion auf die eigentliche Kernüberzeugung. Jetzt können Sie tiefer bohren und die Kernüberzeugung mit folgender Frage aufdecken: *Warum wäre das (das Versagen) schlimm?*

Die Antwort könnte lauten: »Ich stehe dann wie ein Dummkopf da.« Dann fragen Sie erneut: *Warum wäre das (wie ein Dummkopf dastehen) schlimm?* Und die Antwort wäre: »Andere Leute werden denken, ich bin dumm.«

Und weiter geht es mit der nächsten Frage: *Warum wäre das (andere Leute halten mich für einen Dummkopf) schlimm?* Die Antwort ist vielleicht: »Ich werde abgelehnt.« Nun fragen Sie: *Was würde das (die Ablehnung) für mich bedeuten, wenn es wahr wäre?* Die Antwort könnte lauten: »Ich fühle mich dann wertlos und allein.« Nun fragen Sie: *Warum wäre das (das Gefühl, wertlos und allein zu sein) schlimm?* Und die Antwort könnte sein: »Alleine werde ich niemals glücklich werden.«

Das war's. Die negative Kernüberzeugung lautet in diesem Fall: »Alleine werde ich niemals glücklich werden.« Sie sind bis zur Wurzel und zum Grund Ihrer Versagensangst durchgedrungen. Kernüberzeugungen haben oft nicht nur *eine* Schicht, und andere Leute haben andere Kernüberzeugungen. Jemand anderes hat womöglich dieselbe Versagensangst, aber auf Basis einer völlig anderen Kernüberzeugung.

Beim Aufdecken einer Kernüberzeugung klingt diese oft erst einmal total unlogisch, ja erscheint dem logischen Verstand sogar völlig lächerlich. Eine solche Reaktion auf eine Kernüberzeugung ist gut, denn dann fällt es Ihnen leichter, Gedanken zu denken, die dieser Überzeugung entgegengesetzt sind. Man kann sich leichter von einer Überzeugung befreien, die lächerlich erscheint, als von einer, die durchaus sinnvoll ist. Doch selbst in diesem Fall muss klar sein: Obwohl sie lächerlich klingt, handelt es sich doch um eine Ihrer früheren Kernüberzeugungen, die sich physisch manifestiert hat und Sie damit stark beeinflusst und von Ihrem Glück abhält.

Was hält Ihre negativen Überzeugungen aufrecht?

Das Aufdecken von Kernüberzeugungen erfordert Zeit und Übung. Es ist gar nicht so einfach, unter die Oberfläche unserer Gedanken, Gefühle und Reaktionen zu gelangen und die darunter liegenden

Überzeugungen aufzudecken; aber es ist eine äußerst lohnende Übung. Sobald Sie die Kernüberzeugungen, mit denen Sie sich selbst einschränken, identifiziert haben, können Sie sie anschauen und wählen, was Sie stattdessen lieber glauben möchten. Dann können Sie eine nach der anderen verändern.

Bevor Sie ans Werk gehen, gebe ich Ihnen noch eine Analogie an die Hand, damit Sie besser verstehen, wie Überzeugungen funktionieren.

Stellen Sie sich einen Tisch vor. Die Tischplatte steht für die eigentliche Überzeugung. Die Tischbeine sind die Beweise, die die jeweilige Überzeugung stützen. Und nun stellen Sie sich einen Sekundenkleber vor, der die Tischbeine am Fußboden festhält; dieser Kleber steht für die emotionale Belohnung, wenn Sie die Überzeugung beibehalten.

Um diese Überzeugung zu ersetzen, müssen Sie folgendermaßen vorgehen:

1. Entscheiden Sie sich: Macht die emotionale Belohnung für die Beibehaltung dieser Überzeugung wirklich den dadurch verursachten Schaden wett? Wenn Ihre Antwort »Nein« lautet und Sie bereit und willens sind, sie durch eine andere Überzeugung zu ersetzen, dann »löst« dieser Entschluss die alte Überzeugung von Ihnen ab, so wie Sie Sekundenkleber auflösen würden, durch den die Tischbeine am Fußboden festkleben.

2. Nun müssen Sie die Beine dieser alten Überzeugung unter dem Tisch abschlagen, und zwar, indem Sie die Beweise, mit denen Sie Ihre alte Überzeugung stützen, so durchlöchern, dass diese Beweise nicht mehr standhalten. Daraufhin fällt die Tischplatte (die eigentliche Überzeugung) hinunter, denn es sind keine Beine mehr da, auf denen sie liegen könnte.

3. Jetzt müssen Sie sich für eine neue Tischplatte entscheiden, die Ihnen besser gefallen würde, und eine Überzeugung aussuchen, die Sie lieber glauben möchten.

4. Dann müssen Sie neue Beine unter der neuen Überzeugung anbringen, um die Tischplatte zu stützen; Sie müssen also nach neuen, stichhaltigen Beweisen für die neue Überzeugung suchen.

5. Und schließlich müssen Sie noch den neuen Tisch mit Sekundenkleber am Boden festmachen, indem Sie die emotionale Belohnung für die neue Überzeugung identifizieren. Und schon haben Sie Ihre Aufgabe erledigt. Sie können nun die Früchte dieser Arbeit und die Belohnungen Ihrer neuen Überzeugung genießen.

Klingt das kompliziert? Keine Angst. Nachfolgend wird ein Beispiel für diesen Prozess beschrieben; Sie können die darin vorgestellten Schritte auf jegliche negativen Kernüberzeugungen anwenden, die Sie auflösen und ersetzen möchten.

Wie man mit der Überzeugung »Ich bin dumm« umgeht

Schritt 1. Finden Sie heraus, welche emotionale Belohnung Sie aus dieser Überzeugung erhalten und ob sie den Schmerz wert ist, den sie verursacht. Hier ein Beispiel, wie ein Mann denkt, der sich für dumm hält: *Wenn ich glaube, dass ich dumm bin, habe ich immer eine Ausrede, wenn ich versage. Andere Leute erwarten dann nicht so viel von mir. Ich muss es dann noch nicht einmal probieren. Und ich werde nie wissen, wozu ich wirklich fähig bin.*

Schritt 2. Suchen Sie nun nach anderen Beweisen und Erklärungen, die die Gültigkeit Ihrer schädlichen Überzeugung untergraben. Ersetzen Sie die Beweise, mit denen Sie Ihre schädliche Überzeugung belegt haben, durch alles, was dieser Überzeugung widerspricht und das Gegenteil belegt. Nachstehende Leitfäden zeigen auf, wie das funktioniert. Es geht wieder um das Beispiel von dem Mann, der sich für dumm hält und drei Überzeugungen hat: A, B und C. Wenn man sich diese Überzeugungen einmal etwas genauer anschaut, erkennt man, wie alternative Erklärungen und Beweise die ursprüngliche schädliche Überzeugung untergraben können.

A. *Ich hatte total schlechte Noten in der Schule.*
B. *Meine Mutter sagte immer zu mir, Männer seien dumm.*
C. *Ich bin Legastheniker.*

Ein genauerer Blick auf A. Eigentlich finde ich das allgemeine Lehr- und Schulsystem nicht gut. Jeder lernt auf eine andere Weise. Ich lerne durch praktisches Tun, und das macht mich noch lange nicht zu einem Dummkopf; mein Interesse wird einfach nicht geweckt, wenn ich den ganzen Tag einem Lehrer zuhöre. Meine schlechten Noten bekam ich, weil es mir egal war, was ich lernte. Wenn mir etwas wichtig ist, bin ich darin auch wirklich gut, weil mir das Lernen dann Spaß macht. In der Schule ging es mir immer schlecht, weil meine Eltern sich damals hatten scheiden lassen, und es ist einfach lächerlich, von einem Kind, dessen Familienleben gerade in die Brüche geht, gute Noten zu erwarten. Ich stellte Fragen wie: *Was ist der Sinn des Lebens?* Wenn ich wirklich so dumm wäre, würde ich sicherlich nicht auf solche Fragen kommen.

Ein genauerer Blick auf B. Meine Mutter sagte das immer nur dann, wenn mein Vater ihrer Meinung nach etwas falsch machte. Aber mein Vater hatte immer gute Gründe dafür, warum er etwas so und nicht anders machte. Meine Mutter wuchs in einer Zeit auf, als Männer und Frauen noch nicht so gleichberechtigt waren; ein Teil von ihr fühlte sich deshalb Männern gegenüber immer machtlos, und wie ich feststellte, gab ihr der Gedanke, Frauen wären schlauer als Männer, das Gefühl, wenigstens ein bisschen Macht zurückzugewinnen. Anscheinend war das für sie die einzige Möglichkeit, sich etwas besser zu fühlen, aber das heißt nicht, dass alle Männer dumm sind. Wenn ich mir anschaue, wie viele Männer den Nobelpreis erhalten haben, ist mir klar, dass es mich nicht automatisch zu einem Dummkopf macht, ein Mann zu sein.

Ein genauerer Blick auf C. Legasthenie hat nichts mit Intelligenz zu tun, sondern ist lediglich ein Symptom dafür, dass das

Gehirn Informationen anders organisiert. Nur weil mir Lesen und Schreiben schwerfallen, müssen mir andere Dinge nicht auch schwerfallen. Einstein war Legastheniker.

Schritt 3. Finden Sie heraus, welche Überzeugung Sie lieber glauben wollen. Der Mann in unserem Beispiel hat sich für die neue Überzeugung *»Ich bin auf meine ganz individuelle Weise intelligent«* entschieden.

Schritt 4. Suchen Sie nach Belegen, die Ihre neue, für Sie bessere Überzeugung stützen, die Sie lieber glauben möchten. Das könnte beispielsweise sein: »Weißt du was? Ich konnte schon mit zehn einen Zauberwürfel lösen! Ich schau mir Sachen einmal an und verstehe, wie alles zusammenhängt. Ich bin unglaublich künstlerisch veranlagt. Ich kann mich auf der Straße durchsetzen. Ich weiß, wie sich andere fühlen, ohne dass sie ein Wort zu mir sagen. Ich habe mir selbst einen Automotor zusammengebastelt. Wenn mich etwas interessiert, lerne ich es so schnell, dass die Leute ganz verblüfft sind. Meistens finde ich heraus, wie ich etwas machen muss, ohne dass man es mir sagt.«

Schritt 5. Finden Sie heraus, welche emotionale Belohnung die neue Überzeugung Ihnen bietet; das könnte zum Beispiel sein: »Ich werde mehr Selbstvertrauen haben. Ich werde ein paar Sachen machen, die ich schon immer einmal ausprobieren wollte, anstatt mich unerfüllt zu fühlen. Ich werde für Frauen attraktiver sein. Ich finde vielleicht eine Stelle, wo ich eine Arbeit tun kann, die ich wirklich gut kann und gerne tue. Vielleicht gründe ich meine eigene Firma, das würde mir wirklich gefallen. Es geht mir mit mir selbst besser, und das macht mich viel glücklicher. Wahrscheinlich würde ich nicht mehr versuchen, mich an die Vorstellungen anderer Leute anzupassen, was Intelligenz angeht, und wäre frei, mein eigenes Leben zu leben. Ich könnte anderen legasthenischen Kindern helfen, damit sie nicht so verunsichert aufwachsen wie ich und meinen, sie seien dumm.«

Sie sind die Mühe wert!

Sie sehen also: Um eine Überzeugung zu verändern, müssen Sie sich erst einmal hinsetzen und sich Zeit nehmen, sie wirklich eingehend zu erforschen, infrage zu stellen und durch eine andere Überzeugung zu ersetzen. Aber diese Zeit ist gut investiert, und Sie sind die Mühe wert! Betrachten Sie es doch einmal so: Sie können sich jetzt einfach einmal eine Stunde hinsetzen und anfangen, Ihre Überzeugung bewusst zu verändern, oder Sie können sich weiterhin von den Auswirkungen Ihrer alten Überzeugung frustrieren lassen und sich selbst dafür ausschimpfen, dass Sie keine Zeit haben, sie zu verändern.

Hier geht es um Ihr Glück! Ihr Leben und Ihre Realität stehen auf dem Spiel, der Einsatz ist also ganz schön hoch. Lieben Sie sich so sehr, dass es Ihnen die eine oder zwei Stunden wert ist, um die alte Überzeugung zu ersetzen. Das, was sie Ihnen an emotionalen Belohnungen gebracht hat, ist es nicht mehr wert.

So viel dazu. Überzeugungen zu erkennen und zu ersetzen ist ein schrittweiser Prozess. Wundern Sie sich also nicht, wenn Sie ab und zu wieder in Ihre alten Überzeugungen verfallen, so wie wir alle manchmal wieder negative Gedanken hegen, weil wir vergessen, dass wir sie kontrollieren können. Die gute Nachricht lautet: Je öfter Sie sich auf Ihre neue Überzeugung einlassen und Gedanken denken, die sich gut anfühlen, desto mehr Nervenbahnen werden im Gehirn diesen neuen, positiven Gedanken zugeordnet.

Irgendwann ist es dann einfacher, die neuen, positiven Gedanken zu denken als die alten, negativen. Sie führen Ihren negativen Überzeugungen keine alten, negativen Gedanken mehr zu und lassen sie dadurch sozusagen »verhungern«. Dafür nähren Sie Ihre positiven Überzeugungen mit positiven Gedanken. Sie tun Ihre Arbeit, das Gehirn tut seine Arbeit, und Ihre Realität verbessert sich – ein unglaubliches System, und es funktioniert tatsächlich!

GRAND CANYON
DER AFFIRMATIONEN

Behutsam zu Werke gehen

Alle unsere Gedanken, Worte und Taten sind Affirmationen gegenüber uns selbst. Affirmationen sind Wahrheitsbestätigungen; entweder sie sind gut für uns oder nicht, positiv oder negativ. Menschen, die sich selbst lieben, achten sehr darauf, sich selbst Tag für Tag mit *positiven* Gedanken, Worten und Taten zu bestätigen.

Wenn ich von jetzt an von *Affirmationen* spreche, beziehe ich mich auf eine positive Aussage, die entweder derzeit wahr *ist* oder die Sie gerne wahr machen möchten. Der bewusste Einsatz von Affirmationen macht das, was Sie wahr machen möchten, irgendwann tatsächlich wahr, denn ein Gedanke, der beständig genug gedacht wird, *wird* sich manifestieren.

Aber Achtung: Bei vielen Menschen funktionieren Affirmationen deshalb nicht, weil sie nicht mit den für sie richtigen Affirmationen arbeiten. Nur allzu oft werden Affirmationen als Möglichkeit hergenommen, seinem jetzigen Leben auszuweichen und einfach seine Gefühle zu leugnen oder sich selbst anzulügen. Haben Sie schon einmal Affirmationen ausprobiert, und das Ganze ist nach hinten losgegangen? Dann haben Sie es wahrscheinlich nicht richtig gemacht. Womöglich sind Sie zu schnell zu weit gesprungen und fühlten sich am Ende geschlagen, vor allem, wenn Sie sich selbst nicht leiden können.

Damit Sie sich mit Affirmationen Ihre Selbstliebe zeigen können, müssen Sie das Affirmations-Spiel ein bisschen anders spielen, als man Ihnen gesagt hat. Lassen Sie sich nicht darauf ein, sich mit Ihrer Intelligenz herumzustreiten. Anstatt Gedanken zu wiederholen, die Sie noch nicht glauben, gehen Sie Affirmationen lieber schrittweise an.

Jede Brücke erst dann überqueren, wenn Sie davorstehen

Anstatt mit einer Affirmation zu arbeiten, die Ihnen nur voll ins Bewusstsein bringt, dass Ihnen derzeit das Erwünschte fehlt, können Sie mit einer Affirmation anfangen, die sich bereits *wahr anfühlt*. Wenn Sie sich also nicht lieben und die Aussage *»Ich liebe mich«* zu schmerzhaft ist, verwenden Sie diese nicht. Der Schmerz kommt wahrscheinlich daher, dass die Affirmation Ihnen den großen Mangel an Selbstliebe zu Bewusstsein führt.

Wie wäre es stattdessen mit einer überbrückenden Aussage, die sich gut anfühlt und in Richtung Selbstliebe geht? Das könnte zum Beispiel sein: *Ich freue mich schon total auf den Tag, an dem ich aufwache und mich selbst liebe.* Oder: *Ich finde es toll, dass mir meine Lebensqualität so wichtig ist, dass ich mir Zeit für Affirmationen nehme.* Oder: *Ich mag meine Augenfarbe.* Auch das sind Affirmationen, und wenn Sie sie oft genug wiederholen, werden Sie irgendwann feststellen, dass die Aussage *»Ich liebe mich«* nicht mehr ein akutes Gefühl mangelnder Selbstliebe hervorruft, sondern Liebe in sich trägt.

Wenn Sie sich selbst lieben, können Sie sich nicht dazu auffordern, in den Grand Canyon zu springen. Bei Affirmationen, die sich total unwahr und für uns persönlich unerreichbar anfühlen, fordern wir uns auf, in den Grand Canyon zu springen. Doch wenn Sie Affirmationen wählen, an die Sie *tatsächlich glauben* und die nicht so weit weg sind von dem, was Sie gerne *glauben möchten,* ist der »Sprung« nicht so groß und es fühlt sich gut an. Je besser sich Ihre Affirmationen anfühlen, desto effektiver sind sie.

Und denken Sie daran: Affirmationen sollten immer im Präsens gesprochen werden, also: *Ich bin …,* oder: *Ich habe …,* oder: *Ich freue mich auf …*

Auf die Zukunft ausgerichtet – also: *Ich möchte ...,* oder: *Ich werde ...* – bedeutet die betreffende Aussage für Sie und das Universum, das Gewünschte außer Reichweite und für die Zukunft bereit zu halten, anstatt es *jetzt* zu gewähren.

Sie können ein Affirmations-Tagebuch schreiben, in dem Sie jeden Tag Affirmationen aufschreiben, die Ihnen ein gutes Gefühl geben. Eine der besten Möglichkeiten besteht darin, Affirmationen aufzunehmen und sie abends beim Einschlafen im Bett über Kopfhörer zu hören.

Die Kunst und Praxis der Affirmationen soll Ihnen beibringen, dass Sie Ihren Blickwinkel verändern können, wodurch Sie Ihr Glück erschaffen und beibehalten können. Bei Affirmationen ist der Himmel die Grenze. Sie können sich unzählige positive Dinge aufsagen. Ihre Emotionen melden Ihnen schon zurück, welche für Sie die richtigen sind. Und wenn manche dieser Aussagen derzeit zu schwierig für Sie sind, steht Ihnen immer die Überbrückungstechnik zur Verfügung.

Sich von Schuldgefühlen

freisprechen

Was ist an Schuldgefühlen Gutes?

Schuldgefühle sind ein großer Stolperstein auf dem Weg zur Selbstliebe; sie entspringen dem Sozialisierungsprozess, von dem in der Einführung zu diesem Toolkit schon die Rede war. Wie wir gehört haben, führt uns unsere Sozialisierung im Kindesalter in den meisten Fällen zu einer zentralen Schlussfolgerung über uns selbst, nämlich der folgenden Erkenntnis: *Ich bin nicht gut genug.* Als Kind zogen wir mit unserem begrenzten Verständnis für die Bestrafungen durch unsere Eltern oder andere Betreuungspersonen eine Schlussfolgerung, insbesondere die Vermutung, wir hätten diese Strafe *verdient,* sonst würden wir ja nicht bestraft werden. Und obwohl diese Annahme nicht stimmte, war sie doch der Anfang unserer Schuldgefühle im Leben.

Aufgrund unserer Sozialisierung und der irreführenden Vermutungen, die wir daraus abgeleitet haben, hegen so gut wie alle Menschen mehrere Kernüberzeugungen, die die Grundlage jeglicher Schuldgefühle bilden:

1. *Ich verdiene Bestrafung.*
2. Einen Schritt tiefer: *Ich verdiene es, zu leiden.*
3. *Ich verdiene es nicht, glücklich zu sein.*
4. Und am schlimmsten: *Ich verdiene es nicht, geliebt zu werden.*

Zunächst einmal müssen Sie verstehen, dass Schuld eine Emotion ist, ein Anzeichen dafür, dass Sie etwas gemacht haben, was Sie nicht noch einmal machen wollen und was nicht zu Ihrem wahren Selbst gepasst hat. Dieses innere Wissen, auf das uns die Emotion der Schuld hinweist, nennen wir unser *Gewissen*. Unser Gewissen kann uns darauf aufmerksam machen, wie wir uns von unserer Integrität entfernen und dass wir mit unserem Tun uns selbst oder andere verletzen. Das Gewissen sagt uns, wann wir uns oder das Universum nicht respektieren.

Das Gewissen ist eine Funktion des ewigen Selbst, und damit fehlt ihm Reue, denn die universale Perspektive kennt keine Reue, sondern betrachtet jedes einzelne Ding – auch das, was wir als Fehler ansehen – als integral und wesentlich für unsere Weiterentwicklung, selbst wenn es sich um schlimmste, kaum vorstellbare Verbrechen handelt.

Wenn in diesem Kapitel von Schuld die Rede ist, beziehe ich mich nicht auf die kurzzeitige Emotion der Schuld als Anzeichen für ein »schlechtes Gewissen«, sondern auf Schuld als System der Selbstregulierung, des Selbstmissbrauchs und des Selbstvorwurfs, welches uns in der Emotion namens *Schuld* gefangen hält, wodurch das Ganze zu etwas Dauerhaftem wird und nichts Vorübergehendes mehr ist.

Ich möchte Sie dazu ermutigen, sich durch Schuldgefühle nicht in einem inneren Schrank einsperren und zum Gefangenen der Vergangenheit machen zu lassen.

Das Joch der Schuld abwerfen

Sie können Schuld also nicht freisetzen, sondern müssen sich vielmehr selbst von Schuld freisprechen. Wenn Sie sich schuldig fühlen, haben Sie innerlich eine Grenzlinie überschritten, eine Regel gebrochen, die Sie selbst aufgestellt haben, beispielsweise: »Du darfst andere Menschen nicht verletzen.« Wir haben uns selbst innerlich so viele Regeln gesetzt, dass wir irgendwann in einem ganzen Labyrinth von Regeln leben und weder rechts noch links abbiegen können, ohne auf ein Hindernis zu stoßen. Angesichts all der vielen Regeln ist es schwierig, sie nicht zu übertreten. Um sich von Schuld freizusprechen, müssen Sie also Ihre inneren Regeln verändern, und zwar, indem Sie Ihre Überzeugungen auf den Prüfstand stellen.

Stellen Sie sich vor, Sie sind in einem Gebäude, in dem gerade Tränengas ausströmt; dieses Tränengas steht für das Schuldgefühl. Das Tränengas schmerzt, und Sie wollen einfach nur zur Tür hinaus und wegrennen. Reue ist das Wissen, dass Selbstvorwürfe und Selbstbestrafung an der Tür stehen und Sie in dem Gebäude festhalten, wo Sie in diesem fürchterlichen Tränengas ersticken. Reue hält Sie in der Emotion der Schuld gefangen für etwas, was in der Vergangenheit passiert ist und was, wie Sie bereits eingeräumt haben, nicht noch einmal vorkommen soll.

Wenn Sie erst einmal erkannt und anerkannt haben, dass Sie etwas aus der Vergangenheit nicht noch einmal wiederholen möchten, besteht auf persönlicher und universaler Ebene *keine* Notwendigkeit, weiterhin darauf herumzureiten oder sich deswegen schuldig zu fühlen. Das ergibt überhaupt keinen Sinn und bewirkt keinerlei positive Veränderung, sondern hält Sie nur in dem Schuldgefühl gefangen.

Das ist sehr wichtig zu verstehen, denn Sie können nicht hoffen, in die von Ihnen gewünschte Zukunft zu schreiten, wenn Sie nach wie vor an der Vergangenheit festhalten. Dann bleiben Sie einfach an dem Punkt, wo Sie sind.

Wenn Sie sich wirklich selbst lieben wollen, besteht einer der ersten Schritte darin, loszulassen. Wenn Sie mit Selbsthass zu kämpfen haben, dann bitten höchstwahrscheinlich Teile Ihrer selbst darum, von Schuld freigesprochen zu werden. Dazu müssen Sie sich selbst die Erlaubnis erteilen und eine Möglichkeit dazu finden, und nur dann können Sie weitergehen.

11 Schritte, um sich von Schuld freizusprechen

Mit den folgenden Grundschritten können Sie sich selbst von Schuld freisprechen.

1. **Die Wahrheit über Schuld erkennen.** Um etwas verändern zu können, müssen Sie es erst einmal verstehen. Der erste Schritt, um sich von Schuld freizusprechen, besteht also darin, zu erkennen, wo das Schuldgefühl seinen Anfang nimmt, welchem Zweck es dient, und einzusehen, dass es nicht Ihrem höchsten Wohl dient. Schuld ist eigentlich Selbstmissbrauch. Sie müssen erkennen: Schuld und Scham sind negative Emotionen, um die sich negative Gedanken drehen, welche Ihrem Ego negative Energie zuführen, anstatt es mit positiver Energie zu nähren. Welche innere Regel haben Sie verletzt? Gilt diese Regel wirklich zu 100 Prozent der Zeit? Ist sie Ihnen nützlich? Wie könnten Sie über diese Regel oder diesen Umstand anders denken, damit Sie sich weniger schuldig fühlen?

2. **Eine Entscheidung treffen.** Fassen Sie den Entschluss, dass Sie bereit und willens sind, die Schuld loszulassen, und das auch wollen.

3. **Neue Gedanken annehmen.** Ersetzen Sie die Überzeugung, Sie würden Strafe und Leiden, aber weder Glück noch Liebe verdienen, durch die Überzeugung, dass Sie es verdient haben, glücklich zu sein und geliebt zu werden.

4. **Verantwortung übernehmen.** Übernehmen Sie Verantwortung *nur* für Ihren Teil, den Sie zu einer Situation beitragen bzw. beigetragen haben, und erkennen Sie, dass Verantwortung zu übernehmen nicht dasselbe ist wie Scham zuzulassen, sondern lediglich das Eingeständnis, dass Sie etwas verstanden haben. Verantwortlichkeit hat nichts damit zu tun, sich für das, was geschehen ist, die Schuld aufzubür-

den, sondern die Verantwortung für die Entscheidung zu übernehmen, in Zukunft anders zu denken, zu reden oder zu handeln.

5. **Seine Vergangenheit realistisch betrachten.** Setzen Sie die rosarote Brille ab, wenn Sie überlegen, wie die Vergangenheit anders hätte verlaufen können. Schuld wird genährt, wenn Sie beim Blick auf eine vergangene Situation andere Optionen sehen, die es entweder gar nicht gab oder die Ihnen zum damaligen Zeitpunkt nicht offenstanden.

6. **Sich entschuldigen.** Entschuldigen Sie sich bei allen, die Sie Ihrem Gefühl nach verletzt haben, auch bei *sich selbst*. Schuld loszulassen, wenn jemand anders immer noch verletzt ist, ist schwierig. Ihre Entschuldigung muss ehrlich gemeint sein und vor allem erklären, wie Sie die ganze Situation jetzt verstehen. Ist die Person oder auch das Tier, bei dem Sie sich entschuldigen wollen, nicht da, oder wenn Sie einfach noch nicht bereit dafür sind, sie direkt anzusprechen, schreiben Sie Ihre Entschuldigung auf ein Blatt Papier, so wie einen Brief, und verbrennen Sie es dann. Wenn Sie zuschauen, wie es in Flammen aufgeht, können Sie folgende Affirmation sprechen: *Ich bin bereit, mich nicht mehr selbst zu bestrafen und stattdessen mit meinem neuen Verständnis ... [hier Ihre neue Intention nennen].*

7. **Pläne für eine neue Zukunft schmieden.** Machen Sie einen Plan dahingehend, wie Sie die Dinge in Zukunft anders handhaben werden. Die Emotion der Schuld ist dazu da, uns wissen zu lassen, dass wir etwas einmal Getanes nicht noch einmal tun wollen. Gehen Sie das bewusst an, indem Sie wirklich nach den Lektionen schauen, die in der betreffenden Erfahrung verborgen waren. Was werden Sie in Zukunft anders machen? Wenn Sie keine neue Möglichkeit finden, Ihr Leben anders anzugehen, machen Sie auch weiterhin das, was in Ihnen Schuldgefühle erzeugt. Um sich von Ihren Schuld-

gefühlen zu befreien, dürfen Sie nicht noch mehr Schuld ansammeln, sondern müssen von vorne und mit einer neuen Intention anfangen.

8. **Akzeptieren, dass Fehler nur Lektionen sind.** Erkennen Sie den Wert von Fehlern. Ohne diese Fehler könnten Sie auch nichts lernen. Ohne zu wissen, was Sie nicht mögen und wollen, wüssten Sie auch nicht, was Sie denn möchten und wollen. Leiden Sie nicht wegen Ihrer Fehler und lassen Sie Scham und Selbstbestrafung außen vor. Erkennen Sie stattdessen, dass Ihre Fehler einfach Lektionen sind.

9. **Urteile aufgeben.** Decken Sie all die Urteile auf, die Sie aufgrund Ihrer Schuldgefühle über sich selbst fällen. Ihr tiefes Leid wird eigentlich nicht durch Schuld verursacht, sondern durch Ihre Selbstverurteilung aufgrund Ihrer Schuldgefühle. Hier ein Beispiel: *Ich fühle mich schuldig, weil ich jemandem Geld gestohlen habe. Leute, die Geld stehlen, sind keine guten Menschen; deshalb bin auch ich kein guter Mensch.* Oder: *Ich bin ein schlechter Mensch.* Oder: *Ich bin total verkorkst.* Oder: *Ich habe Strafe verdient.* Sie haben Dinge getan, die nicht mit Ihrem wahren Selbst im Einklang sind, Sie haben gelobt, das nicht zu wiederholen, aber so etwas zu tun heißt nicht, dass Sie ein schlechter Mensch sind. Geben Sie Ihre Urteile auf und ersetzen Sie diese durch die Überzeugungen und Annahmen, die auf Ihrem neuen Wissen gegründet sind.

10. **Schuld durch Liebe ersetzen.** Treten Sie der Schuld mit Selbstliebe entgegen. Schuld ist ja das Gegenteil von Selbstliebe, ja eigentlich Selbstmissbrauch. Und was noch wichtiger ist: Durch Schuld ziehen wir Menschen und Umstände an, die dieses innere Schuldgefühl noch verstärken. Was ist also zu tun, wenn Ihr selbstmissbrauchendes Ego eine Schuld-Show abzieht? Am besten sich selbst lieben, für sich sorgen und herausfinden, wie Sie sich selbst ein guter Freund sein können. Schauen Sie nach innen und erkennen Sie Ihr Bedürfnis nach

liebevoller Güte gegenüber sich selbst. Treten Sie gegen den Selbsthass mit Selbstliebe an, auf jegliche Weise: ein Bad nehmen, Affirmationen aufschreiben, Spiegelarbeit, einen Film schauen, der Ihnen ein gutes Gefühl verleiht, oder Selbstliebe visualisieren.

11. **Sich selbst verzeihen.** Jeder Mensch auf dieser Erde trifft immer die für ihn bestmögliche Entscheidung unter Berücksichtigung seines jeweiligen Standpunkts sowie der ihm zur Verfügung stehenden Informationen und seines Wissens. Jeder macht das, was er im jeweiligen Augenblick für richtig hält. Wir haben gelernt, uns selbst zu bestrafen, deshalb entwickeln wir Schuldgefühle, weil wir uns nicht für andere Optionen entschieden haben, die wir aber zum jeweiligen Zeitpunkt gar nicht hatten, wenn wir ehrlich sind. Verurteilen Sie das Selbst Ihrer Vergangenheit nicht anhand Ihrer heutigen, umfassenderen Perspektive. Sie können sich *nicht* selbst lieben und sich gleichzeitig nicht vergeben. Und Sie können erst dann ein glückliches Leben führen, wenn Sie sich verziehen haben.

Verzeihen heißt, Sie schließen Frieden mit der Vergangenheit und lösen dadurch die Fesseln, die Sie am Weitergehen hindern und vom Glück abhalten. Wahre Vergebung kennt keine negativen Emotionen mehr. Vergebung bedeutet, Sie lassen das los, was Sie zurückhält, wenn Sie sich dessen erst einmal bewusst sind, damit Sie sich auf das zubewegen können, was Ihnen lieber ist, und hören auf, die Vergangenheit in die Gegenwart zu übertragen. Und wie können Sie sich vergeben? Sie billigen das, was Sie derzeit an sich und Ihren vergangenen Taten missbilligen. Sie durchlaufen all diese Schritte, um sich von Schuld freizusprechen, und verändern dann Ihren Blickwinkel auf das, was Sie sich nicht vergeben haben.

SICH SELBST
ZUM AUSDRUCK BRINGEN

Die gesamte Wahrheit äußern

Lernen, sich selbst zu lieben, heilt Gedanken und Emotionen. Aber geheilt werden können nur diejenigen Gedanken und Emotionen, die wir auch fühlen und zum Ausdruck bringen. Immer wenn im Leben Probleme oder Konflikte auftreten, insbesondere in Beziehungen, steckt hinter der Geschichte mehr, als die Augen sehen.

Wir kommen dem Problem bzw. Konflikt nur dann auf den Grund, wenn wir die gesamte Wahrheit über uns selbst erkennen und zugeben. Ein harmonisches Leben können wir nur führen, wenn wir lernen, die gesamte Wahrheit über uns selbst *zum Ausdruck zu bringen*. Und Menschen, die sich selbst lieben, möchten ein harmonisches Leben führen.

Die gesamte Wahrheit besteht im persönlichen Ausdruck aus den fünf folgenden Grundbestandteilen:

1. Wut
2. Schmerz
3. Angst
4. Verständnis
5. Liebe

Meistens lassen wir nur einen Teil der Wahrheit ins Bewusstsein dringen und zum Ausdruck kommen. Wenn wir beispielsweise im Auto unterwegs sind und jemand einen Auffahrunfall verursacht, werden wir vielleicht auf der Stelle sehr wütend und geben der Person, die in das Heck unseres Autos gekracht ist, die Schuld. Wir machen uns und anderen dann *nur* den Wutanteil der Wahrheit unseres Gefühls hinsichtlich dieses Unfalls bewusst, während in Wirklichkeit die gesamte Wahrheit viel komplexer ist und mit Gedanken zu tun hat, die alle oben aufgeführten Aspekte betreffen.

Oder wir lassen nur das Gefühl zu, aufgrund eines bestimmten Konflikts verletzt zu sein oder Angst zu haben, machen uns selbst und anderen aber *nicht* die Wut bewusst, die wir womöglich fühlen. Das ist eine natürliche Verteidigung und ein sehr gängiges Verhalten, welches wir in den prägenden Jahren unserer Kindheit lernen: nur bestimmte Aspekte der gesamten Wahrheit zu erforschen und auszudrücken, andere aber nicht. Doch Heilung und Selbstliebe entspringen dem Wissen um und Ausdruck von all diesen Aspekten.

Lernen, seine persönliche Wahrheit zum Ausdruck zu bringen

Die nachfolgende Übung hilft Ihnen, sich zum Ausdruck zu bringen. Nehmen Sie dazu ein Blatt Papier oder setzen Sie sich vor einen Spiegel und nehmen Sie sich etwas aus Ihrem Leben oder einer Beziehung vor, was Sie wirklich stört.

Nun bringen Sie alle »Teile« der ganzen Wahrheit in Bezug auf diese Angelegenheit zum Ausdruck, indem Sie die folgenden Fragen in genau der aufgeführten Reihenfolge beantworten.

Wenn Sie ein Blatt Papier nehmen, schreiben Sie die Antworten auf. Wenn Sie vor dem Spiegel sitzen, sprechen Sie die Antworten laut aus. Gehen Sie erst dann von einem Teil (zum Beispiel der Wut) zum nächsten (zum Beispiel dem Schmerz), wenn Sie wirklich das Gefühl haben, alle damit zusammenhängenden Gedanken und Emotionen ausgeschöpft und zum Ausdruck gebracht zu haben. Unterdrücken Sie keine hochkommenden Emotionen. Emotionen sind gesund. Werden Sie wirklich fuchsteufelswild, weinen Sie, spüren Sie die Hoffnung. Lassen Sie jegliche auftauchende Emotion ohne Beurteilung ganz und gar zu.

142

1. Wut

Worüber bin ich wütend?

Wem/was gebe ich die Schuld und warum?

Gegen wen/was hege ich einen Groll und warum?

Es macht mich fuchsteufelswild, wenn …

Ich habe die Nase voll von …

Ich hasse …

2. Schmerz

Was daran macht mich so traurig?

Ich werde so verletzt von …

Ich bin so enttäuscht, dass …

3. Angst

Was daran jagt mir solche Angst ein?

Ich habe Angst, dass …

Es macht mir Angst, wenn …

Warum macht mir das Angst?

Was daran gibt mir ein Gefühl der Unsicherheit?

Welche tiefe Wunde verbirgt sich unter der Wut
und der Traurigkeit?

Welche schmerzhaften Erinnerungen ruft diese Situation
in mir wach?

4. Verständnis

Ich bedauere …

Es tut mir leid, dass …

Für welchen Teil dieser Situation übernehme ich
die Verantwortung?

Ich wollte nicht …

Ich verstehe, dass …

Ich weiß, dass ich manchmal …

Wofür möchte ich Vergebung?

5. Liebe

Tief in mir habe ich die reinsten Absichten, und zwar …

Tief in meinem Herzen möchte ich …
Ich verspreche, dass …
Welche Lösungsmöglichkeiten fallen mir zu dieser
    Situation ein?
Ich hoffe, dass …
Ich bin dankbar für …
Ich vergebe …

Die Wahrheit über den »Unfall« aufarbeiten

Nachfolgend ein Beispiel dafür, wie jemand anhand dieses Prozesses die ganze Wahrheit hinsichtlich des bereits erwähnten Szenarios zum Ausdruck bringt: »Mir ist gerade jemand hinten aufgefahren.«

1. **Wut:** »Ich kann einfach nicht glauben, dass mir gerade jemand reingefahren ist; schlimmer hätte es heute wirklich nicht kommen können! Ich hasse diesen Idioten! Ich hasse die Leute. Ich hab die Nase voll von ihrer Dummheit. Ich werde fuchsteufelswild, wenn ich nichts verkehrt mache und trotzdem unter den Konsequenzen zu leiden habe. Das ist so ungerecht. Ich habe das Gefühl, ich könnte diesen Typen umbringen.«

2. **Schmerz:** »Es macht mich traurig, dass Menschen in dieser Welt verletzt werden, wenn sie es gar nicht verdient haben. Das Gefühl, bei anderen läuft alles richtig, bei mir dagegen läuft alles falsch, tut so weh. Ich bin traurig darüber, dass dieses Auto, das ich heiß und innig liebe, beschädigt ist und es mir peinlich ist, mit einem verbeulten Auto herumzufahren. Ich bin so enttäuscht darüber, dass dieser Abend, der meinem Gefühl nach eigentlich gut lief, so schlimm ausging. Das tut einfach weh. Es tut richtig weh.«

3. **Angst:** »Ich habe solche Angst, dass das Leben einfach nicht glücklich sein soll. Ich habe Angst davor, dass es im Leben um Leiden geht. Ich habe Angst davor, nur hier zu sein, um

144

zu leiden, bis ich sterbe. Ich habe Angst, wenn ich feststelle, dass das Leben nur Leiden ist, falle in eine tiefe Depression und begehe wahrscheinlich Selbstmord. Das ist die eigentliche Wunde, die unter alledem steckt: Ich fühle mich anderen Menschen gegenüber ohnmächtig, so wie damals, als mein Vater betrunken nach Hause kam und mich verprügelte. In einem Moment schaute ich fern, und alles war in Ordnung, und im nächsten Moment kam er herein und schlug auf mich ein. Ich war noch so klein … Ich konnte nichts daran ändern.«

4. **Verständnis:** »Ich verstehe, dass ich keine Ahnung habe, ob das Leben wirklich Leiden bedeutet. Womöglich habe ich dieses Gefühl nur wegen der frühkindlichen Erfahrungen mit meinem Vater. Möglicherweise habe ich so oft diese Gedanken, dass ich immer mehr Beweise dafür sehe, dass das Leben Leiden ist. Es tut mir leid, dass ich so wütend auf den Fahrer geworden bin, der den Auffahrunfall verursacht hat. Wahrscheinlich hat auch er einen furchtbaren Tag hinter sich. Ich wollte diese ganze Angst, die mit meiner Kindheit zu tun hat, nicht an einem total Fremden auslassen. Ich möchte Vergebung dafür, dass ich das Problem nur noch schlimmer gemacht habe, anstatt zu seiner Lösung beizutragen.«

5. **Liebe:** »Tief in mir habe ich die Absicht, jedem, auch mir, zu helfen, sich besser zu fühlen. Damit ich glücklich werden kann, habe ich tief in mir die Absicht, den Teil von mir zu heilen, der sich als Opfer fühlt und für den die Welt ein furchterregender, schlimmer Ort ist. Tief in mir habe ich die Absicht, nicht zu meinen, alles und jeden kontrollieren zu müssen, sondern mir zuzutrauen, nur Gutes für mich zu erschaffen. Ich hoffe, der Autofahrer, der die Kollision verursacht hat, ist nicht den ganzen Tag unglücklich deswegen. Ich hoffe, er kann sich selbst vergeben, schließlich macht ja jeder Fehler. Ich verzeihe ihm seinen Fehler. Ganz ehrlich, ich liebe andere Menschen und möchte, dass sie glücklich sind. Ich wünsche mir, dass diese Welt ein glücklicher Ort ist, an

dem wir Fehler machen und aus ihnen lernen können, ohne zurückgewiesen oder bestraft zu werden.«

Es lebe der gesunde Ausdruck!

Es gibt keine einzige Situation, die man nicht mit diesem Prozess angehen könnte; er ist äußerst befreiend und voller Selbstliebe. Und wie Sie feststellen werden, entdecken Sie damit nicht nur die Wurzel des Konflikts, die immer mit unterdrückter Angst und tiefen Verletzungen zu tun hat, sondern verspüren durch die emotionale Reinigung eine tiefe Erleichterung und Befreiung.

Wenn Sie wieder einmal eine negative Emotion verspüren, stimmen Sie sich auf das Gefühl der Traurigkeit in Ihrem Körper ein. Schließen Sie die Augen und lassen Sie sich Zeit, wirklich alle Empfindungen wahrzunehmen. Und wenn Sie meinen, das Gefühl wirklich klar zu spüren, lieben Sie es gleich hier und jetzt. Visualisieren Sie, wie Sie Liebe in (und um) die Emotion projizieren, die Sie gerade fühlen. Projizieren Sie Liebe direkt *auf* Ihre Trauer, Ihre Wut, Ihre Angst oder Ihr Schuldgefühl. Lieben Sie die Emotion so, wie Sie ein weinendes, kleines Kind lieben würden.

Vielleicht ist es hilfreich, zu visualisieren, wie Sie sich selbst in den Arm nehmen und trösten, wenn Sie diese Emotionen spüren, sozusagen sich selbst und die Emotion umarmen, annehmen und geistig hin und her wiegen. Das tun Sie so lange, wie Sie es für nötig halten, mindestens aber zwei Minuten lang.

Sich selbst zu lieben bedeutet, voller Mitgefühl seinen wahren, innersten Gefühlen zu lauschen, anstatt sie abzuwürgen. Durch das Ausdrücken von authentischen Gefühlen sich selbst gegenüber wird es einfacher, sie auch anderen gegenüber zum Ausdruck zu bringen. Ihre Beziehungen werden harmonischer, und Sie lernen, Ihre Gefühle zu respektieren und sich selbst so anzunehmen, wie Sie sind, anstatt sich weiterhin zum Gefangenen dessen zu machen, wie Sie fühlen und sein *sollten*.

Sich dem Mitgefühl verschreiben

Eine in jedem Moment neu zu treffende Entscheidung

Mitgefühl ist den meisten Menschen zu einem gewissen Grad vertraut, beispielsweise das »Fühlen mit« einem geliebten Menschen, dem Leid zugestoßen ist. Mitgefühl ist bewusste Anteilnahme an der Not anderer, verbunden mit dem Wunsch, diese zu lindern. Anders ausgedrückt, bedeutet Mitgefühl, sich um die Gefühle, Gedanken und Erfahrungen eines anderen Lebewesens verständnisvoll und einfühlsam zu kümmern und sie wichtig zu nehmen.

Leider wuchsen wir fast alle in dem irrigen Glauben auf, Mitgefühl mit sich selbst zu empfinden sei dasselbe wie Selbstmitleid, und das sei eine selbstsüchtige, pathetische Geisteshaltung.

Und so schütten wir auf Basis dieser falschen Vorstellung das Kind mit dem Bade aus und tun, was *gute* Menschen, wie wir gelernt haben, tun: Wir ignorieren und unterdrücken unseren Schmerz und meinen, da »müssen wir durch«. Deshalb empfinden und zeigen wir uns selbst gegenüber nicht dasselbe Mitgefühl wie anderen Menschen.

Heute können Sie das aus einem neuen Blickwinkel betrachten: Mitgefühl mit sich selbst ist in Wirklichkeit eine Wahl, die Sie treffen können und sollten – die Entscheidung, sich selbst im jeweiligen Moment *gut* anstatt *schlecht* zu behandeln, die Entscheidung, sich im jeweiligen Moment etwas zu *geben* anstatt zu *versagen*, die Entscheidung, sich *positiv* anstatt *negativ* auf sich selbst zu fokussieren. So gesehen ist Mitgefühl eine in jedem Moment neu zu treffende Entscheidung in Richtung Selbstliebe oder in Richtung Selbsthass.

Viele Menschen scheuen sich davor, *nett* zu sich selbst zu sein, wenn sie einen Fehler gemacht haben oder leiden. Wir hegen eine tiefe Angst, Mitgefühl mit uns selbst bedeute, wir würden uns unsere Fehler verzeihen und letztendlich zu einem *schlechten* Menschen werden. Das suggeriert uns zumindest das Strafe-oder-Belohnungs-System, mit dem wir aufgewachsen sind. Es hat uns gelehrt: Wenn Menschen, die Fehler machen, bestraft werden, machen sie keine Fehler mehr, und folglich: Wenn wir uns selbst gegenüber Mitgefühl für unsere Fehler zeigen, dulden und verzeihen wir uns unsere Fehler und begehen sie auch weiterhin.

Sein Herz für sich selbst öffnen

Selbstbestrafung in all ihren Formen ist sinnlos und nützt nichts. Es wird dadurch kein Problem gelöst, und alles wird eigentlich nur noch schlimmer. Denken Sie einmal kurz nach: Wenn man sich selbst für seine Fehler schlägt und sich zwingt, durch den Schmerz zu gehen, wird man kein besserer Mensch; das *Einzige*, was man damit erreicht, ist, sich unzulänglich und verunsichert zu fühlen. Noch wichtiger dabei ist: Wenn wir uns selbst Leid zufügen, neigen wir dazu, unseren Frust an den Menschen auszulassen, die uns am nächsten stehen.

Mitgefühl mit sich selbst hat nichts damit zu tun, etwas Besonderes oder überdurchschnittlich zu sein oder Ziele zu erreichen, auch wenn das die Bedingungen sind, die man, wie wir gelernt haben, erfüllen muss, um Liebe zu verdienen. Mitgefühl mit sich selbst hängt einzig von unserer Entscheidung ab, uns selbst gegenüber Güte, Fürsorge und Liebe zu zeigen, und zwar genau hier an diesem Punkt und in diesem Augenblick. Dafür müssen wir einfach nur unser Herz für uns selbst öffnen.

Wenn uns etwas Leidvolles zustößt, öffnet sich eine Tür zu unserem Herzen, damit wir eintreten und wirklich bei uns und unserem Schmerz *sein* können, um Heilung zu erfahren und ganz zu werden.

Allzu oft ignorieren wir aber leider aufgrund unserer Konditionierung diese offene Tür und lenken uns stattdessen irgendwie davon ab. Wir laufen vor unserem Schmerz davon, und ganz bestimmt wollen wir nicht auf den Schmerz zugehen, geschweige denn ihm mit mitfühlender Güte begegnen. Doch um uns selbst zu lieben, müssen wir genau das tun.

Mitgefühl besteht teilweise auch in dem Wunsch, Schmerz zu lindern. Das ist nicht dasselbe wie der Versuch, ihn zu »beseitigen«. Mitgefühl gegenüber uns selbst ist die Bereitschaft, die Realität unseres Schmerzes zu sehen und zu fühlen, *ohne* ihn zu übertünchen oder beseitigen zu wollen. Denn das würde nur bedeuten, ihm Widerstand entgegenzusetzen, und alles, gegen das wir Widerstand leisten, hat die Tendenz, weiterzubestehen. Den Schmerz beseitigen zu wollen, beruht auf der Vorstellung, es wäre daran etwas falsch, aber das stimmt nicht. Schmerz birgt immer eine Lektion.

Wenn jemand anderem etwas Leidvolles passiert, können wir diese Person nicht lieben und gleichzeitig vor ihr davonlaufen. Ebenso wenig können wir sie wirklich lieben und gleichzeitig versuchen, ihren Schmerz zu beseitigen. Bei einem solchen Versuch wird die betreffende Person sofort Widerstand leisten, denn sie spürt aus dem, was Sie da tun, dass Sie denken: *»Es ist nicht okay für dich, dich so zu fühlen.«* Liebe dagegen bedeutet, Sie sind mit mitfühlender Güte wirklich bei diesem Menschen und lassen ihn bei seinem Schmerz sein und diesen Schmerz verarbeiten.

Mit *unserem* eigenen Schmerz ist es genauso. Wir können uns nicht lieben und gleichzeitig vor uns davonlaufen. Ebenso wenig können wir uns lieben und gleichzeitig durch Widerstand versuchen, unseren Schmerz zu »beseitigen«. Selbstliebe bedeutet, wir sind bei uns in unserem Schmerz, lassen das Gefühl dieses Schmerzes zu und zeigen uns selbst und dem Schmerz gegenüber mitfühlende Güte. Das führt letztendlich zur Heilung und ist die einzige Möglichkeit, von einem Zustand des Schmerzes in den Zustand der Freude zu gelangen.

Mitgefühl mit sich selbst üben

Sie sehen also, Selbstmitgefühl ist nicht Selbstmitleid. Selbstmitgefühl ist die Bereitschaft, sich im Schmerz liebevoll zu begleiten.
Dabei haben Sie eine tiefe Verbindung zu sich. Immer wenn Sie
eine negative Emotion verspüren, können Sie Selbstmitgefühl
praktizieren. Wenn das wieder einmal passiert, versuchen Sie es
doch einmal mit folgender Übung.

Halten Sie in Ihrem Tun inne, egal, was es ist, und setzen
Sie sich hin. Schließen Sie die Augen und atmen Sie fünfmal
hintereinander tief und langsam ein und aus. Beim Einatmen füllen Sie die Lungen ganz und gar mit Luft, dann halten Sie sieben Sekunden lang die Luft an. Dann atmen Sie
ganz langsam aus.

Erkennen Sie das Gefühl und alles, was Sie dachten,
sagten und machten, voll und ganz an, ebenso die ganze
Wahrheit über die Umstände des Geschehens. Überarbeiten
Sie es nicht im Kopf und konzentrieren Sie sich nicht auf
den Wunsch, es wäre nicht passiert, oder den Gedanken, es
»hätte nicht passieren sollen«. Setzen Sie der Tatsache, dass
es so passiert ist, keinen Widerstand entgegen. Widerstand
ist nur Energieverschwendung. Akzeptieren Sie, wo Sie
gerade stehen und dass das, was nun mal geschehen ist, eben
geschehen ist.

Nun richten Sie Ihre Aufmerksamkeit nach innen auf
das Gefühl und geben dabei den Emotionen, Empfindungen, Bildern, Geräuschen und Eindrücken, die mit diesem
Gefühl assoziiert sind, einen Namen. Erleben Sie das Gefühl
wie eine *Sache,* die Sie erforschen, und nicht wie einen
Seinszustand. Diese Empfindungen wollen anerkannt werden, und – noch wichtiger – sie *müssen* anerkannt werden,
damit sie verarbeitet werden können.

Fragen Sie das Gefühl, was es Ihnen mitzuteilen hat.
Gehen Sie tief in die Erfahrung des Schmerzes hinein,
um herauszufinden, was er Ihnen zu sagen versucht. Der

Schmerz sagt Ihnen beispielsweise vielleicht: *Du ignorierst mich. Ich will nicht das tun, was du von mir willst. Warum zwingst du dich zu etwas, was sich nicht gut anfühlt?* Bestätigen Sie, dass Sie die Botschaft hören, und – noch einen Schritt weiter – seien Sie dankbar dafür, dass sie zum Ausdruck kommt.

Verdichten Sie das Gefühl nun in ein einziges Bild. Das könnte zum Beispiel eine Spalte in einem Schneefeld sein oder ein weinendes kleines Kind auf einer Parkbank. Lassen Sie eine Lösung für das Bild zu. Das ist eine intuitive Übung, bei der es kein richtiges oder falsches Bild gibt. Ihr Geist kann Ihnen sagen, welches Bild für das Gefühl steht. Lassen Sie sich dazu inspirieren, mit dem Bild so zu arbeiten, dass Sie sich emotional besser fühlen.

Wenn das Gefühl sich beispielsweise bildlich als Spalte in einem Schneefeld zeigt, kommt Ihnen vielleicht die Idee, diese Spalte mental in Ihrer Vorstellung mit etwas anzufüllen. Wenn das Bild ein weinendes kleines Kind auf einer Parkbank ist, stellen Sie sich vielleicht vor, zu dem Kind hinzugehen, es in die Arme zu nehmen und beruhigend auf es einzureden. Oder Sie visualisieren, Sie geben dem Kind ein warmes Zuhause mit einer Familie, die dieses Kind liebt. Folgen Sie der Visualisierung bis zu ihrem Ende, bis Sie tiefe Erleichterung verspüren.

Nun atmen Sie tief ein, bewegen ein bisschen die Zehen und Finger und kommen mit Ihrer Aufmerksamkeit wieder in den Raum zurück. Sinnen Sie über das nach, was Sie gerade erlebt haben. Haben Sie irgendwelche Einsichten gewonnen? Schauen Sie sich an, was das Gefühl Ihnen mitteilen wollte und was Sie erfahren mussten. Erkennen Sie, ob Sie Veränderungen in Ihrem Leben angehen müssen – und falls ja, welche? Wie können Sie nun, nach dieser Übung, sich selbst gegenüber Liebe zeigen?

Sich selbst gegenüber Mitgefühl zu zeigen ist einer der mächtigsten Beweise für Selbstliebe. Seien Sie mitfühlend gegenüber sich selbst, wenn Sie eine negative Emotion verspüren, egal welche. Dadurch sind Sie präsent bei sich und Ihrer Wahrheit und können Heilung finden – nicht durch Widerstand gegen Ihren Schmerz, sondern indem Sie ihn zulassen und transformieren.

DER LIEBESBRIEF

Unterschrieben, versiegelt und zugestellt

Durch das Aufschreiben unserer Gedanken machen wir sie realer. Ein Liebesbrief ist ein klassischer, zeitloser Ausdruck von Liebe. Darin drücken Sie Ihre Liebe schriftlich aus; das gibt Ihnen Zeit, mit Ihren tiefsten Gefühlen in Kontakt zu treten und dann zu entscheiden, mit welchen Worten sie am besten ausgedrückt werden.

Ob Sie noch nie einen Liebesbrief bekommen haben oder hundert am Tag bekommen – die wichtigste Person, die Ihnen einen Liebesbrief schicken kann, sind *Sie selbst*. Niemand außer Ihnen kann *Ihre* Tasse füllen und Sie lieben, bis Sie das selbst tun.

Als Nächstes schreiben Sie also, wie Sie wahrscheinlich schon erraten haben, einen Liebesbrief an sich selbst.

Dafür suchen Sie sich einen Zeitpunkt aus, an dem Sie ungestört sind. Ein bisschen Musik kann helfen, Sie in eine ausdrucksstarke Stimmung zu versetzen. Nehmen Sie einen Stift und Papier zur Hand und fangen Sie Ihren Brief an mit »Liebste/r … (Ihr Name)«. Setzen Sie auch das Datum auf den Brief.

Den Rest des Briefes lassen Sie aus dem Herzen in die Finger fließen. Drücken Sie Ihre Wertschätzung sich selbst gegenüber aus. Dies ist Ihre Chance, sich selbst gegenüber all das Liebevolle auszudrücken, was Sie sich jemals sagen wollten, aber nie getan haben. Es ist Ihre Chance, Verzeihung, Verständnis und Mitgefühl für sich selbst zum Ausdruck zu bringen, ebenso wie Ihre Intentionen sich selbst gegenüber.

Jeder Liebesbrief ist etwas Einmaliges, und man kann ihn nicht richtig oder falsch schreiben. Wenn Sie den Brief fertig haben, unterschreiben Sie ihn, wie auch immer Sie unterschreiben möchten, und legen ihn in einen versiegelten Umschlag. Versehen Sie ihn mit Ihrer Adresse und mit einer Briefmarke.

Nun haben Sie die Wahl zwischen zwei Optionen: Sie können den Brief entweder in einen Briefkasten werfen, damit er Ihnen zugestellt wird, oder Sie können ihn einer vertrauenswürdigen Person geben und sie bitten, ihn irgendwann im nächsten Jahr, wann immer es dieser Person stimmig erscheint, aufzugeben.

Wenn Sie dann diesen Liebesbrief an sich selbst erhalten, heben Sie ihn auf, bis Sie sich ungestört hinsetzen können, um den Brief langsam zu lesen. Öffnen Sie sich, damit jedes Wort in Sie einsickern kann. Lassen Sie die Botschaft in Ihre Seele ein und bewahren Sie den Brief irgendwo auf, wo Sie ihn jederzeit noch einmal lesen können, wenn Sie sich Ihre Selbstliebe bestätigen möchten.

Liebste Teal

Als Beispiel können Sie meinen ersten Liebesbrief an mich selbst lesen (damals war ich 21 Jahre alt):

7. September 2005

Liebste Teal,
seit Jahren hast du nichts von mir gehört, aber nicht, weil du mir nicht wichtig bist. Ich habe einfach nur darauf gewartet, dass du die Tür aufmachst und mich hereinlässt. Ich bin dein wahres Selbst. Heute Morgen hast du dich entschieden und bereit erklärt zu leben, einfach aus Neugierde, um zu sehen, ob dieses Leben für dich besser sein könnte, als es jetzt ist. Du weißt noch nicht, ob das sein kann oder nicht. Aber ich weiß es.
Ich schreibe dir diesen Brief, um dir zu sagen, du wirst eines Tages so glücklich sein, dass du der Sache anfangs vielleicht nicht traust. Eines Tages wirst du solche Freude gefunden haben, dass dein Herz offen genug ist, die ganze Welt zu umfassen. Dann wirst du zu einem internationalen Symbol der

Vergebung und der Freiheit. Ich möchte dir sagen, dass das alles einen Sinn hat. Alles geschah aus einem Grund. Und du wirst diesen Grund erkennen und damit andere Menschen befreien.

Das Universum beobachtet deinen Weg von der Flamme zur Asche und schließlich zur Freiheit. Und obwohl du die Früchte dieser Reise noch nicht gekostet hast, wirst du diesen Brief lesen und lächeln. Du weißt nicht, wie sehr ich dich liebe, aber das tue ich. Ich möchte dir sagen, dass alles vorbei ist, all dein Leiden und all dein Kämpfen. Du musst nicht mehr so stark sein.

Niemand hat dich gerettet – du hast dich selbst gerettet, und dass du nicht zurückgegangen bist, hast du nicht irgendwelchen glücklichen Umständen zu verdanken, sondern dir selbst. Du sagst immer, Doc habe seinen ersten Fehler in der Nacht deiner Flucht begangen. Aber das war nicht sein erster Fehler. Der bestand darin, ausgerechnet dich auszusuchen – ein Kind, dessen Güte nicht einfach ausgelöscht werden konnte, ein Kind, dessen Seele unantastbar war. Und alles, womit er dich verletzt hat, wird sich ins Gegenteil verkehren und für etwas Gutes genutzt werden. Das ist die höchste Sabotage in Form des höchsten Geschenks. Du hast die Kette des Missbrauchs zerrissen und beschlossen, dass das für dich aufhört.

Du bist einfach wunderbar. Du bist eine Naturgewalt. Deine physische Schönheit spiegelt lediglich die herrliche Schönheit dessen wider, was darunter verborgen ist. Ich werde dich nie im Stich lassen. Ich werde immer für dich da sein. Jetzt, wo du beschlossen hast, dass du mich willst, bin ich hier, um dich so zu lieben, wie du schon immer geliebt werden wolltest. Nichts von dem, was du tun könntest, wird mich dazu bringen, dich zu verlassen.

Du bist liebenswert mit all deinen Vollkommenheiten und Unvollkommenheiten, die dich ausmachen. Ohne sie wärst du nicht so einmalig, und diese Einzigartigkeit macht dich perfekt, so wie du bist.

Wenn ich dir sagen würde, was aus deinem Leben noch alles werden wird, würdest du es mir nicht glauben. Aber es ist schon fast legendär. Klingt das nicht ganz nach dir? Weniger würde dir nicht gerecht werden, und das weißt du.

Ich werde dir beibringen, dich selbst zu lieben. Und du wirst dann eines Tages andere lehren, sich selbst zu lieben. Ich werde dir zeigen, wie du das Schritt für Schritt erreichst. Dieser Brief soll der erste Schritt sein. Wenn du ihn liest und immer wieder liest, lass diese Worte in deine Seele sinken. Sie sind die wahrsten Worte, die du je zu dir gesagt hast.

Du bist wunderbar, so wie du bist. Jegliche »Selbstverbesserung« ist keine Verbesserung, sondern einfach nur ein Schritt weiter, um herauszufinden, wer du in Wahrheit bereits bist. Du bist vielleicht in Sack und Asche gegangen, um deinen Wert zu verbergen, doch was einst verborgen war, wird schon bald enthüllt werden, und wie süß wird dein Leben dann sein! Wir alle warten schon mit angehaltenem Atem auf diesen Tag. Er kommt schneller, als du je ahnen könntest.

Und bis dieser Tag kommt, wisse: Es gibt nichts, was verziehen werden müsste. Das Leben, das du schon bald führen wirst, stellt jegliche Wiedergutmachung dar, die du dir je wünschen könntest. Für die Zeit bis dahin wisse: Du bist ein unschätzbar wertvoller Teil dieses Universums. Nie gab es auch nur einen Moment, in dem ich dich nicht geliebt und geschätzt hätte. Und einen solchen Moment wird es auch nie geben.

Ob ich dich nun liebe oder nicht, war sowieso nie dein Job; das ist meine Angelegenheit, und ich sage dir jetzt, dass du nie etwas tun könntest, was mich daran hindern würde, dich voll und ganz zu lieben. Jetzt ist der Zeitpunkt für dich gekommen, diese Liebe zu fühlen, die ich schon so lange für dich hege. Und wie süß wird dieses Leben sein!

Immer in Liebe
Du

Die Liebe fühlen

Als ich mir selbst diesen Brief schrieb, webte ich wahrhaftig das Gewebe meiner Zukunft. Nach wie vor ist das der beste Brief, den ich je erhalten habe. Oft fordere ich andere Leute auf, mir doch einen besseren Brief als diesen zu schreiben. Das bringt mich zum Lachen, denn ich weiß, das ist eine unmögliche Aufgabe.

Der Grund dafür ist ganz einfach: Niemand kann mir je einen besseren Brief schreiben als diesen Brief, den ich mir selbst geschickt habe, weil niemand besser weiß als ich selbst, was ich gerne hören möchte. Und natürlich will ich von niemandem mehr Liebe als von mir selbst.

Es muss für Sie nicht bei einem einzigen Liebesbrief an Sie selbst bleiben. Diese Übung ist sehr wirkungsvoll und stark, deshalb schlage ich vor, Sie schreiben sich jedes Jahr einen. Doch diesen ersten Liebesbrief zu schreiben ist eines der profundesten Dinge, die Sie tun können. Bei mir hat das mein Leben verändert. Ich kann ganz ehrlich und voller Zuversicht sagen: Wenn ein solcher Brief das Leben von jemandem verändern konnte, der sich selbst so sehr hasste wie ich, dann kann er auch Ihr Leben verändern.

Tool #12

Seinen Körper lieben

Sein Körperbild hinter sich lassen

Die Gesellschaft, in der wir derzeit leben, besteht aus Menschen, die nicht wissen, wie sie sich selbst lieben können, und in der Folge funktioniert unsere Gesellschaft nach wie vor auf Basis der falschen Vorstellung, wir müssten nach Perfektion streben, um erwünscht zu sein und geliebt zu werden.

Um die unrealistischen Standards hinsichtlich unseres Körpers hinter uns zu lassen, müssen wir sie in einem ersten Schritt infrage stellen und die Bilder, die wir jeden Tag sehen, kritisch hinterfragen, anstatt sie passiv zu akzeptieren. Die Bilder, die wir mit der begehrenswerten Norm für Männer und Frauen assoziieren, wurden retuschiert und geschönt. Eine solche Änderung wäre nicht nötig, wenn Vollkommenheit tatsächlich existierte.

Fragen Sie sich doch einmal selbst: *Was bedeutet körperliche Vollkommenheit für mich? Sollten Frauen, Männer, Jungen und Mädchen ihr Aussehen an die aktuell vorherrschenden Schönheitsideale anpassen? An welchem Punkt geht man zu weit? Ist es wirklich gesund, in einer Welt mit so vielen unterschiedlichen Arten von Körpern nur ein oder zwei als attraktiv zu betrachten? Und was ist überhaupt der perfekte Körper? Ist meine Vorstellung eines perfekten Körpers wirklich meine eigene Vorstellung – oder wurde sie von dem geprägt, was andere Leute als perfekten Körper ansehen?*

Wie nahe Ihr Körper auch immer dem derzeitigen Ideal physischer Vollkommenheit kommt, höchstwahrscheinlich würden Sie trotzdem etwas daran verändern, wenn Sie könnten. Sogar Models und Prominente, deren Körper ja angeblich so perfekt ist, wie er nur sein kann, mögen manches an ihrem Körper nicht. Und die am weitesten verbreitete Quelle von Leiden in der heutigen Gesellschaft ist das Körpergewicht. Für jeden beliebigen Menschen kann Fett *tatsächlich* ein gesundheitliches Problem sein, das seinen Ursprung in einer negativen Geisteshaltung hat, oder es ist vielleicht überhaupt kein gesundheitliches Problem.

Mit dem Feind zusammenleben und ihn lieben

Wenn Sie Ihren Körper hassen, und seien es nur Kleinigkeiten daran, leben Sie sozusagen mit dem Feind zusammen. Wir können unserem Körper nicht entrinnen.

Wenn Sie also auch nur *einen* Aspekt Ihres physischen Selbst nicht mögen, finden Sie garantiert jeden Tag etwas, über das Sie unglücklich sind. Das ist garantiertes Leiden bzw. eine Leidensgarantie. Selbst Leute, die zum Schönheitschirurgen gehen, können ihrem Körper nicht ganz und gar entrinnen. Unser Körper hört alles, was wir denken.

Und die Moral von der Geschichte ist: Wenn Sie ein vollkommen glückliches Leben führen wollen, müssen Sie eine Möglichkeit finden, Ihren Körper *genau so* zu lieben, wie er ist. Hier ein paar Vorschläge dazu:

1. Achten Sie darauf und finden Sie heraus, wo Sie negative Botschaften über Ihren Körper aufschnappen. Geben Ihnen die Magazine in den Gängen der Lebensmittelläden ein besseres oder ein schlechteres Selbstgefühl? Stammt ein Teil Ihres Selbsthasses von Ihrer Mutter oder Ihrem Vater, die Ihnen vielleicht das Gefühl vermittelten, Ihr Körper und Ihr Aussehen wären nicht in Ordnung, wenn er nicht deren Vorstellung davon entspräche? Die Zeit nach dem Aufwachen zu nutzen, um herauszufinden, wie Sie dazu gekommen sind, Ihren Körper zu hassen, gibt Ihnen nicht automatisch ein besseres Gefühl, aber zumindest hören Sie dann auf, sich für Ihr Selbstgefühl die Schuld zu geben. Sie können sämtliche Vorstellungen, die nicht zu Ihren eigenen Vorstellungen über Ihren

Körper passen, über den Haufen werfen. Das ist die Grundlage für das Entwickeln eines positiven Körperbildes.

2. Konzentrieren Sie sich auf das, was Sie an Ihrem Körper mögen. Ob Sie sich auf das konzentrieren, was Sie wollen, oder auf das, was Sie nicht wollen – Sie erschaffen es und werden deshalb von dem, was Ihren Kopf am meisten beschäftigt, mehr bekommen. Wenn Sie sich ständig auf Ihre Makel konzentrieren, erschaffen und bemerken Sie immer mehr Makel – die nach unten führende Spirale eines negativen Körperbildes. Wenn Sie sich auf einen Makel konzentrieren, werden Sie immer mehr Makel bemerken, auf die Sie sich konzentrieren, wodurch Ihnen noch mehr Makel auffallen werden. Und schon bald ist Ihr gesamtes Körperbild voller Makel. Sie fühlen sich schlecht, und Ihr Selbstwertgefühl geht den Bach hinunter. Ich schlage vor, Sie verändern bewusst Ihren Fokus.

Dazu betrachten Sie sich zunächst einmal im Spiegel oder Sie betrachten ein Bild von sich, und anstatt nach dem Ausschau zu halten, was Ihnen an Ihrem Körper nicht gefällt, suchen Sie nach Dingen, die Sie mögen. Gefällt Ihnen Ihre Haarfarbe? Oder die Neigung Ihrer Schulter? Ihr gleichmäßiger Hauttonus? Ihre Knochenstruktur? Ihre Hautfarbe? Zwingen Sie sich, mental nach dem Ausschau zu halten, was Sie an sich *mögen*.

3. Arbeiten Sie mit dem, was Sie haben, anstatt sich über das aufzuregen, was Sie nicht haben. Seien Sie liebevoll zu sich, indem Sie sich Kleidung zulegen, in der Sie sich selbstsicher fühlen, die Sie gerne tragen und die zu Ihrem derzeitigen Körper passt. Auch wenn Sie diese eine oder zwei Nummern größer oder kleiner kaufen müssen, als Sie eigentlich möchten – nichts liebt der Selbsthass mehr als die Garantie, dass Sie sich später schlecht fühlen, weil Sie heute etwas gekauft haben, das Ihnen nicht gut passt und Ihnen Ihre Makel deshalb noch mehr vor Augen führt.

4. Ändern Sie nur das, was Sie liebevoll verändern können, und nur aus den richtigen Gründen. Überlegen Sie genau, warum Sie Ihren Körper wirklich verändern wollen. Ist es ein für die Gesundheit förderliches oder ein ungesundes Motiv? Wollen Sie etwas verändern, was Sie auch tatsächlich ändern können? Können Sie die Veränderung auf eine für Sie sanfte und freundliche Weise bewirken? Oder funktioniert es nur mit Lieblosigkeit? Sie können auch nur für sich selbst etwas verändern, für niemand anderen. Wollen Sie diese Veränderung wirklich für sich selbst? Oder haben andere Sie davon überzeugt, Sie müssten etwas an sich verändern, um begehrenswert zu sein und geliebt zu werden? Wenn es um das Vornehmen von Veränderungen am eigenen Körper geht, gibt es kein Richtig oder Falsch; es ist eine individuelle Entscheidung. Welche Botschaft vermitteln Sie sich selbst, wenn Sie Ihren Körper verändern, weil Sie glauben, so, wie er ist, sei er nicht gut genug? Diese Botschaft lautet: *Ich liebe dich nicht.*

5. Stellen Sie eine »Dankbarkeitsliste« über Ihren Körper auf. Dankbarkeit ist die Schwingung reiner Wertschätzung, das genaue Gegenteil von Hass. Wir leben Tag für Tag in unserer eigenen Haut und nehmen deshalb unseren Körper für selbstverständlich. Tun Sie einmal so, als ob Sie ein Außerirdischer wären, der zum ersten Mal Ihren Körper ausprobiert. Worüber würde er staunen? Schätzen Sie die Fähigkeit, Ihre Emotionen physisch ausdrücken zu können (beispielsweise durch Tanzen)? Schätzen Sie die Fähigkeit, Ihren Liebsten oder Ihre Liebste berühren und Ihre Liebe physisch zum Ausdruck bringen zu können? Finden Sie Augen, die das Tor zur Seele sind, wunderbar? Versuchen Sie, eine ganze Liste mit Dingen über Ihren Körper aufzustellen, denen Sie Wertschätzung entgegenbringen. Wenn Ihnen anscheinend nichts mehr einfällt, dann lesen Sie die Fakten über den menschlichen Körper im Computer nach. Ganz sicher finden Sie dann noch viel mehr Schätzenswertes, was Sie bislang wahrscheinlich nicht einmal gesehen haben. Und drücken Sie dann Ihre Dankbarkeit gegenüber Ihrem Körper oft aus, mindestens einmal täglich. Danken Sie jeden Abend vor dem Schlafengehen Ihrem Körper mental für alles, was Sie durch ihn den Tag über tun konnten.

6. Suchen Sie sich eine sportliche Betätigung, die Ihnen wirklich Spaß macht, und üben Sie diese aus Liebe zu sich selbst aus. Sich zu etwas zu zwingen, was man nicht gerne tut, hat nichts mit Selbstliebe zu tun. Deshalb ist es so wichtig, sich einen Sport auszuwählen, den man gerne macht. Trainieren Sie niemals, um gegen Ihren Körper anzukämpfen. Rennen ist Ihnen vielleicht total verhasst, aber Walking womöglich nicht. Oder Kontaktsportarten sind Ihnen ein Gräuel, aber Sie gehen liebend gerne schwimmen. Entgegen der landläufigen Meinung gibt es keine bestimmte Sportart, die man machen *sollte,* um gesund und in Form zu bleiben. Sportliche Betätigung kann wirklich zu Selbstliebe führen, man kann damit Krankheiten vorbeugen bzw. sie bekämpfen und den Schlafrhythmus regulieren sowie sein Sexualleben verbessern und sein Energieniveau anheben. Durch Sport werden die Gewebe mit Sauerstoff und Nährstoffen versorgt, und das Herz-Kreislauf-System wird ebenfalls verbessert. Wenn Herz und Lunge effizienter arbeiten, können Sie Ihren Tag mit mehr Energie angehen.

Sollten Sie nicht wissen, welche Art von Sport Sie gerne machen möchten, probieren Sie einfach ein paar Sachen aus. Falls Ihnen etwas davon nicht gefällt, müssen Sie es ja nie wieder tun. Doch wenn Ihnen etwas zusagt, haben Sie damit gerade etwas für Ihre Gesundheit und Ihr Glück getan.

Achten Sie darauf, wie Sie sich fühlen. Ihr Körper ist darauf eingestellt, Schmerzen zu vermeiden. Wenn Ihnen etwas so große Schmerzen verursacht, dass Sie eine Aversion dagegen entwickeln, dann wäre es so etwas wie Selbstmissbrauch, damit weiterzumachen. Nehmen Sie sich also wirklich Zeit, Neues auszuprobieren und sportliche Aktivitäten zu finden, die Sie so gerne tun, dass Sie sich nicht mit Äußerlichkeiten dazu motivieren müssen.

7. Gönnen Sie sich genug Schlaf. Im Schlaf hat der Körper die Möglichkeit, sich zu reparieren, wieder ins Gleichgewicht zu bringen und zu verjüngen. Schlaf hilft uns auch, neu Gelerntes zu behalten und zu verarbeiten. Aus diesem Verständnis heraus entstand die Redewendung »Lass mich eine Nacht darüber schlafen«. Zur Selbstliebe gehört auch, seine Gesundheit zu unterstützen.

Gönnen Sie Ihrem Körper den guten Schlaf, den er braucht, damit er »wieder herunterkommen« kann. Sie wissen, wie viel Schlaf Sie jede Nacht benötigen, und Sie kennen Ihren eigenen Biorhythmus, darauf können Sie sich verlassen. Ihr Körper sagt Ihnen, wann er Schlaf benötigt. Wenn Sie mit einem Schlafplan ein besseres Gefühl haben, dann stellen Sie so einen Plan auf. Am schlimmsten wäre es, die Hinweise Ihres Körpers zu ignorieren.

8. Ernähren Sie sich mit Selbstliebe. Ich könnte ein ganzes Buch allein über dieses Thema schreiben. Das, was Sie sich in den Mund stecken, wird letztendlich in den Körper umgewandelt, durch den Sie Ihr Leben erfahren. Wenn man also ist, was man isst, ist es ungeheuer wichtig, seine Nahrungsmittel bewusst auszuwählen. Ernähren Sie sich mit lebensunterstützender Nahrung, die voller Lebensenergie steckt. Lebensmittel, die tot, genetisch modifiziert, konserviert und voller Pestizide sind, fördern das Leben nicht, sondern zerstören es.

Das mag für Sie vielleicht überraschend sein, aber es gibt keine perfekte Ernährungsweise, die für alle Menschen passt. Es gibt natürlich eine lange Liste mit Sachen, deren energetische Schwingung inkompatibel mit der energetischen Schwingung des »Menschlichen« ist – beispielsweise eben Nahrung, in der Pestizide, Süßstoffe, Natriumglutamat, Weißmehl und raffinerter Zucker enthalten sind. Dennoch hat jede Person ihre eigene perfekte Ernährungsweise.

Die eine universale Wahrheit lautet: *Gedanken sind die Trumpfkarte in diesem Universum.* Wenn Sie fest davon überzeugt sind, gesund und munter zu sein, würden Sie sich dieser Realität anpassen, egal, was Sie essen. Andererseits wird das Universum aber, wie wir bereits gesehen haben, vom Gesetz der Anziehung gesteuert, welches besagt, dass nur ähnliche Schwingungen zusammenfinden und eine gemeinsame Realität in der physischen Dimension teilen können. In Bezug auf die Ernährung heißt das: *Sie können nur von Nahrungsmitteln angezogen werden, die Ihrer eigenen Schwingung entsprechen.* Wenn Sie also traurig sind, zieht es Sie vielleicht zu Häagen-Dazs-Eiscreme – nicht unbedingt die gesündeste Wahl.

Wenn Sie glücklich sind, zieht es Sie zu Nahrungsmitteln, die zum Glück passen und es verstärken.

Es kann ein großer Akt der Selbstliebe sein, seine physische Ernährung zu verändern und Dinge zu essen, die, wie Sie wissen, für Sie gesund sind. Doch die beste Möglichkeit, Lebensmittel auszuwählen, die dem Zustand der Selbstliebe (und damit der Gesundheit) entsprechen, besteht darin, zuerst in den Zustand der Selbstliebe zu gelangen und sich ganz natürlich von den Nahrungsmitteln anziehen zu lassen, die individuell zur Selbstliebe passen. Hören Sie auf Ihren Körper; er sagt Ihnen, wie oft er essen und trinken will. Gesundheit ist der natürliche Zustand des Körpers. Sie arbeiten nicht gegen Ihren Körper. Er weiß, was er macht und braucht und wie er Ihnen diese Bedürfnisse mitteilen kann. Das ist auch die beste Art, eine Ernährungsform auszuwählen, denn wie Sie feststellen werden, gibt es einfach keinen einmütigen Konsens dahingehend, welche Nahrungsmittel gesund für alle Menschen sind und welche ungesund.

Verlassen Sie sich darauf: Sie wissen intuitiv, welche Lebensmittel für Sie gesundheits- und glücksfördernd sind und welche nicht. Sie können nichts essen, von dem Sie *glauben,* es mache Sie fett, und gleichzeitig dünn sein. Sie können nichts essen, das Ihrer Überzeugung nach ungesund ist, und gleichzeitig gesund sein. Sie wissen intuitiv, welche Lebensmittel für Sie die richtigen sind, aber machen Sie sich darauf gefasst, dass sich das ändern kann; und das wird geschehen, vor allem mit zunehmender Selbstliebe und spirituellem Erwachen. Je mehr Sie sich selbst lieben, desto empfindlicher werden Sie auch auf bestimmte Nahrungsmittel reagieren. Plötzlich passen Sachen, die Sie seit Jahren gegessen haben, nicht mehr zu Ihrem Körper, weil Sie nicht mehr Ihrer Schwingung entsprechen.

Es ist keine gute Idee, einem spirituellen Lehrer bzw. einer Lehrerin wie zum Beispiel mir zu lauschen und seine Entscheidung, keinen Käse oder kein Junkfood oder kein Fleisch mehr zu essen, auf dieser Grundlage zu treffen. Ob Sie bestimmte Sachen essen oder nicht, ist eine Entscheidung, die Sie schrittweise treffen. Je stärker Sie sich der wahren Erfahrung der Verbundenheit geöffnet haben, desto radikaler werden sich Ihre Entscheidungen und Wahrheiten verändern.

9. Akzeptieren Sie Ihren Körper. Das Thema »Akzeptanz« wird in einem späteren Kapitel behandelt, aber Akzeptanz des eigenen Körpers ist sehr wichtig und das Gegenteil von Widerstand gegen den Körper. Widerstand erzeugt jegliches unerwünschtes körperliches Befinden, von schmerzhaften Menstruationszyklen bis zu Krebs. Akzeptanz ist also offensichtlich lebenswichtig. Wir leben in einer Gesellschaft, die Nichtakzeptanz propagiert, und das schon seit Jahrhunderten. Sich für seinen Körper zu schämen und ihn nicht zu akzeptieren ist das Gegenteil davon, seinen Körper zu lieben. Ausscheidung und Urinieren gehören zum Menschsein dazu. Durch diesen Prozess halten wir die Balance aufrecht, und er gehört immer ganz natürlich zum Leben, ebenso wie für Frauen die Menstruation. Solange wir diesen körperlichen Aspekten (und allen anderen Aspekten des Körpers) Widerstand entgegensetzen, leben wir nach wie vor mit Selbsthass.

Widerstand auflösen

Fragen Sie sich einmal in Ruhe, welchen Aspekten Ihres Körpers Sie Widerstand entgegensetzen. Der Form Ihrer Nase? Den paar zusätzlichen Pfunden, die Ihrer Meinung nach da nichts verloren haben? Der Größe Ihres Busens oder Penis? Dem Gang auf die Toilette? Vielleicht ist es eine ganze Liste. Und damit stehen Sie nicht allein. Fast jeder Mensch lehnt etwas an seinem Körper ab. Und was immer es auch ist: Es ist höchste Zeit, diese Aspekte nun zu akzeptieren.

Etwas zu akzeptieren heißt, etwas zu billigen und offen anzunehmen, anstatt Widerstand zu leisten, zum Beispiel durch eine neue Denkweise. Eine der besten Möglichkeiten dafür besteht darin, etwas, was Sie an Ihrem Körper ablehnen, ganz oben auf ein Blatt Papier zu schreiben. Und dann gehen Sie daran, so viele Tatsachen und Vorstellungen wie möglich zu finden, durch die genau dieser Aspekt gebilligt wird.

Bei dieser Übung geht es nicht darum, sich vorzulügen, man würde etwas mögen, was gar nicht stimmt. Vielmehr soll damit der Widerstand gegen den eigenen Körper aufgelöst und er stattdessen angenommen werden. Nachfolgend ein Beispiel für diese Technik. Das Thema ist: »Ich habe Cellulitis an den Oberschenkeln.«

Ergebnisse der Übung zum Loslassen des Widerstands gegen Cellulitis

Wer hat eigentlich beschlossen, Cellulitis sei unattraktiv? Ich glaube das nur, weil mir das die Gesellschaft so vermittelt hat. Beim Nachschlagen im Lexikon erfahre ich, dass Cellulitis durch den Riss von subkutanem Fett in faserigem Bindegewebe verursacht wird. Cellulitis heißt nicht, dass ich zu fett bin. Alle Menschen haben unter der Haut eine Fettschicht; Cellulitis bedeutet einfach nur, meine Haut ist so beschaffen, dass die darunter liegende Fettschicht sichtbar wird.

Ungefähr 80 bis 90 Prozent aller Frauen haben Cellulitis, und für die Ärzteschaft ist sie nach der Pubertät bei Frauen in aller Welt ganz normal und kein »Problem«. Stress führt zu einem Anstieg des Katecholamin-Spiegels; diese Hormone werden mit der Entwicklung von Cellulitis in Verbindung gebracht. Damit ist Cellulitis eine gute Ausrede, sich zu entspannen und den Stress ein bisschen aus dem Leben zu entfernen.

Es sind Firmen, die mir immer wieder die Vorstellung verkaufen wollen, Cellulitis sei etwas Schlechtes, aber nur damit ich Geld für ihre Produkte ausgebe. Wenn sie mich davon überzeugen können, dass Cellulitis hässlich ist, bin ich zehnmal leichter zu überreden, ihr beschissenes Produkt zu kaufen. Das gefällt mir ganz und gar nicht. Sie untergraben das Selbstwertgefühl der Leute, damit diese ihnen etwas abkaufen und sie davon profitieren können. Das kaufe ich ihnen nicht mehr ab.

Cellulitis bringt mich auch dazu, mir Zeit zu nehmen, meine Gedanken zu hinterfragen, und zu lernen, meinen Körper zu lieben. Ich weiß, mein Leben wird dadurch besser, und irgendwie verdanke ich damit der Cellulitis über eine Art Umweg auch, dass mein Leben besser wird.

Manche Männer mögen die grießige Beschaffenheit von Cellulitis sogar lieber. Sie sagen, erst bei einer Frau mit Cellulitis hätten sie das Gefühl, mit einer echten Frau zusammen zu sein. Cellulitis kann nicht als Makel betrachtet werden, wenn sie manchen Leuten *gefällt,* und das ist ja der Fall. Wie ich gehört habe, finden manche Cellulitis sogar erregend.

Ich möchte das Spielchen von der makellosen Frau, welche von der Gesellschaft erwartet wird, nicht mitspielen. Diese Denkweise fügt wirklich Schaden zu, und wenn ich meine Cellulitis ablehne, bestätige ich diese schädlichen gesellschaftlichen Ideale. Wenn ich so darüber nachdenke, erkenne ich, wie viel mir die Meinung anderer bedeutet. Das fühlt sich für mich nicht gut an. Es ist höchste Zeit, dass ich mein Selbstwertgefühl steigere und selbstsicherer werde. Diese Erkenntnis habe ich meiner Cellulitis zu verdanken. Vielen Dank, Cellulitis!

Wissen Sie was? Ich möchte jemanden, der mich liebt, egal, wie ich aussehe, und der nicht eine Person liebt, zu der ich durch eine Diät oder durch Sport erst werden muss. Meine Cellulitis ist also auf eine Art ein »Test«, mit dessen Hilfe ich die Leute, die es nicht wert sind, mit mir zusammen zu sein, »aussortiere« und stattdessen mit Leuten zusammen bin, die es wert sind.

Je mehr Fakten und neue Betrachtungsweisen Ihnen dazu einfallen, desto besser! Das dauert vielleicht seine Zeit, aber wenn wir unsere Überzeugungen dahingehend, was wir nicht akzeptieren, infrage stellen und nach neuen Betrachtungsweisen Ausschau halten, wird unser Leben sehr viel besser und auch unser Körper wird viel gesünder.

Fühlen, Sehen und Glauben

Auch die Übung der Selbstliebe-Visualisierung kann hilfreich sein:

Machen Sie sich geistig ein Bild von sich selbst und finden Sie heraus, was Sie an sich selbst missbilligen. Anders ausgedrückt, sind das die Teile, die Sie für nicht liebenswert halten. Das können Persönlichkeitsmerkmale, Gefühle, Gedanken oder – was häufig der Fall ist – Teile des Körpers sein, die Sie als nicht liebenswerte Aspekte Ihrer selbst betrachten.

Nun konzentrieren Sie sich auf einen dieser Teile und denken an etwas, das Sie über alles lieben.

Wenn sich diese Emotion auf intensive Weise aufgebaut hat, visualisieren Sie, wie Sie diesen nicht liebenswerten Teil mit diesem Gefühl intensiver Liebe durchtränken und umgeben. Sie können diese Liebe als Licht visualisieren, in dem dieser Teil gebadet wird, bis er transformiert wird.

Wenn dieser Prozess Ihrem Gefühl nach abgeschlossen ist, sagen Sie mental zu diesem Teil: »Ich liebe dich so sehr, und ich erkenne dich voll und ganz an.«

Wiederholen Sie diese Übung für jeden Teil Ihrer selbst, der Ihnen nicht liebenswert erscheint. Diese Visualisierung hilft Ihnen, Widerstände gegen sich selbst aufzulösen. Wie wir wissen, ist jede Missbilligung eines Aspektes seiner selbst ein Widerstand, und Widerstand gegenüber sich selbst ist das Gegenteil von Selbstliebe.

Dies ist ein sehr machtvoller Prozess, denn Glauben ist Sein. Ihr Geist und Ihre Gedanken bilden eine Brücke zwischen Ihrem Spirit und Ihrem Körper. Durch Ihre Gedanken finden Sie zur Harmonie mit Ihrem Spirit, und durch Gedanken erzeugen Sie auch Harmonie im Körper. Ihr ganzer Körper hat in einem Gedanken seinen Ursprung. Mit negativen Gedanken schreiben Sie sozusagen die Blaupause Ihres Körpers um und können sicher sein, dass sich irgendwann eine Krankheit manifestieren muss.

Wenn dagegen in den gedanklichen Schwingungen vor der Manifestation keine Schwächen vorhanden sind, dann gibt es für

Krankheit keinen Ansatzpunkt, wo sie auftreten könnte. Kein Virus und keine Bakterien können Ihnen etwas anhaben, und Ihre genetische Veranlagung zu einer bestimmten Krankheit *schläft* und wird nicht aktiviert.

Auf den ersten Blick klingt dieses Konzept vielleicht überraschend, denn schließlich hat man uns beigebracht, dass die Welt außerhalb unserer selbst existiert und wir über die äußeren Dinge keine Kontrolle haben. Wahrscheinlich sind Sie mit dem Gedanken aufgewachsen, man werde krank – ob man will oder nicht –, wenn ein Virus eine Wirtszelle sucht und findet.

Doch wenn Sie keine Gedanken hegen würden, die Ihren Körper anfällig für Schwäche machen, könnten Sie auch nicht das »Opfer« von Viren oder Bakterien werden. Viren und Bakterien sind opportunistisch. Sie könnten nicht Ihr komplettes System übernehmen, wenn Ihr Körper nicht bereits schwach wäre und so eine Chance zur Übernahme bietet.

Man sagt sehr schnell in seiner Kurzsichtigkeit, eine Krankheit komme von einem bestimmten Virus und das könnte man unter dem Mikroskop ja auch sehen. Doch das entspräche dem Glauben, das Licht in einem Zimmer komme von einer Glühbirne. Woher Licht wirklich kommt, geht viel weiter zurück und ist eine viel längere Geschichte. Ebenso ist die Geschichte einer Krankheit viel länger als das, was offensichtlich und sichtbar ist; sie geht zurück bis zu dem, was Sie für die *Ursache* halten.

Verfolgt man Krankheit noch weiter zurück als bis zu ihrer offensichtlichen Ursache, erkennt man, dass negative Gedanken die Wurzel aller Krankheiten sind. Negative Gedanken behindern den natürlichen Energiefluss, welchen Ihr ewiges Bewusstsein immer und jederzeit durch Sie fokussiert. Fehlt dieser Energiefluss, verfällt der Körper, wird schwach und anfällig für Krankheiten.

Nur positive Gedanken zu denken und eine negative körperliche Befindlichkeit passen nicht zusammen, denn das würde gegen das universale Gesetz verstoßen. Sie können sich nicht voll und ganz lieben und gleichzeitig unter unerwünschten physischen Beschwerden leiden. Im Hinblick auf den Körper ist das also eine Straße, die in beide Richtungen geht.

Das, was Sie Ihrem Körper Liebevolles tun, verstärkt die Selbst-liebe. So verbessern diese Gedanken voller Selbstliebe nicht nur Ihr Körperbild, sondern manifestieren sich auch in Ihrem Körper als strahlende Gesundheit.

Das Trojanische Pferd

Selbstliebe schlucken

Wer sich jahrelang im Umfeld mangelnder Selbstliebe aufgehalten hat, wird schon von der bloßen Vorstellung, sich selbst zu lieben, unangenehm berührt. Als ich damit anfing, Wege der Selbstliebe zu erforschen, wurde mir, wenn ich mir irgendwelche positiven Affirmationen sagte, ganz übel, als ob ich mich gleich übergeben müsste. Diese Reaktion war, wie ich verstand, einfach ein Nebenprodukt des extremen Missbrauchs in meiner Kindheit. Und wie ich inzwischen erfahren habe, reagiert jeder, dessen Lebensstil auf Selbsthass aufgebaut ist, genauso.

Wie ich auch herausfand, können eben diese Menschen, die sich selbst hassen, nichts Positives, was ihnen über den Weg läuft, wirklich glauben oder annehmen. Solche Menschen haben das Gefühl, sie würden sich anlügen, wenn sie sich selbst etwas Liebevolles sagen oder liebevolle Gedanken hegen. Und wenn diese Liebe von anderen kommt, sind sie misstrauisch, was wohl dahintersteckt, und glauben es nicht.

Haben Sie schon einmal einen dieser Filme gesehen, in denen eine ganze Armee eine Burg angreift, aber damit nicht durchkommt, weil die Burgmauern zu hoch und zu dick sind? In all diesen Filmen finden die Angreifer letztlich einen anderen Weg und erlangen durch einen raffinierten Plan schließlich Zugang zur Burg. Oft werden auf die Art ganze Imperien zerstört. Die Angreifer dringen durch die Kanalisation ins Burgverlies ein, machen dem Gegner ein Trojanisches Pferd zum Geschenk, in dem sich die Krieger verbergen, nutzen seit Langem vergessene Untergrundtunnel oder verkleiden sich als Freunde – alles, um nach innen zu gelangen.

Egal, um welche Strategie es sich handelt, sie haben alle eines gemeinsam: Anstatt zu versuchen, durch die Vordertür einzudringen, erringen sie den Sieg »durch die Hintertür«. Selbsthass hat sich auf jede erdenkliche Weise abgesichert, damit die Liebe keinesfalls durch den Vordereingang in die Burg eindringen kann. Doch wie wir aus diesen Filmen gelernt haben, gibt es eine Lösung: Warum die Selbstliebe nicht durch ein Hintertürchen nach innen schleusen?

Selbsthass ist eine wirklich gute Methode, »seine Tasse nicht zu füllen«, denn er lässt zwar zu, dass wir anderen gegenüber liebevoll sind, aber nie gegenüber uns selbst. Um diesen Feind zu schlagen, müssen wir also sehr strategisch vorgehen, und ich schlage dafür eine äußerst ungewöhnliche Methode vor: Wir machen dem Selbsthass vor, wir würden uns eifrig weiterhin erschöpfen und unser bisschen Liebe jemand anderem zukommen lassen, richten sie aber stattdessen nach innen auf uns selbst. Der Selbsthass kann sich gegen diese Strategie nicht verteidigen.

Ein wenig Liebe schlürfen

Für diese Technik setzen Sie sich hin und stellen ein Glas Wasser vor sich. Denken Sie nun an jemanden oder etwas, den oder das Sie wirklich lieben. Stellen Sie sich diese Person oder Sache konzentriert so vor, dass Sie eine intensive positive Emotion (Liebe) für die Person/Sache verspüren.

Dann stellen Sie sich vor, wie Sie all diese positive Emotion und Liebe in das Wasser im Glas schicken, und behalten diesen Fokus ungefähr fünf Minuten bei. Sie können gegebenenfalls auch mit einem Bild dieser Person/ Sache arbeiten, um die Emotion noch zu intensivieren. Auch Musik ist dafür ganz hilfreich. Wenn Ihnen niemand oder nichts einfällt, den oder das Sie lieben, können Sie sich auch einfach auf das Wasser fokussieren und ihm Liebe schicken. Danach trinken Sie das Wasser.

Durch das Trinken von Wasser, auf das Sie Ihre Liebe zu einem anderen Menschen oder zu einer Sache gerichtet haben, zwingen Sie Ihren Körper, diese Liebe anzunehmen. Sobald Sie dieses Wasser hinunterschlucken, steht Ihrem Wesen nur eine Option offen: diese Liebe zu akzeptieren. Das kostet Sie auch gar keine Mühe. Die starke, hochfrequente Energie der Liebe, die Sie auf das Wasser fokussiert haben, verändert die niederfrequente Energie in Ihrem Körper. Das ist ähnlich wie bei Musik. Das Trinken von mit Liebe getränktem Wasser zwingt den inneren, niederfrequenten »Ton« des Selbsthasses, sich einzustimmen und mit dem neuen, hochfrequenten Ton der Selbstliebe in Resonanz zu treten.

Bei dieser Technik geht es nicht bloß um die geistige Metapher des Liebetrinkens. Fokussiert man Liebe auf Wasser, wirkt sich das tatsächlich auf das Wasser aus. In letzter Zeit geht es in entsprechenden Diskussionen in wissenschaftlichen Kreisen hoch her. Manche wollen beweisen, dass Gedanken die Struktur der Wassermoleküle verändern können, andere wollen das Ganze als Schwindel entlarven. Letztere Gruppe hängt entweder nach wie vor der Newton'schen Vorstellung eines mechanischen Universums an oder versteht lediglich einen Bruchteil der quantenphysikalischen Implikationen. Kurz gesagt: Nach wie vor hat die wissenschaftliche Gemeinde noch nicht voll und ganz akzeptiert, dass *unsere Realität nichts Festes ist.*

Wie alle Aspekte der physischen Realität spiegelt auch Wasser Gedanken wider, allerdings auf andere Weise als alle anderen dem Menschen bekannten Substanzen. Wasser verhält sich wie etwas Lebendiges. Es hat ein Gedächtnis und wird von seiner Umgebung beeinflusst. Und nichts wirkt sich so stark auf die Frequenz und nachfolgende Strukturierung des Wassers aus wie Gedanken.

Ich verfüge seit meiner Geburt über außersinnliche Fähigkeiten und kann tatsächlich sehen, welche Auswirkungen Gedanken auf Wasser haben … Letztendlich hat mich das dazu gebracht, das Wasserexperiment, von dem in Kapitel 3 dieses Buches die Rede ist, an mir selbst auszuprobieren. Wird Wasser Gedanken ausgesetzt, behält es die Frequenz dieser Gedanken bei. Wasser *übernimmt* die Frequenz eines jeglichen Gedankens, welcher darauf gerichtet wird.

Trinkt man also Wasser, welches die Frequenz der Liebe angenommen hat, stellt sich das Wasser im Körper auf eben diese Frequenz der Liebe ein und resoniert damit. Bedenkt man, dass das Gewicht eines erwachsenen Menschen zu etwa zwei Dritteln aus Wasser besteht, ist das unglaublich wirkungsvoll.

DIE MAGIE DER SPIEGELARBEIT

Ihr wahres Spiegelbild entdecken

Wenn es um Selbstliebe geht, können nur wenige Techniken mit der sogenannten *Spiegelarbeit* mithalten, die seit Jahren zur Verbesserung des Selbstbildes eingesetzt wird, und das aus gutem Grund: Sie funktioniert! Anfangs fühlt man sich bei dieser Arbeit vielleicht etwas unwohl und komisch, oder man ist verlegen und meint, man macht sich damit lächerlich. Doch wenn Sie trotzdem weitermachen, winkt auf der anderen Seite dieses Widerstandes eine wunderbare Belohnung.

Spiegelarbeit ist relativ einfach. Positive Prozesse werden dabei vor einem Spiegel ausgeführt, damit man mit sich selbst *interagieren* kann. Einsatzmöglichkeiten gibt es viele: Sie können damit Affirmationen verstärken, sich selbst um die ehrliche Wahrheit bitten (und sie dadurch offenlegen), mit dem in Kontakt treten, was uns unser Herz mitteilen will. Oder wir kommen dadurch in Berührung mit unserem wahren Selbst und entdecken unsere wahren Gefühle, die so oft unterdrückt und unerkannt sind. Auch selbstkritische, perfektionistische Einstellungen gegenüber sich selbst kann man damit angehen.

Selbstwertgefühl und Selbstvertrauen können durch die nachfolgende Übung erstaunlich gestärkt werden. Wir fühlen uns wohler in unserer Haut, weil wir durch andere Gedanken uns selbst gegenüber nicht nur uns, sondern auch unsere Umwelt verändern. Je liebevoller wir mit uns selbst umgehen, desto liebevoller wird auch die Außenwelt mit uns umgehen.

Durch den bewussten liebevollen Fokus auf sich selbst wird im Wesentlichen der Projektor beeinflusst, also der Geist, und damit auch das, was der Projektor nach außen in die Welt projiziert. Deshalb werden Sie in Ihrer Realität sehr viel mehr Mitgefühl, Liebe und Akzeptanz erfahren.

So funktioniert die Spiegelarbeit

Spiegelarbeit können Sie jederzeit nach Bedarf machen. Doch gerade am Anfang, solange Sie sich damit noch nicht so richtig wohlfühlen, sollten Sie es sich als Routine angewöhnen. Jeden Abend vor dem Schlafengehen bringen Sie sich dann in »Rohform«, das heißt: gegebenenfalls Make-up entfernen, das Gesicht waschen, die Zähne putzen und sich ausziehen. Wenn Ihnen das Nacktsein anfangs unangenehm ist, ist das in Ordnung. Sie können es sich als Ziel setzen und erst dann für die Übung die Kleidung ablegen, sobald Sie sich dazu bereit fühlen.

Suchen Sie sich im Haus einen Spiegel, vor den Sie sich alleine und *ungestört* für mindestens zehn Minuten stellen können. Denken Sie daran: Es gibt kein Richtig oder Falsch bei der Spiegelarbeit. Verlassen Sie sich auf Ihre Gefühle. Anfangs verwenden Sie einen *beliebigen* Spiegel, mit dem Sie sich wohlfühlen. Irgendwann stellen Sie sich dann vor einen Ganzkörperspiegel, in dem Sie Ihr *ganzes* Spiegelbild sehen können. Sie stehen zunächst einfach ein paar Minuten nur da und betrachten sich genau; schauen Sie Ihrem Spiegelbild so tief wie möglich in die Augen.

Wenn Sie das noch nie gemacht haben, fühlt sich das wahrscheinlich unangenehm oder komisch an, und Sie wollen sich vielleicht vom Spiegel abwenden. Das ist eine völlig normale Reaktion. Richten Sie Ihre Aufmerksamkeit einfach wieder auf die Augen Ihres Spiegelbildes und schauen Sie sich wirklich an.

Be- und verurteilen Sie sich nicht, nehmen Sie sich einfach nur wahr. Wenn Gedanken hochkommen wie »Ich habe so viele Augenfältchen« oder »Ich seh ja zum Fürchten aus« oder »Das ist doch lächerlich«, dann lassen Sie sich davon nicht entmutigen und wehren Sie sich auch nicht gegen diese Gedanken. Sagen Sie den Gedanken im Geist einfach: »Vielen Dank, dass ihr mir das mitteilt«, und lassen Sie sie weiterziehen wie Wolken am Himmel.

Nachdem Sie sich also in die Augen geschaut haben, nehmen Sie einfach das gesamte Bild auf. Achten Sie auf Ihre Haut, Ihre Wangen, Ihre Stirn, Ihre Nase etc. Wenn Sie vor einem Ganzkörperspiegel stehen, betrachten Sie jeden Teil Ihres ganzen Körpers, vom Kopf bis zu den Zehen, ohne zu urteilen. Wenn Sie sich dann wirklich genau angeschaut haben, sagen Sie laut und sanft zu sich: *Ich liebe dich, ... [Ihr Vorname].*«

Sie schauen Sich weiterhin im Spiegel an, projizieren ganz bewusst mental Liebe und Mitgefühl auf Ihr Spiegelbild und stellen sich vor, wie Sie die Liebe so in Ihr eigenes Herz senden. Stellen Sie sich vor, wie Ihr Herz diese Liebe und das Mitgefühl durch Ihre Arterien und Venen in den ganzen Körper pumpt. Schicken Sie die Liebe und das Mitgefühl überall dorthin, wo es Ihr Spiegelbild Ihrem Gefühl nach benötigt. Spüren Sie, wie sehr Ihr Spiegelbild diese Liebe will und braucht?

Wenn Sie das Gefühl haben, Sie hätten genug Liebe aufgenommen und könnten mit der Übung weitermachen, suchen Sie im Spiegel nach Dingen, die Sie an sich mögen, und sprechen diesen Eigenschaften dann laut Ihre Anerkennung aus, zum Beispiel: »Ich finde es toll, dass du dich kümmerst«, »Ich mag dieses einmalige Kobaltblau deiner Augen«, »Ich finde es toll, dass du den Mut hast, diese Übung zu machen«, »Ich liebe deine Loyalität«, »Ich mag deine künstlerische Ader.« Sie können sich auf alles konzentrieren, was sich dabei gut anfühlt, körperliche Merkmale ebenso wie Persönlichkeitszüge. Der Schlüssel dabei ist, Dinge zu finden, die Sie wirklich an sich lieben, wertschätzen und auch anerkennen können.

Sobald Sie mit diesem Teil der Übung fertig sind, sinnen Sie über Ihren Tag nach und das, was Sie erreicht haben und worauf Sie stolz sind. Sprechen Sie sich für alles und jedes Anerkennung aus, ob es sich um eine Kleinigkeit oder etwas Großes handelt. Versuchen Sie, mindestens zehn Dinge zu finden, die Sie an diesem Tag gemacht haben und die Sie wertschätzen können. Sprechen Sie diese Dinge laut aus.

Hier ein paar Beispiele: »Ich bin dir so dankbar, dass du heute, als du vor der Wahl gestanden hast, das zu tun, was du tun *solltest,* oder das, was du tun *wolltest,* dich für das entschieden hast, was du tun wolltest.« Oder: »Ich bin so stolz auf dich, dass du ein gesundes Abendessen eingenommen hast.«

Es gibt unendlich viele Dinge, die Sie an sich erkennen und wertschätzen können. Dies ist Ihre Chance, sich nicht für selbstverständlich zu nehmen und stattdessen sich so anzuerkennen, wie Sie schon immer anerkannt werden wollten.

Zum Abschluss der Übung schauen Sie Ihrem Spiegelbild noch einmal tief in die Augen und sagen sich positive Botschaften, etwas, das Sie gerade hören möchten und brauchen. Das können Affirmationen sein, die Sie sich ausgesucht haben, oder spontane Botschaften, die dieses *Ich im Spiegel«* Ihrem Gefühl nach hören muss. Sprechen Sie die Botschaften laut aus. Sie könnten zum Beispiel sagen: »Ich bin für dich da, und ich werde dich nie im Stich lassen, weil ich dich bedingungslos liebe.« Oder: »Es ist okay, nicht mehr stark zu sein«, oder: »Ich möchte alles über dich wissen.«

Schauen Sie sich ein letztes Mal in die Augen und sagen Sie noch einmal: *»Ich liebe dich, ... [Ihr Vorname].«* Lassen Sie jegliche hochkommenden Gefühle zu, ob positiv oder negativ, lassen Sie sie einfach da sein. Sich selbst lieben heißt, all das zu lieben, was Sie sind, auch Ihre Gefühle.

Wenn Sie meinen, mit der Übung fertig zu sein, atmen Sie tief ein, zählen bis sechs und atmen dann aus. Dann gehen Sie ins Bett.

Verpflichten Sie sich, diese Übung einen Monat lang jeden Abend zu machen. Sie wird dann zur Gewohnheit bzw. hilft Ihnen zumindest, Ihren Bammel vor der Spiegelarbeit loszuwerden, sodass Sie diese Arbeit sporadisch und bei Bedarf einsetzen können. Und machen Sie es sich auch zur Gewohnheit, jedes Mal, wenn Sie tagsüber an einem Spiegel vorbeigehen, sich einfach anzuschauen und laut oder im Geist *Ich liebe dich«* zu sagen.

Tool #15

Spielen üben

Die große Kraft des Spielens

Als Kinder wissen wir, wie wir Spaß haben können. Zum Spielen müssen wir nicht erst gezwungen werden, und wir brauchen auch keine Belohnung als Anreiz. Spiel ist einfach eine natürliche, dem Menschen und auch dem Tier angeborene Funktion. Wir genießen von Natur aus unsere Sinneserfahrungen und verstehen, dass diese Freude und dieser Genuss alles ist, was wir brauchen, um etwas zu erschaffen, was wir möchten. Wir verstehen zudem, dass Freude die einzige gesunde Art der Lebensführung ist.

Sich selbst zu lieben bedeutet, rigide soziale Kontrollen hinter sich zu lassen und die Fesseln der »wichtigeren Dinge, die zu tun sind« zu sprengen. Beim Spielen setzt das Gehirn Endorphine, die natürlichen Wohlfühl- oder Glückshormone, im Blut frei. Spielen beschleunigt auch den Heilungsprozess und kann bestimmten Krankheiten und Beschwerden vorbeugen.

Doch was ist Spielen eigentlich genau? Spielen wird definiert als aktive Beschäftigung, die dem Vergnügen und der Erholung und nicht einem ernsthaften oder praktischen Zweck dient. Und genau hier gilt es, innezuhalten und einmal nachzudenken. In eben dieser Definition des Wortes *spielen* zeigt sich die Funktionsstörung der Gesellschaft, die wir miterschaffen haben. Wir alle sind in dem Glauben aufgewachsen, Spielen hätte keinerlei Zweck oder Sinn und es gäbe Wichtigeres als Glücklichsein.

Und dann werden wir erwachsen und wundern uns, warum wir nicht glücklich sind, erkennen aber den Grund dafür nicht: Wir sind nicht glücklich, weil wir der Freude und dem Vergnügen keinen vorrangigen Platz einräumen und nicht auf direktem Weg auf das Glück zusteuern. Stattdessen kommen wir unser ganzes Leben lang nicht zur Sache und hoffen, irgendwann würde das Glück als Endergebnis an unsere Tür klopfen, beispielsweise weil wir unseren sicheren Arbeitsplatz beibehalten oder unsere Ziele erreicht haben.

Wir wollen einmal anders herum herangehen und Vergnügen als ernsthaften, praktischen Zweck betrachten. Tatsächlich ist Vergnügen oder Freude in Wirklichkeit der einzige Aspekt im Leben, der letztendlich einen Wert besitzt. Sie glauben mir nicht? Dann denken Sie einmal über Glück im Zusammenhang mit »gut« und »schlecht« nach oder im Kontext von »richtig« und »falsch«. Was werden Sie feststellen? Das, was wir als »schlecht« oder »falsch« ansehen, ist einfach das, was nicht erwünscht ist, und zwar weil es das Glück eines Einzelnen oder einer Gruppe beeinträchtigt.

Was wird von Ihnen wertgeschätzt?

Genauso gilt umgekehrt: Das, was wir als »gut« oder »richtig« betrachten, ist einfach das, was erwünscht ist, weil die entsprechenden Handlungen und Dinge das Glück eines Einzelnen oder einer Gruppe steigern. Wert bedeutet also nichts anderes als die Nützlichkeit von etwas oder jemandem, um das Glück zu fördern. Manche Menschen schätzen den Wert der Gerechtigkeit, andere Wissen, Schönheit, Liebe, Gesundheit, Leistungen, Frieden oder Geld. Dabei wird übersehen, dass der einzige Grund für unsere Wertschätzung von was auch immer letztendlich das glücksfördernde Potenzial ist, das wir der jeweiligen Sache zuschreiben.

Durch Unglücklichsein und Unzufriedenheit kommt es zu Gräueltaten und Grausamkeiten aller Art, von Kriegen und Terrorismus über Verbrechen bis zu Krankheiten. Umgekehrt werden wir durch mehr Glück und Zufriedenheit zu besseren und gesünderen Menschen; wir werden finanziell erfolgreicher, mitfühlender, menschenfreundlicher, energiegeladener, kreativer und sogar emotional und körperlich gesünder. Im Wesentlichen macht uns mehr Glück mehr zu dem, was wir werden wollen.

Glücklichere Menschen werden mehr zu ihrem wahren Selbst. Glück ist sowohl unser höchstes Ziel als auch das effektivste Mittel, unsere anderen Ziele zu erreichen. Mit diesem Verständnis scheinen Vergnügen und Spielen damit einem ziemlich ernsthaften, praktischen Zweck zu dienen, oder etwa nicht?

Menschen, die sich selbst lieben, erheben Glück zur höchsten Priorität in ihrem Leben. Spielen ist einer der wesentlichen Glücksaspekte, der oft übersehen wird, und Spielen ist nicht nur als Kind vonnöten. Auch als Erwachsene brauchen wir das Spiel, aber wir werden immer schlechter darin. Die meisten Leute haben schon so lange nicht mehr gespielt, dass sie gar nicht mehr wissen, wie es geht.

Beim Spielen gibt es kein Richtig oder Falsch. Spielen kann auch ein Spiel wie Poker sein oder Sport wie Volleyball, ebenso Freizeitaktivitäten – zum Beispiel ein Bad zu nehmen – oder etwas völlig Spontanes – wie auf einen Baum zu klettern. Was auch immer es ist – das einzige Kriterium, das es für die jeweilige Tätigkeit (oder die jeweilige Form von Nichtstun) zu erfüllen gilt, ist: Sie tun es aus einem einzigen Grund, nämlich zu Ihrem Vergnügen.

Beim Spaßhaben geht es nicht nur um den großen »Spaßfaktor« wie beim Skydiving, sondern auch um all die Kleinigkeiten: sich einen gemütlichen Spaziergang zu gönnen, sich zu verabreden oder vielleicht auch sich einfach mal nassregnen zu lassen.

Das spielerische Selbst wiederentdecken

Um wieder zum Spielen zurückzufinden, müssen Sie herausfinden, was Ihnen Spaß macht. Erstellen Sie zunächst einmal eine Liste mit all dem, was Sie einfach aus Spaß tun.

Fällt Ihnen dazu nichts ein? Dann ist es höchste Zeit, etwas Neues auszuprobieren. Versuchen Sie es mit dem, was anderen Spaß macht, und finden Sie heraus, ob auch Sie Vergnügen daran finden. Wenn dem nicht so ist, müssen Sie es nie wieder machen. Und wenn es Ihnen Spaß bereitet, dann haben Sie damit gerade Ihre Lebensqualität gesteigert.

Immer, wenn Sie etwas Neues entdecken, das Ihnen Spaß macht, wird es zu dieser Liste hinzugefügt. Nehmen Sie sich fest vor, mindestens eine dieser Aktivitäten von der »Spaßliste« pro Tag auszuführen. Sobald Ihnen das leichtfällt, können Sie ein ganzes Wochenende nur dem Spielen widmen, also mindestens zwei Tage lang nur Dinge tun, die Ihnen Spaß machen. Achten Sie darauf, wie gut Körper und Geist sich fühlen, wenn sie das tun dürfen, was Ihnen Vergnügen bereitet.

Wenn Sie erst einmal mehr Wert auf Ihr Vergnügen legen, steht als Nächstes die bewusste Wahrnehmung des »spontanen Spielimpulses« an. Wie bereits erwähnt, sind Vergnügen und Genuss der natürlichste Seinszustand des Menschen. Deshalb muss man die Seele nicht erst zum Spielen zwingen. Doch ebenso wie man sich vielleicht erst einmal auf seine Emotionen einstellen und sie erkennen muss, müssen wir uns auch auf unseren Spielimpuls einstellen und ihn wahrnehmen.

Ein Beispiel: Sie gehen am Strand spazieren und möchten spontan in die Wellen rennen, ob Sie nun Badekleidung tragen oder lange Hosen. Ein vernünftiger Mensch, der sich darin trainiert hat, seinen Spielimpuls zu ignorieren oder ihm zu widerstehen, würde dieser spielerischen Inspiration nicht nachgeben, sondern dem Impuls sofort Argumente entgegenbringen, warum das eine schlechte Wahl sei: weil die Hosen nass werden und dann auch der Autositz nass wird und die Kleidung gewaschen werden müsste zum Beispiel. Auf jeden Fall würde eine solche Person dem »Spieltrieb« nicht nachgeben, und das immer wieder, bis sie diesen Impuls gar nicht mehr wahrnimmt. Ein Mensch, der den Wert von Spaß und Freude zu schätzen weiß, würde dagegen den Spieltrieb wahrnehmen und ihm freien Lauf lassen, also sofort in die Brandung rennen. Das ist keineswegs verantwortungsloses Handeln – vielmehr übernimmt diese Person die volle Verantwortung für ihr eigenes Glück. Eine solche Person würde höchstwahrscheinlich die Freude dieses Augenblicks mehr schätzen als das *Bedürfnis* nach trockenen Hosen oder einem sauberen Auto.

Nehmen Sie sich bewusst vor, auf Ihre Impulse zu achten, die den ganzen Tag über und tagtäglich in Ihnen hochkommen. Vielleicht merken Sie, dass Sie jemanden am liebsten schlagen möchten, wenn Sie wütend sind, oder dass Sie jemanden umarmen wollen, wenn Sie freudig erregt sind.

Jetzt ist Ihr Spielimpuls an der Reihe. Dazu ist vielleicht ziemlich viel Mut vonnöten, aber handeln Sie entsprechend Ihrem Spieltrieb, wenn ein solcher Impuls sich bemerkbar macht. Klettern Sie auf diesen Baum, wenn Ihnen danach ist. Kaufen Sie Fingerfarben im Laden und malen Sie damit. Lassen Sie sich im Park einen grasbewachsenen Hügel hinunterkugeln, auch wenn Sie Anzug und Krawatte oder einen Rock tragen. Melden Sie sich zu einem Tauchkurs an, wenn Sie das schon immer einmal ausprobieren wollten. Sie wurden in dieses Leben geboren, um zu spielen. Also tun Sie es!

Arbeit und Spiel verbinden

Damit kommen wir zum nächsten Punkt: Wenn Ihre Arbeit der Spiel-Definition nicht entspricht, dann entspricht sie auch noch nicht dem, was Sie hier auf diesem Planeten zu tun haben. Ein Mensch, der sich selbst liebt, sucht sich einen Beruf aus, der nicht nur ein Job ist, sondern auch Spaß macht, eine Tätigkeit, der man tagtäglich mit Leidenschaft nachgehen kann.

Wenn Sie den Kontakt zu Ihrem wahren Selbst verloren haben, gehen Ihnen auch Freude und Sinn verloren. Um sie zurückzugewinnen, müssen Sie bereit sein, Risiken einzugehen und Ihrem Vergnügen einen höheren (Stellen-)Wert einzuräumen. Damit lassen Sie sich auch darauf ein, Ihr ganzes Leben zu verändern und womöglich mehrmals im Leben immer wieder eine andere Richtung einzuschlagen.

Doch nur durch dieses Einlassen und Engagement können Sie wirklich glücklich werden. Es ist also höchste Zeit, dem Spielen Priorität einzuräumen, nicht nur in der Freizeit, sondern auch bei der Berufs- und Karrierewahl. Der praktische Sinn und Zweck Ihrer beruflichen Aktivitäten sollten zu Ihrem Vergnügen dienen; das Geld, das Sie damit verdienen, ist nur ein zusätzlicher Bonus.

Schluss mit dem Gang zum Eisenwarenladen

Endlose Suche

2006 saß ich in der Universität einem älteren Herrn gegenüber, der Zeitung las. Neugierig, wie ich bin, tat ich das, was ich meistens tue, wenn ich in peinlichem Schweigen neben einer »fremden« Person sitze: Ich begann, mich mit ihm zu unterhalten. Und dabei sagte dieser Mann etwas zu mir, was ich nie vergessen werde und was bei mir eine dieser Einsichten auslöste, nach denen man sein Leben nicht mehr wie gewohnt leben kann.

Wir redeten also über dies und das; irgendwann erzählte ich ihm auf seine Fragen hin ausführlich von meinen damaligen komplizierten Liebes-, Familien- und freundschaftlichen Beziehungen. Er hörte zu und sagte dann ganz ruhig zu mir: »Ich habe den Eindruck, Sie gehen in die Eisenwarenhandlung, um Milch einzukaufen.«

Kurz darauf verabschiedeten wir uns mit einer Umarmung, doch noch über eine Stunde danach war ich in einem schockierten Zustand der Innenschau. Den Namen des Mannes weiß ich bis heute nicht, doch dieser eine Satz von ihm wurde zu einem Markenzeichen meiner Unterweisungen in Selbstliebe. Bis zu jenem Zeitpunkt habe ich nie groß über Eisenwarenhandlungen nachgedacht, aber inzwischen tue ich das sehr wohl.

Wenn wir uns nämlich selbst nicht lieben, dann schauen wir nach dem, was wir brauchen und möchten, auch nicht dort, wo wir das Gewünschte *tatsächlich* finden können, sondern versuchen, es von den Menschen, Orten und Dingen in unserem derzeitigen

Leben zu bekommen. Doch leider klappt das nicht. Es ist, als ob wir in eine Eisenwarenhandlung gingen, nach Milch fragten und die Angestellten uns jedes Mal, Tag für Tag, mitteilten, Milch führten sie nicht. Jeden Tag gehen wir traurig und ohne Milch aus dem Laden …, nur um an nächsten Tag wiederzukommen.

Und in diesem Muster stecken wir fest, bis wir erkennen, dass es in der Eisenwarenhandlung niemals Milch zu kaufen geben wird. Erst wenn wir das einsehen und akzeptieren, *gestehen* wir uns *zu,* einen Laden zu finden, in dem wir Milch kaufen können.

Wie Sie sicherlich erkannt haben, steht die Milch in dieser Analogie für die Liebe. Wenn wir uns selbst nicht lieben, versuchen wir ständig, die benötigte und gewünschte Liebe aus unseren derzeitigen Beziehungen zu bekommen, doch das funktioniert nie, weil sie lediglich Projektionen unserer inneren Beziehung zu uns selbst sind und damit Projektionen unseres derzeitigen Zustands der *Lieblosigkeit.*

Wenn wir uns selbst nicht lieben, können unsere Mitmenschen uns auch keine Liebe widerspiegeln, denn das widerspräche den Gesetzen dieses Universums. Unseren derzeitigen, sich negativ anfühlenden Beziehungen fehlt es womöglich an Liebe, aber sie stellen einen wichtigen Kontrast dar und zeigen uns, was wir *in Wahrheit wollen,* nämlich Liebe. Doch wenn wir dann wissen, dass wir Liebe wollen, wenden wir uns leider nur allzu oft diesem Kontrast in unserem Leben zu und erwarten, dass dieser Mangel in lieblosen Beziehungen sich wie durch Zauberhand in Liebe verwandelt.

Wir sollten durchaus versuchen, diese Liebe von jemandem zu bekommen, der uns Liebe anbietet, aber wir müssen herausfinden, wo wir danach suchen müssen und wie wir das richtig angehen. Die Suche nach Liebe ist nichts Selbstsüchtiges; wir alle sehnen uns danach und brauchen diese Liebe.

Sich auf der Suche nach Liebe von Menschen einzulassen, die uns tatsächlich Liebe anbieten, ist ein Akt der Selbstliebe. Wenn Sie das erst einmal erkannt haben, profitieren Sie auch davon. Dieser Akt der Selbstliebe verändert Ihre Beziehung zu sich selbst, und umgekehrt gehen Sie dann auch Verbindungen mit Menschen ein, die Ihnen Liebe geben können.

Im Eisenwarenladen gibt es eben nur Hämmer

Geht man mit dieser Analogie auf die nächste Ebene, stellt sich heraus: Jedes Mal, wenn wir das, was wir brauchen, am falschen Ort suchen, ist das wie Milch im Eisenwarenladen kaufen zu wollen. Das tun wir, wenn wir unseren Job hassen, aber weiterhin versuchen, unseren Chef dazu zu bringen, im Büro Veränderungen einzuleiten, damit wir die Arbeit lieber tun. Wir wollen Milch im Eisenwarenladen kaufen, wenn wir etwas immer und immer wieder reparieren wollen, was irreparabel ist, anstatt etwas Neues zu kaufen. Oder wenn wir uns immer wieder auf Freunde verlassen, die wiederholt ihre Unzuverlässigkeit unter Beweis gestellt haben, und dann jedes Mal ob dieser Unzuverlässigkeit enttäuscht sind.

Auch zu Hause läuft das so. Sie wollen Milch im Eisenwarenladen kaufen, wenn Sie als homosexuelle Person immer wieder versuchen, Akzeptanz bei Ihrer Familie zu finden, obwohl diese Sie eben nicht akzeptiert. Oder wenn Sie bei Ihrem Vater oder Ihrer Mutter Verständnis für eine bestimmte, Ihnen wichtige Überzeugung suchen, diese aber alles andere als verständnisvoll sind. Oder als Frau in einer von Missbrauch und Gewalt geprägten Beziehung bei einem Mann bleiben, in der Hoffnung, eines Tages würde er wie durch ein Wunder beschließen, Sie *nicht* mehr zu verprügeln. Das gilt für alle gewalttätigen Partnerschaften. *Immer, wenn wir darauf warten, von einem anderen Menschen Liebe zu bekommen, anstatt uns selbst zu lieben,* wollen wir im Eisenwarenladen Milch einkaufen.

Wie schafft man es, diese endlose Suche abzubrechen? Zunächst einmal müssen Sie Ihr Leben auf den Prüfstand stellen. Erwarten Sie von anderen Menschen, Dingen oder Umständen auf die eine oder andere Weise, dass sie sich entsprechend Ihren Wünschen verändern, anstatt einfach hinzugehen und andere Menschen, Dinge oder Umstände zu finden, die bereits so *sind*, wie Sie das möchten? Seien Sie sich selbst gegenüber so ehrlich wie möglich und finden Sie heraus, auf welche Weise Sie gerne an der falschen Stelle nach der Befriedigung Ihrer Bedürfnisse suchen.

Fragen Sie sich: *Wo sollte ich wirklich suchen?* Und gehen Sie dann zum richtigen Ort. Finden Sie die Milch dort, wo sie verkauft wird. Finden Sie einen neuen Job, den Sie lieben. Schaffen Sie sich ein Netzwerk von Freunden, die für Sie wie eine Familie sind und Sie zum Beispiel als homosexuelle Person voll und ganz akzeptieren. Entsorgen Sie das alte Teil, das Sie reparieren wollten, und kaufen Sie ein neues. Und am wichtigsten: Schenken Sie sich die Liebe, die Sie so dringend von anderen bekommen wollten.

Unsere menschlichen Grundbedürfnisse

Wenn es darum geht, uns selbst die Liebe zu schenken, die wir so dringend und sehnlichst von anderen wollen, ist das Allerwichtigste, zu lernen, wie wir unsere Bedürfnisse auf die richtige Weise erfüllen. Egal, welcher Ethnie, welchem Geschlecht oder welcher Religion wir angehören, wo wir geboren und wie wir erzogen wurden – als Menschen haben wir alle sechs Grundbedürfnisse.

Das Wort *Bedürfnis* impliziert, etwas *nicht zu haben,* deshalb verwende ich es eigentlich nicht gerne, tue es in diesem Buch aber trotzdem, denn für die meisten Menschen bedeutet ein *Verlangen* den Wunsch nach etwas, was wir aber nicht unbedingt brauchen. Doch in Wahrheit brauchen wir auch das, wonach uns verlangt, das Verlangen ist also auch ein Bedürfnis. An dieser Stelle möchte ich aber klarstellen, dass es hierbei um absolut notwendige Dinge für ein glückliches, gesundes Leben geht, und die meisten Leute assoziieren mit Notwendigkeit ein *Bedürfnis*.

Unser Glück hängt von unserer Fähigkeit ab, unsere Bedürfnisse auf gesunde Weise erfüllen zu können. Unsere diesbezüglich empfundene Ohnmacht erzeugt die Art von Liebe, die wir als »schmerzhafte Anhaftung« bezeichnen und die uns davon abhält, eine wahrere Form von Liebe zu entwickeln, die bedingungslos und frei von schmerzhaften Anhaftungen ist; auch Widerstand ist ein Bestandteil dieser schmerzhaften Anhaftung.

Die englische (und deutsche) Sprache schränkt uns zur Beschreibung einer Unzahl an verschiedensten Zuständen der Verbundenheit mit anderen auf ein Wort ein: *Liebe*. Doch es gibt viele verschiedene Arten von Liebe, die nicht wirklich bedingungslose, universale Liebe widerspiegeln. Wir müssen uns von vornherein darüber im Klaren sein, dass nicht alles, was wir als Liebe bezeichnen, wirklich Liebe ist.

Als begeisterte Studentin der menschlichen Natur lernte ich in einem Kurs das psychologische Konzept der menschlichen Grundbedürfnisse kennen, welches wohl ursprünglich von Anthony Robbins und Cloé Madanes entwickelt worden war. Dieses Konzept müssen Sie verstehen, um nachfolgend auch zu begreifen, wie die sechs menschlichen Grundbedürfnisse in das umfassendere Bild der »Liebe« passen. Diese sechs Bedürfnisse sind: Sicherheit, Abwechslung, Bedeutung, Liebe, Weiterentwicklung und Mitwirkung. Wir alle erfüllen diese Bedürfnisse auf unterschiedliche Weise, sowohl bewusst als auch unterbewusst und manche selbstbewusster als andere. Wichtig dabei ist: Wir befriedigen diese Bedürfnisse sowohl auf gesunde als auch ungesunde Weise, worauf ich nach der Definition der einzelnen Bedürfnisse noch etwas näher eingehen werde.

Die Suche nach Sicherheit

Sicherheit ist unser allerwichtigstes menschliches Grundbedürfnis; man könnte es auch als das Überlebensbedürfnis bezeichnen. Wir haben das Bedürfnis, sicher zu sein, Schmerz zu vermeiden und Lust zu erlangen. Dies ist das Bedürfnis nach Sicherheit, Stabilität, Komfort und unbegrenzten Ressourcen, auf die wir uns verlassen können.

Positive Möglichkeiten, nach Sicherheit zu suchen, sind gesunde Routinen, uns dienliche Glaubenssysteme, Partner, die unser Gefühl von Sicherheit verstärken, und Beständigkeit im Leben. Wir befriedigen unser Sicherheitsbedürfnis, indem wir die Überzeugung entwickeln, wir hätten selbst die Kontrolle über unsere Realität, durch Aufbau einer positiven Identität und durch Ausüben von Aktivitäten, die wir, wie wir bereits wissen, gerne tun. Auch indem wir Informationen und Wissen erlangen, organisiert sind und von uns selbst positives Verhalten erwarten, tun wir uns etwas Gutes. Auch ein optimistischer Standpunkt ist wichtig, um sich im Leben sicherer zu fühlen.

Aber es gibt auch viele ungesunde Wege auf der Suche nach Sicherheit, beispielsweise obsessiv-zwanghaftes Verhalten. Oder wir fordern vielleicht von anderen Menschen Sicherheit, obwohl sie uns diese Sicherheit nicht geben wollen. Andere wiederum gehen auf der Suche nach Sicherheit zerstörerisch vor, beispielsweise in Form von Essstörungen, Ritzen oder indem sie eine negative Identität entwickeln und von sich selbst negatives Verhalten erwarten, andere Menschen und Dinge kontrollieren wollen oder sich obsessiv auf das Schlimmste vorbereiten, beispielsweise Vergewaltigung, Mord oder Krieg.

Ganz offensichtlich funktionieren diese ungesunden Ansätze nicht und haben rein gar nichts mit Liebe zu tun. Sie geben letztendlich auch nicht die richtige Art von Sicherheit, die wir brauchen. Wie es auf gesunde Weise geht, steht weiter oben.

Die Suche nach Abwechslung

Abwechslung entspricht dem Bedürfnis nach Veränderungen, Herausforderungen, Aufregung und Anreizen. Man könnte sagen, dieses Bedürfnis stünde im Widerspruch zum Bedürfnis nach Sicherheit insofern, als wir ein gewisses Maß an Unsicherheit brauchen, um im Leben glücklich zu sein.

Möglichkeiten der Abwechslung – mit Spaß und auf sehr effektive Weise – gibt es viele, sei das nun Neues lernen, neue Lebensmittel ausprobieren, reisen, neue Hobbys oder Leidenschaften pflegen, anregende Unterhaltungen führen oder neue Filme anschauen. Oder man genießt Spiele, Sport, neue Bücher, neue Menschen und neue Herausforderungen, die es zu bewältigen gilt.

Und natürlich gibt es genauso viele ungesunde Möglichkeiten, Abwechslung zu finden – von denen ich Ihnen allerdings abrate –, handelt es sich nun um gefährliche Aktivitäten mit hoher Adrenalinausschüttung, Alkohol- oder Drogenmissbrauch oder etwas, was gegen Sie selbst gerichtet ist, wie zum Beispiel sich mit jemandem zu streiten, wenn man gelangweilt ist, oder Untreue in einer monogamen Beziehung. Offensichtlich bringt eine Art Krieg gegen wen auch immer, auch gegen sich selbst, Abwechslung ins Leben, allerdings auf destruktive Weise. Suchen Sie lieber nach gesunder Abwechslung, die weder Ihnen selbst noch anderen Menschen, Tieren oder dem Planeten Verletzungen zufügt.

Die Suche nach Bedeutung

Bei unserer Suche nach Bedeutung geht es um unser Bedürfnis nach Zweckhaftigkeit, Wichtigkeit und Sinn in unserem Leben – dem Bedürfnis, etwas Besonderes und Bemerkenswertes zu sein. Das nennt sich auch das *Bedürfnis nach Wertschätzung*.

Bedeutung finden kann man beispielsweise auf gesunde Weise durch eine positive Identität, indem man seine Einzigartigkeit in der Welt zum Ausdruck kommen lässt und indem man seine Ziele erreicht. Versuchen Sie, einen ganz persönlichen Stil zu entwickeln und ein Glaubenssystem anzunehmen, welches Ihre Bedeutung widerspiegelt. Entwickeln Sie eine gewisse Sinnhaftigkeit im Leben, nur für sich. Lassen Sie auf gesunde Weise zu, dass man auf Sie aufmerksam wird, weil Sie anders sind.

Es gibt viele ungesunde Möglichkeiten, mit denen man seine Wichtigkeit anscheinend erhöhen kann, doch wenn man dadurch sich selbst oder andere verletzt, muss man eine andere Taktik einschlagen. Andere Menschen herunterzumachen oder gewalttätig zu werden, beispielsweise durch Vergewaltigung, Mord oder Krieg, lenkt vielleicht die Aufmerksamkeit auf Sie, aber das ist extrem ungesund. Weitere ungesunde Möglichkeiten wären beispielsweise das Ausnutzen anderer, um sozialen Status zu erlangen, oder zu lügen, um bei anderen Eindruck zu schinden. So mancher meint, durch das Entwickeln einer negativen Identität oder eine zu starke Anhaftung an eine negative Diagnose könne er seine Bedeutung nach oben schrauben, doch solche ungesunden Methoden sind nicht wirklich zielführend.

Die Suche nach Liebe

Wenn es um Grundbedürfnisse geht, dann ist Liebe das Bedürfnis nach einer Verbindung zu anderen, das Bedürfnis nach dem Gefühl, Teil von etwas zu sein, das Bedürfnis der Zugehörigkeit, der Einheit und das Bedürfnis, geliebt zu werden und andere zu lieben. Auch das Bedürfnis nach Nähe und Intimität fällt in diese Kategorie.

Auf gesunde Weise geschieht die Suche nach Liebe durch Vertrautheit, Intimität, Offenheit und Mitgefühl – sei es durch Mitgliedschaft in einer gesunden Organisation, einem Team oder einer Gruppe oder durch Zeit, die man in der Natur verbringt, durch das Hinarbeiten auf oder Verständnis der Einheit, gesunden Sex und gesunde körperliche Zuneigung. Man kann Geschenke austauschen, sich selbst und anderen liebevolle Worte sagen oder anderen dienen, beispielsweise indem man Zeit mit ihnen verbringt. Ebenso fördern wir auf gesunde Weise die Liebe im Leben, indem wir uns um Tiere kümmern, mit uns selbst in Verbindung treten oder unsere Spiritualität entwickeln.

Von den eher ungesunden Möglichkeiten sind Ihnen wahrscheinlich so einige bekannt: sich selbst aufopfern, sich einer Bande anschließen, sexuell ungesunde Beziehungen pflegen, um nur einige zu nennen. So mancher versucht auch, durch Kranksein oder ständige Probleme Mitleid zu erwecken. Manche Leute sind anfällig für Unfälle, um Aufmerksamkeit auf sich zu lenken. Oder wir springen für andere über Bord, um ihnen zu gefallen und sie zu retten – in einem Aufschrei nach Liebe. Oder wir geben anderen das Gefühl, sie würden uns brauchen. Und natürlich gibt Ihnen keinerlei Gewalttat, sei es nun Vergewaltigung, Mord oder Krieg, die Liebe, nach der Sie sich verzehren und die Sie so dringend benötigen.

Die Suche nach Weiterentwicklung

Weiterentwicklung ist das Bedürfnis nach Wachstum, Erfüllung und Selbstverwirklichung. Weiterentwicklung kann dadurch stattfinden, dass man sich gesunden Herausforderungen stellt, Neues lernt, seine derzeitige Situation verbessert und seinem Glück folgt. Man kann Probleme auf neue Weise angehen, damit sie das Wachstum fördern, oder den Gedanken anderer Menschen lauschen und das, was dienlich ist, für sich nutzen und sich auf diese Weise weiterentwickeln.

Ungesund wäre es, wenn man sich zwecks Weiterentwicklung zu sehr unter Druck setzt und nie den Weg des geringsten Widerstandes geht. Manche Menschen suchen sich auch ungesunde Herausforderungen und lernen nur »auf die harte Tour«.

Wer nicht in der Lage ist, anderen zuzuhören, oder erst dann Verbesserungen angeht, wenn die Belastungsgrenze erreicht ist, wird sich nicht weiterentwickeln.

Die Suche nach Mitwirkung

Mitwirkung ist das menschliche Bedürfnis, zu etwas beizutragen, was über die Person hinausgeht; das Bedürfnis, anderen, der Welt und dem Universum etwas Wertvolles und Nützliches zu geben. Auf gesunde Weise kann das zum Beispiel durch freundliches Handeln sein oder die Mitwirkung bei etwas, von dem man überzeugt ist. Lassen Sie Ihre Talente in dieser Welt zum Ausdruck kommen und helfen Sie anderen, weil es sich gut anfühlt. Entwickeln Sie eine Vision zur Verbesserung dieser Welt und handeln Sie auch entsprechend. Schließen Sie sich einer Sache an, die wirklich eine Lösung bringt. Geben Sie anderen, einfach weil es Freude macht.

Ungesunde Beiträge wären beispielsweise negatives Handeln gegenüber sich selbst und der Welt, ein ausschließlicher Fokus auf Probleme oder wenn man sich einer Sache anschließt, die das Problem nur weiter am Leben erhält, zum Beispiel in Form von Gewalt und Kampf.

Wer erfüllt wie Ihre Bedürfnisse?

Das sind nur *ein paar* Möglichkeiten, wie wir unsere sechs Grundbedürfnisse befriedigen. Alles, was wir jemals tun, ob es nun letztendlich gut oder schädlich ist, tun wir aus einem einzigen Grund: Wir denken, eines oder mehrere unserer sechs Grundbedürfnisse würden dadurch befriedigt – was ein Glücksempfinden auslöst. Und deshalb können wir auch sagen: Alles, was irgendjemand tut, macht er in dem Glauben, es würde ihn glücklicher machen.

Entscheidend für unser Glück ist die Erfüllung all dieser sechs Grundbedürfnisse. Entgegen der landläufigen Meinung besteht das Ziel nicht darin, uns von ihnen zu befreien, sondern herauszufinden, wie wir selbst für ihre Befriedigung sorgen können, was auch bedeutet, Menschen zu finden, die echte Freude empfinden, wenn sie sich um diejenigen unserer Bedürfnisse kümmern können, die wir selbst nicht erfüllen können oder wollen.

Es ist wirklich lächerlich, dass die Menschen sich dazu zwingen wollen, das, was sie brauchen, nicht zu brauchen. Viele Weltreligionen beruhen auf dem persönlichen Streben nach einem Zustand ohne Begehrlichkeiten oder Bedürfnisse. Die Vorstellung, diese Begehrlichkeiten und Bedürfnisse seien die Wurzel des Leidens, entsteht nur dann, wenn wir uns nicht in der Lage fühlen, sie entsprechend zu befriedigen.

Auf unserem Weg nimmt alles, was andere tun, Einfluss auf uns, denn alles, was wir tun, wirkt sich auf andere aus. Doch wenn wir unseren Fokus auf etwas Positives lenken, können wir das Gewünschte erschaffen, *egal*, was die Menschen in unserem Umfeld tun oder nicht tun. Sie sind dem, was andere Menschen erschaffen, nur so ohnmächtig ausgeliefert wie dem, was *Sie* selbst erschaffen.

Andere Menschen als größer und mächtiger zu betrachten ist eine Illusion, insbesondere wenn Sie erkennen, dass sie nichts weiter sind als Ihr eigenes, vergrößertes Spiegelbild im Weltmaßstab. Die Gemeinschaft bewegt sich auf einem Kontinuum weg von äußerster Machtlosigkeit an dem einen Ende bis zu Unabhängigkeit und darüber hinaus zur gegenseitigen Abhängigkeit.

Die Anhänger der »unabhängigen Selbstversorgung« erzählen uns ständig, es sei unangebracht und nicht in Ordnung, durch andere Menschen die Leere in uns zu füllen bzw. Erfüllung zu finden. Ihrer Meinung nach muss jedes Bedürfnis ausschließlich von der betreffenden Person selbst befriedigt werden. Diese Sicht beruht aber auf der Annahme, die anderen seien getrennt von uns, was eigentlich nicht der Wahrheit entspricht. Wir sind alle eins, alle Mitmenschen sind demnach ein Teil von Ihnen.

Wenn Sie also mit Hilfe der anderen die Leere in sich füllen, dann nutzen Sie eigentlich einen Teil Ihrer selbst, um Ihre innere Leere zu füllen. Wir haben die Macht und sind vollständig in der Lage, das, was wir brauchen und möchten, zu erschaffen.

Stellen Sie sich vor, Sie brauchen Ihren Partner bzw. Ihre Partnerin, um sich *ganz* zu fühlen und getröstet zu sein. Man könnte nun anführen, Sie seien machtlos, denn dieser Partner könnte sterben und Sie wären dann dieser qualvollen Erfahrung ausgeliefert. Der einzige dauerhafte Frieden bestünde also darin, Ganzheit und Trost allein in sich selbst zu finden. Doch wenn Sie das glauben, müssten Sie auch davon ausgehen, dass Ihr Wohl wirklich von *deren* Dasein abhängt und Sie nicht fähig wären, jemanden oder etwas anderes zu manifestieren, um Ihnen das Gefühl der Ganzheit und des Trostes zu vermitteln.

In diesem Szenario werden Sie verletzt, weil Sie nicht an Ihre Fähigkeit glauben, Ihre eigene Realität zu erschaffen, und nicht durch die Tatsache, dass Sie von etwas oder jemandem abhängig sind außer sich selbst.

In einer Welt, die eins ist, können Sie immer nur von dem abhängig sein, was Sie selbst sind. Und in einer Welt, die eins ist, sind Sie von jedem anderen abhängig und alle anderen sind von Ihnen abhängig. Das heißt keineswegs, dass Sie keine Macht haben. Manchmal verwechseln wir Abhängigkeit mit Machtlosigkeit bzw. Ohnmacht, insbesondere der Machtlosigkeit, etwas zu erschaffen. Doch Abhängigkeit und Machtlosigkeit sind nicht dasselbe.

Sie können nicht wirklich unabhängig werden, denn das würde bedeuten, sich vom Rest des Universums abzuspalten. Das ist weder erwünscht noch möglich, denn Sie sind das Universum,

Fleisch geworden in der Illusion eines getrennten, physischen Körpers. Aber Sie können Ihre eigene Großartigkeit als grenzenloser Schöpfer in diesem Universum erkennen.

Von wem können Sie abhängig sein?

Abhängig ist an sich kein schlechtes Wort, sondern wieder einmal ein wunderschönes Konzept, welches mit einem weniger schönen Konzept verwechselt wird. Ich bevorzuge die Interpretation von abhängig als *eins werden*. Die Welt ist so viel sanfter und bietet so viel mehr Unterstützung, als wir erkennen bzw. als wir erkennen wollen. Weil wir uns der Welt gegenüber immer noch so ohnmächtig fühlen, versuchen wir, nur aus uns selbst heraus ein ganzes Universum zu sein.

Das Ego hat universale spirituelle Lehren als Instrument der *Abspaltung* benutzt und uns suggeriert, wir hätten die Macht, uns unsere eigene Realität zu erschaffen. Nur Menschen, die sich anderen Menschen gegenüber ohnmächtig fühlen – insbesondere gegenüber jenen, die ihre Bedürfnisse nicht befriedigen können –, resonieren mit Lehren persönlicher Selbstbestimmung, die die Erschaffung einer autarken, unabhängigen Realität anregen. Und diese Menschen haben keine andere Wahl, als sich an sich selbst zu wenden.

Aber dies ist nur ein Zwischenschritt hin zur Selbstkompetenz bzw. Selbstverantwortung und nicht der ganze Weg. Der nächste Schritt besteht für Sie darin, Ihre völlige Abhängigkeit von *sich selbst* zu erkennen. Und dieses *Selbst* umfasst, wie wir wissen, alle anderen Lebewesen, *denn sie alle sind Sie*. Dies ist ein Universum wechselseitiger Abhängigkeit, denn die allerhöchste Wahrheit dieses Universums ist die Wahrheit der Einheit.

Zusammengefasst ausgedrückt: Ihre Aufgabe besteht also nicht darin, sich Ihre sechs Grundbedürfnisse zu versagen. Selbst die erleuchtetsten Wesen haben diese Bedürfnisse. Wer erleuchtet ist, hat einfach die Kunst vervollkommnet, diese Bedürfnisse auf gesunde Art und Weise zu befriedigen. Jetzt steht es für Sie an, herauszufinden, wie Sie Ihre Bedürfnisse derzeit erfüllen, und ungesunde durch gesunde Möglichkeiten zu ersetzen, die demselben Zweck dienen: Ihre Bedürfnisse zu erfüllen. Dann fühlen Sie keinen Mangel mehr, und Ihre Beziehungen werden eine Quelle der Freude und nicht mehr des Schmerzes sein.

Und auf Ihrer Suche sollten Sie eines bedenken: Sie können nicht weiterhin zum Eisenwarenladen gehen, um Milch zu kaufen. Das ist eine selbst erschaffene Hölle, in der Sie versuchen, Dinge zu verändern, die sich nicht verändern lassen, oder in der Sie am völlig falschen Platz nach dem suchen, was Sie brauchen.

Wir können uns nicht gleichzeitig Liebe vorenthalten und zukommen lassen. Also entscheiden Sie sich lieber dafür, sich selbst zu lieben, und erkennen Sie an, dass Sie das Gewünschte auch verdienen. Und dann suchen Sie es dort, wo es auch *gefunden werden kann*.

Lernen, *Nein* zu sagen

Selbstsucht oder Selbstliebe?

Die Definition von Selbstliebe klingt eigentlich ziemlich unkompliziert: Selbstliebe ist tiefe Hingabe und Zuneigung zu sich selbst. Diese Hingabe und Zuneigung erhoffen wir uns von einer Ehe, und das fühlen wir auch für die Person, mit der wir vor dem Traualter stehen und zu der wir sagen: »Bis dass der Tod uns scheidet.«

Aber wie steht es um die Hingabe und Zuneigung zu der Person, auf die Sie sich als Erstes eingelassen haben? Die Person, die bei Ihnen ist bis zum Ende Ihres Lebens, und zwar ohne den Schatten eines Zweifels? Wie steht es um *Sie?* Als Sie in dieses Leben eingetreten sind, haben Sie sich auf Ihre Identität eingelassen. Und letztendlich sind *Sie* die einzige Person, die *immer* für Sie da ist. *Sie selbst* sollten also auch die höchste Priorität in Ihrem Leben einnehmen. Sie sind die Liebe Ihres Lebens, auch wenn Sie das womöglich noch gar nicht wissen.

Im Gegensatz zu dieser Selbstliebe steht die Selbstsucht – zwei Begriffe, die oft im selben Zusammenhang verwendet werden. Selbstsucht wird definiert als ausschließliche Sorge um sein eigenes Wohl, seine eigenen Vorteile und Interessen, unabhängig davon, wie sich das auf andere auswirkt. Selbstsucht ist kein natürlicher Zustand und ergibt sich nur dann, wenn jemand den Fokus auf dem Mangel in seinem Leben hat und von diesem Mangel überzeugt ist. Selbstliebe und Selbstsucht werden oft miteinander verwechselt, doch sie unterscheiden sich erheblich. Selbstsucht entsteht, wenn Menschen, die nicht wissen, wie sie sich selbst lieben und ihre Bedürfnisse befriedigen können, einen inneren Mangel verspüren und dann ständig versuchen, diese Leere von außen zu füllen.

Selbstsüchtige und selbstlose Menschen haben beide dieselbe Mentalität des *Mangels*. Deshalb finden sie sich anscheinend auch immer gegenseitig – sie passen schwingungsmäßig perfekt zusammen. Für sie ist die Energie in der Welt, insbesondere Liebe, eine endliche und begrenzte Ressource, die irgendwann zur Neige gehen kann. Sie erkennen nicht, dass sie ein unendlicher, immer fließender, ewiger Energiestrom ist.

Selbstlose Menschen haben das Gefühl, sie müssten Liebe und andere Ressourcen abgeben, weil sie der Überzeugung sind, sie würden andere dieser Liebe und Ressourcen berauben, wenn sie sich selbst diese Liebe schenken. Als ob es nur so und so viel davon gäbe! Auch selbstsüchtige Menschen meinen das und denken, sie müssten sich Liebe und alles andere nehmen, sonst hätten sie nicht genug zum Überleben.

Wie bereits ausgeführt, sind *selbstsüchtige* Menschen der Meinung, Liebe könnten sie nur von anderen bekommen. Doch in Wahrheit ist das auch die Überzeugung von *selbstlosen* Menschen.

Um diesen scheinbaren Widerspruch zu verstehen, müssen wir uns die Motive anschauen, die hinter selbstlosem Verhalten stehen. Die meisten Menschen sind in dem Glauben aufgewachsen, wir würden nur dann auf Liebe hoffen können, wenn wir gut sind. Und, wie man uns beigebracht hat, sind gute Menschen selbstlos; um also geliebt zu werden, müssen wir selbstlos sein. Deshalb steht hinter dieser Selbstlosigkeit sehr oft das Motiv, Liebe von anderen *bekommen* zu wollen.

Die meisten dieser anscheinend selbstlosen Menschen haben sich eigentlich ihr ganzes Leben lang von Liebe in Form von äußerer Anerkennung ernährt. Ebenso wie selbstsüchtige Menschen nehmen sie Liebe von anderen. Aber Liebe von anderen zu nehmen funktioniert nicht – egal, wie man das anstellt –, denn wir haben keine Kontrolle darüber, wie viel Liebe wir eigentlich bekommen. Und deshalb haben wir ständig das Gefühl, es wäre nicht genug, wenn wir so denken. Erst wenn wir uns die Liebe, die wir brauchen, selbst schenken, haben wir genug.

Lernen, NEIN zu sagen

Wenn wir, um nicht selbstsüchtig zu sein, uns unserer eigenen Liebe beraubt haben, können wir oft nicht mehr Nein sagen. Dadurch sind wir zum Scheitern verurteilt, denn wir widmen unser Leben anderen Menschen und nicht uns selbst. Das ist auf die Dauer nicht durchzuhalten, denn das fordert seinen Tribut – energetisch, körperlich und in Beziehungen.

Auch die andere Seite der Medaille ist problematisch. Wenn wir immer Ja sagen, sobald wir um etwas gebeten werden, ist das unter Umständen nicht immer als Ja gemeint, denn innerlich hegen wir einen Groll, obwohl es doch eigentlich unsere Entscheidung war. Wir unterdrücken diese Grollgefühle, aber solche Emotionen sind Energie, und Energie muss irgendwohin, und genau das tut sie. Diese negativen Gefühle kommen durch den Körper zum Ausdruck und zerstören die Bindungen zu anderen Menschen.

Es mag unangenehm sein, sich ein Nein vorzunehmen, aber dabei sollten wir Folgendes nicht vergessen: Jedes Ja zu jemandem oder etwas, welches kein echtes Ja ist, ist ein Nein zu sich selbst und seinen Prioritäten. Und warum können wir es nicht ertragen, auch einmal Nein zu sagen? Weil wir uns dann selbstsüchtig fühlen. Doch der eigentliche Grund für unser Ja hat mit einem Wunsch zu tun, der uns selbst betrifft: Wir möchten geliebt werden. Interessant, oder nicht? Unser Ja zu anderen ist eigentlich nicht für sie, sondern für uns selbst gedacht!

Doch leider funktioniert das nicht so gut, weil wir eben nicht kontrollieren können, wie viel Liebe wir wirklich von anderen bekommen, wenn wir Ja zu ihnen sagen. Wir investieren Energie, obwohl wir gar keine Energie mehr dazu haben. Das ist sozusagen ein Rezept für einen Burn-out.

Um zu lernen, Nein zu sagen, machen Sie sich zunächst einmal Ihre Prioritäten klar. Sie werden nicht wissen, wozu Sie Nein sagen wollen, bevor Sie wissen, was Sie eigentlich bejahen möchten. Erstellen Sie eine Prioritätenliste. Überlegen Sie, was Sie am allerglücklichsten macht und worauf Sie ab jetzt mehr in Ihrem Leben achten wollen. Das könnte beispielsweise sein: meine Gesundheit,

Spiritualität, meine Ehe, meine Kinder, Geldverdienen, mir jede Woche Zeit für mich nehmen, sportliche Betätigung, in die Schule gehen, im Haus etwas reparieren etc.

Wenn Sie damit fertig sind, suchen Sie sich die drei Dinge mit der höchsten Priorität aus. Als Nummer eins schreiben Sie bitte: *»Mich um mich selbst kümmern und zulassen, dass ich glücklich bin.«* Egal, welche Prioritäten Ihnen die wichtigsten sind, Sie werden nichts davon umsetzen können, wenn Sie sich nicht zuallererst um sich selbst kümmern. Wenn Sie ausgebrannt sind, können Sie sich nicht um andere kümmern oder Aufgaben erledigen. Können Sie bei einem Blick auf diese Liste sehen, wie Sie Ihr Leben womöglich neu organisieren müssen? Verpflichten Sie sich, in der nächsten Woche zu *nichts* Ja zu sagen bzw. sich zu nichts zu verpflichten, was nicht auf Ihrer Prioritätenliste steht.

Nun machen Sie sich daran, eine Liste mit all dem anzufertigen, zu dem Sie Nein sagen möchten. Eventuell haben Sie dabei Schuldgefühle. Doch es gilt nun, sich selbst vollkommen ehrlich einzugestehen, was Sie von Herzen wirklich tun möchten und was Sie von Herzen eben *nicht* tun möchten.

Wenn Sie ganz sicher sein könnten, ein Nein zu jemandem oder etwas hätte keinerlei negative Konsequenzen – was würden Sie dann ablehnen? Möchten Sie eine bestimmte Verpflichtung vielleicht absagen? Ein bestimmtes Projekt aufgeben? Eine Beziehung beenden? Eine Verabredung absagen? Suchen Sie sich aus der Liste der Dinge, zu denen Sie wirklich Nein sagen möchten, die wichtigsten aus, und dann sagen Sie Nein dazu. Sagen Sie also eine Verabredung ab, oder geben Sie ein Projekt auf. Mit diesem Schritt befreien Sie sich von einer Last.

Überlegen Sie, wie ein solches Nein am einfachsten auszusprechen wäre. In einem persönlichen Gespräch oder lieber über einen Anruf, eine E-Mail oder einen Brief? Gestehen Sie sich den Weg des geringsten Widerstandes zu, anstatt zu meinen, Sie müssten es auf die harte Tour erledigen. Es ist schon schwer genug, überhaupt Nein zu sagen.

Wenn Sie Nein gesagt haben, nehmen Sie sich etwas Zeit, um zu spüren, wie viel besser es sich anfühlt, frei von dieser Verpflichtung zu sein. Sobald Sie dann so weit sind, sagen Sie auch Nein zu all den anderen Dingen, die auf Ihrer Liste stehen. Dies ist eine praktische Übung, und je öfter Sie diese ausführen, desto leichter wird es Ihnen fallen, Ihre derzeitigen Prioritäten beizubehalten, statt sie aufzugeben. Es wird Ihnen leichter fallen, sich und dem, was Sie glücklich macht, treu zu bleiben.

»Ich melde mich bei dir«

Eine der besten Möglichkeiten, wie Sie lernen können, sich selbst treu zu bleiben, besteht darin, nicht auf der Stelle eine Antwort zu geben. Wenn man sein Leben lang immer gleich Ja gesagt hat, ist es echt schwierig, nun auf einmal sofort, wenn eine Bitte oder Forderung ausgesprochen wird, Nein zu sagen und sich dabei auch noch gut zu fühlen. Doch wenn Sie bewusst damit umgehen, können Sie das Wort »Ja«, das Ihnen gerade entschlüpfen will, zurückhalten. Sie können das mit dem folgenden einfachen Satz üben: »Ich melde mich bei dir.« So haben Sie den Druck, eine Antwort geben zu müssen, abgelenkt und sich selbst Zeit verschafft, erst einmal nach Hause zu gehen und sich wirklich ganz ehrlich darüber klar zu werden, ob die Antwort »Ja« oder »Nein« lautet.

Ein Nein ist nicht nur auf andere Leute gerichtet, sondern kann sich auch auf Vorstellungen beziehen, die dem Selbsthass entspringen. Wenn wir uns selbst hassen, haben wir das Bedürfnis, etwas zu *tun,* um Liebe und Beziehungen im Leben zu verdienen und Gründe dafür zu finden, warum jemand überhaupt eine Beziehung mit uns haben bzw. fortführen sollte. Etwas für andere zu tun wird sozusagen zur Liebes-Versicherung. Daraus entsteht die Gewohnheit, sich selbst für andere aufzuopfern.

Dabei erwartet oft niemand diese Aufopferungsbereitschaft. Das machen wir ganz freiwillig. Wir übernehmen die Märtyrerrolle und verpflichten uns zu etwas, was wir, wie wir im Herzen wissen, eigentlich nicht machen wollen, ohne dass uns überhaupt jemand darum bittet. Wir wissen beispielsweise, dass wir einfach keine Zeit haben, um noch ein weiteres Projekt in unseren vollen

Terminkalender zu pressen, und trotzdem bieten wir an, das zu übernehmen. Oder wir wissen, dieser Person anzubieten, bei uns zu wohnen, fühlt sich nicht gut an, und trotzdem tun wir es, obwohl sie das gar nicht erwartet und auch nicht darum gebeten hat.

Bei solchen Aktionen haben wir vorübergehend ein hohes Selbstwertgefühl, weil wir uns als guter Mensch empfinden. Doch dieses Gefühl weicht schnell einem Gefühl der Furcht und des Ausgenutztwerdens, wenn die betreffende Person uns eigentlich gar nicht ausnutzen will. Das haben wir uns selbst angetan. Wir haben uns selbst sozusagen unter die Räder geworfen.

Warum begehen wir solche Akte der Selbstsabotage? Dafür gibt es vier Hauptgründe. Erstens, weil wir den Schmerz verhindern wollen, den wir empfinden, wenn wir andere Menschen leiden sehen. Zweitens, weil wir das tun wollen, was wir für richtig halten. Drittens, um Schuldgefühle oder Selbstsucht zu vermeiden. Und viertens, um eine Verbindung zu anderen Menschen aufrechtzuerhalten, damit sie uns nicht verlassen.

Letztendlich stillen wir damit aber die Bedürfnisse der anderen auf Kosten unserer eigenen Bedürfnisse. Oberflächlich betrachtet, scheinen wir mit unserer Aufopferungsbereitschaft ganz zufrieden zu sein; doch darunter empfinden wir einen tiefen emotionalen Mangel, welcher uns wütend und ärgerlich auf das Objekt unserer Selbstaufopferung macht.

Wer zur Selbstaufopferung neigt, muss sich seinen eigenen emotionalen Mangel bewusst machen, herausfinden, welche emotionalen Bedürfnisse er hat, und seine Gefühle über diese ungestillten Bedürfnisse offen zum Ausdruck bringen. Zudem ist es wichtig, aktiv und *direkt* an der Befriedigung dieser ungestillten Bedürfnisse mitzuwirken, anstatt über seine Opferbereitschaft zu versuchen, Wertschätzung, Zustimmung und Anerkennung zu gewinnen oder andere daran zu hindern, uns zu verlassen.

Diesen Kreislauf der Selbstaufopferung zu beenden, kann schwierig sein, insbesondere wenn wir bedenken, dass wir in einer Gesellschaft leben, die der Aufopferungsbereitschaft einen hohen kulturellen und religiösen Stellenwert einräumt. Aber es ist machbar, und am Anfang steht die Erkenntnis, dass die Selbstaufopferung nicht der reinen Freude entspringt, die wir erleben, wenn wir jemandem helfen, sondern ein Nebenprodukt unseres eigenen inneren Mangels ist.

Wenn wir uns vornehmen abzuwarten, sobald wir den unmittelbaren, momentanen Drang verspüren, unsere Hilfe anzubieten, setzt sich der Schlamm dieses Vorhabens am Boden ab, und wir können diesem momentanen Drang ein Nein entgegensetzen. Dann können wir mit Klarheit uns selbst fragen, ob das, was wir da vorhaben, selbstaufopfernd ist oder ob wir das wirklich tun *wollen*, weil es uns glücklich macht. Und wir können uns fragen, welche Bedürfnisse wir haben.

Fragen Sie sich: *Was wollte ich durch diese Selbstaufopferung, die ich gerade fast begangen hätte, eigentlich bekommen?* Und wenn Sie die Antwort wissen, dann können Sie sich eine noch wichtigere Frage stellen: *Wie kann ich mir das selbst geben?*

Schluss mit der Opferrolle!

Wer ist das wahre Opfer?

Sich selbst zu lieben heißt auch, die Opferrolle aufzugeben. Viele Menschen haben eine Opfermentalität, auch wenn ihnen das nicht klar ist. Sie kann mehr oder weniger stark ausgeprägt sein und sich beispielsweise zeigen, wenn jemand behindert ist oder sich selbst wegen eines Unfalls bemitleidet, der nicht mehr zu ändern ist und ein Gefühl der Hilflosigkeit verleiht. Jemand anderes hat womöglich einen Job, den er hasst, aber seiner Meinung nach unbedingt weitermachen *muss*.

Eigentlich begeben wir uns jedes Mal in die Opferrolle, wenn wir uns in irgendeiner Form ohnmächtig und machtlos fühlen – sei das nun wegen einer selbstbegrenzenden Überzeugung, einer anderen Person, der Regierung oder irgendwelcher Umstände. Wir glauben sehr schnell, wir hätten keine Kontrolle über unser Leben, doch immer, wenn wir diese Kontrolle nicht erkennen, stecken wir in der Opferrolle fest.

Als Opfer hat man allerdings auch seine Vorteile. Wir müssen dann vor allem keine Verantwortung übernehmen, die ja eine sehr schwere Last sein kann, vor allem, wenn noch Schuldgefühle hinzukommen. Interessanterweise kennt das Universum keine Schuld; das ist etwas, was die menschliche Psyche hervorgebracht hat.

Ein weiterer Vorteil der Opferrolle besteht darin, keine Verantwortung für seine Zukunft übernehmen zu müssen. Niemand wird uns aus unserer jeweiligen Situation retten – das ist eine harte Erkenntnis. Und niemand kann uns von uns selbst erlösen – das ist eine der schmerzhaftesten Einsichten überhaupt.

Für einen Menschen, der sich sowieso schon machtlos fühlt und sich dann bewusst wird, dass nur er allein sich helfen kann und kein anderer, kann dies das Fass zum Überlaufen bringen; oft begehen solche Menschen dann Selbstmord. Auch ich stand kurz davor, mich umzubringen. Wenn man sich äußerst ohnmächtig fühlt, steht man vor der Entscheidung, sich entweder auf das Leben einzulassen und alles in seiner Macht Stehende dafür zu tun, oder die andere Richtung, den Tod, zu wählen.

Verantwortung für die eigene Zukunft heißt, all die Gedanken, Worte und Taten aufzugeben, die uns nirgendwohin führen. Wir müssen uns also ändern, und wenn wir ehrlich sind, haben wir große Angst vor Veränderungen. Es macht Angst, das Gewicht des eigenen Lebens in den Händen zu halten. Doch nur, wenn wir die Verantwortung für die Vergangenheit und auch für die Gegenwart und Zukunft übernehmen, halten Freude, Freiheit und Frieden in unserem Leben Einzug.

Als Opfer genießen wir zudem auch den Vorteil, Aufmerksamkeit und Bestätigung zu bekommen. Wir halten die Sorge und das Mitleid anderer Menschen fälschlicherweise für Liebe, und dies wird nach und nach zur einzigen Möglichkeit, Liebe zu spüren. Uns plagt die große Angst, allein zu sein, wenn wir wieder autonom wären und unsere Probleme nicht mehr hätten. Die anderen haben irgendwann keine Lust mehr, uns für unsere Schmerzen mit Aufmerksamkeit und Bestätigung zu »belohnen«, wenden sich von uns ab, und wir fühlen uns im Stich gelassen. Unsere einzige Hoffnung besteht darin, eine andere Person zu finden, die uns Bestätigung gibt und uns bemitleidet.

Zum Regenten über sein Leben werden

Es ist also durchaus verständlich, dass wir uns in eine Opferrolle begeben, wenn wir uns noch nicht selbst lieben, denn alles, was (ohne Mitleid und Aufmerksamkeit von anderen) übrig bleibt, ist ein Gefühl des Mangels. Diese Pseudoliebe, mit der wir unsere Leere füllen, ist allerdings nie genug, denn sie ist nur ein ärmlicher

Ersatz für wahre Liebe. Sie mag sich zeitweise gut anfühlen, ist aber letztendlich ein Hindernis.

Wenn wir die Opferrolle übernehmen, bekommen wir Recht, und alle sind auf unserer Seite. Doch sich im Recht zu fühlen, bringt nur kurzzeitige Hochgefühle. Als Opfer fühlt man sich total ohnmächtig, und sich im Recht zu fühlen, fühlt sich etwas weniger ohnmächtig an. Außerdem stellen sich andere auf unsere Seite, wir fühlen uns geliebt, wenn sie unserer Meinung sind und uns verteidigen, und wir fühlen uns sicherer; auch das fühlt sich besser an, als ein wehrloses Opfer zu sein.

Leider ist das weder echte Liebe noch echte Sicherheit, sondern Pseudoliebe und Pseudosicherheit. Obwohl manche Leute uns verteidigen und beipflichten, dass wir unschuldig sind und jemand anderes der Bösewicht bzw. etwas anderes an allem schuld ist, sind wir nach wie vor Opfer. Wir sind einfach nur bemitleidete und zu verteidigende Opfer, die keine Verantwortung tragen und im Recht sind.

Die Vorstellung, man könne ein Opfer sein, ist also eine verzerrte Vorstellung, ein Spiel psychologischer *Verdrehungen*. In Wahrheit kann niemand Ihr Leben kontrollieren, denn niemand hat die Kontrolle über Ihre Gedanken. Es ist immer Ihre Entscheidung, einen bestimmten Gedanken zu glauben oder nicht. Wenn Sie erkennen, dass Sie Ihre Gedanken übernehmen, dann können Sie auch einsehen, dass Sie andere Gedanken übernehmen können. An diesem Punkt können Sie aufhören, Ihr Leben demgemäß zu leben, wie die Dinge sind, und stattdessen so leben, wie Sie es gerne hätten. Um ein gutes Leben zu führen, müssen Sie in einem ersten Schritt erst einmal erkennen, dass Sie nicht wirklich ein Opfer sind; der letzte Schritt besteht dann darin, zu lernen, wie Sie zum Herrn bzw. zur Herrin über Ihr Leben werden.

Dankbarkeit und Vergebung erlernen

Eine der besten Möglichkeiten, die Opfermentalität hinter sich zu lassen, besteht darin, Dankbarkeit zu entwickeln. Dankbarkeit ist einfach die wertschätzende Wahrnehmung und bewusste Anerkennung dessen, was Ihnen Freude bringt und worauf Sie sich im Hier und Jetzt fokussieren. Durch den Fokus auf Dankbarkeit gehen Sie weg vom Selbstmitleid. Sie können nicht denken: »Ich armes Ding!«, und gleichzeitig für etwas im Leben dankbar sein. So können Sie sich die Frage stellen: *Was an dieser Situation ist eine verborgene Chance oder Wohltat?* Wenn Sie eine Antwort auf diese Frage finden, können Sie sich gar nicht mehr als Opfer fühlen.

Vergebung ist der beste Weg, sich von der Opferrolle zu befreien. Vergebung heißt, Sie schließen Frieden mit der Vergangenheit und lösen dadurch die Fesseln, die Sie am Glück hindern. Wenn Sie jemandem vergeben, setzen Sie sozusagen einen Gefangenen frei und erkennen, dass Sie selbst die ganze Zeit dieser Gefangene waren.

Schaffen wir es nicht, mit dem, was uns Leid verursacht, in Harmonie zu kommen, entwickeln sich mentale Verletzungen, die wir Tag für Tag bewusst und unterbewusst mit uns herumtragen. Der Schmerz wird zu einer Fessel, an die wir so gewöhnt sind, dass wir nicht einmal mehr merken, dass wir sie abnehmen können.

Bei wahrer Vergebung gibt es die negative Emotion nicht mehr; stattdessen verspüren wir ein tiefes Gefühl des Friedens. Vergebung ist also Freiheit. Manchmal stürzen wir uns allerdings, einfach um das dem Verzeihen innewohnende Gute kennenzulernen, auf das Verzeihen, obwohl wir nach wie vor über das, was wir vergeben wollen, dasselbe denken. So kann Vergebung aber nie stattfinden.

Wenn beispielsweise jemand sagt: »Ich verzeihe dir, aber ich werde das nie vergessen«, dann besagt eben dieser Anklang von Gefangensein in dieser Aussage, dass noch keine wahre Vergebung stattgefunden hat. Wir wollen aber vielmehr sagen: *Wir werden das vergangene Geschehen nie vergessen, doch die Erinnerung daran ist frei von negativen Emotionen.* Vollkommenes Verzeihen kennt nur noch die Emotion der Dankbarkeit.

Zu sagen: »Ich habe verziehen«, und dabei nicht die friedvolle Freiheit dieser Aussage voll und ganz zu spüren heißt, man verwendet zwar das Wort »*Verzeihen*«, nimmt aber nicht den umfassenden Sinn dieses Wortes an. Verwenden wir dieses Wort, ohne wirklich den Frieden und die Freiheit wahrer Vergebung zu spüren, ist das ein Versuch, uns dazu zu bringen, eine sehr tiefe Verletzung zu ignorieren, zu unterdrücken oder zu übertünchen. Unter solchen Bedingungen wird diese innere Wunde, so wie eine körperliche Verletzung, anfangen zu eitern.

Wenn uns etwas tief verletzt, fühlen wir uns machtlos. Wir müssen die Verletzung und Traurigkeit anerkennen und sogar erst einmal wütend werden, bevor wir auch nur die Hoffnung hegen können, wir könnten verzeihen. Wir müssen uns diesen Prozess zugestehen und ihn durchlaufen, um nicht in die Schuldfalle zu tappen, weil wir noch nicht vollkommen vergeben haben, was zum schrecklichen Gefühl des Verletztseins noch hinzukommt. Wenn es der richtige Zeitpunkt ist, fühlt sich Vergeben gut an.

Um Herr bzw. Herrin über sein eigenes Leben zu werden, ist nicht die Vergebung anderer Menschen das Wichtigste, sondern wir müssen in erster Linie *uns selbst* vergeben. In Wahrheit hat Verzeihen sowieso überhaupt nichts mit anderen zu tun. Auch wenn sich die andere Person sehr gut fühlt, wenn ihr vergeben wird, geht es dabei doch immer nur um uns selbst. Egal, ob wir jemand anderem oder uns selbst vergeben – es ist immer einseitig.

Um jemandem oder uns selbst zu vergeben, muss die betroffene Person nicht einmal anwesend sein. Heilung geschieht in uns und nur für uns allein. Beim Vergeben geht es nicht darum, etwas zurückzunehmen, sondern uns freizumachen, damit wir *weitergehen* können. Jeglicher in uns vorhandener Schmerz zeigt an, dass wir noch etwas zu vergeben haben.

Sich selbst verzeihen

Tausende von Selbsthilfetechniken und Meditationen wollen Vergebung vermitteln, manche funktionieren für Sie vielleicht nicht so gut, andere dagegen können wahre Transformation bewirken.

Die folgende Technik habe ich sehr erfolgreich angewandt; auch andere Menschen haben, wie ich weiß, damit ihr Leben verändert.

Setzen Sie sich alleine wie zum Meditieren hin und achten Sie eine Weile auf Ihren Atem. Dann stellen Sie eine Zeituhr auf zwei Minuten ein. In diesen zwei Minuten denken Sie an etwas, was jemand gesagt oder getan hat, das Sie sehr verletzt hat und Sie nicht vergessen können. Erinnern Sie sich, wie es sich anfühlte, wo Sie zu dem Zeitpunkt waren und was Sie gedacht haben. Lassen Sie sich völlig in diesen Schmerz zurücksinken.

Wenn die Zeituhr klingelt, stellen Sie sie auf fünf Minuten ein, in denen Sie sich vorstellen, wie Sie zu dieser Person gehen und sagen: »Ich verzeihe dir.« Sagen Sie diesem Menschen alles, was Ihnen an Heilsamem einfällt und ihn wissen lässt, dass Sie die schmerzlichen Emotionen nachvollziehen können, aufgrund derer er das gesagt oder getan hat.

Stellen Sie sich vor, dass diese Person Ihre Vergebung voll und ganz annimmt, sich das gewünscht hat und einfach Angst hatte, darum zu bitten. Stellen Sie sich vor, wie Sie diesen Menschen umarmen. Verweilen Sie in diesem Gefühl und denken Sie an diese Versöhnung, bis die Zeituhr klingelt.

Jetzt wird die Uhr wieder auf zwei Minuten gestellt, und Sie erinnern sich an etwas, das Sie selbst getan oder gesagt haben und Ihnen leidtut, etwas, das Sie immer noch schmerzt. Erinnern Sie sich, wie es sich zu dem Zeitpunkt anfühlte, wo Sie gerade waren, wer da war – und den Schmerz im Gesicht dieses Menschen. Gehen Sie zurück in diesen Schmerz.

Wenn die Uhr klingelt, wird sie erneut auf fünf Minuten gestellt, und in dieser Zeit bitten Sie die betreffende Person, die Sie verletzt haben, um Verzeihung. Stellen Sie sich vor, dass Sie sich das wirklich wünschen und dieser Mensch Ihnen großzügig vergibt und dieses Verzeihen ihm Freude bereitet. Stellen Sie sich vor, wie der Schmerz sich komplett auflöst, während Sie diese Versöhnung angehen und zulassen, in dem Wissen, dass jetzt alles in Ordnung ist. Es ist vorbei. Es ist Ihnen verziehen worden.

Wenn die Zeituhr wieder klingelt, wird sie nicht mehr gestellt, und Sie visualisieren, wie Sie sich selbst für eben das Gesagte oder Getane vergeben. Sie können dabei zu sich selbst sagen: »Ich verzeihe dir«, oder: »Ich weiß, dass du ein liebevoller Mensch bist«, oder: »Ich weiß, dass du niemals jemanden verletzten wolltest.« Sagen Sie etwas, das Sie hören müssen, um sich von Ihren Schuldgefühlen oder Ihrer Enttäuschung zu befreien. Stellen Sie sich vor, wie Sie sich selbst umarmen und sich versichern, dass Sie verstehen, warum Sie das getan haben. Lassen Sie sich wissen, wie sehr Sie an sich glauben.

Diese Visualisierung behalten Sie so lange bei, bis Sie ein Gefühl des Friedens, Loslassens oder sogar der Hoffnung und Zuversicht verspüren.

Wenn Sie so weit sind, öffnen Sie die Augen.

Manchen Menschen fällt diese Visualisierung leichter, wenn noch jemand dabei ist. Wenn Sie wollen, können Sie jemanden bitten, für Sie auf die Zeit zu achten und Sie verbal durch die verschiedenen Abschnitte dieses Prozesses zu führen, der Sie allein vielleicht ängstigt.

Dieser Prozess kann sehr schwierig sein, wie wenn ein Damm geöffnet wird, hinter dem sich jahrelang Druck aufgebaut hat. Ihnen werden unter Umständen tiefe Wunden und Ihre Verletzlichkeit vor Augen geführt, und vielleicht kommt es sogar zu einem Zusammenbruch. Denken Sie daran: Ein Zusammenbruch ist besser als der Druck, mit dem Sie so lange gelebt haben, denn das, was Sie da einreißen und was da zusammenbricht, ist all das, was Sie daran hindert, sich selbst zu lieben.

Worte der Vergebung

Auch ein Brief ist eine Möglichkeit, Vergebung zu finden (egal, ob die betreffende Person noch lebt oder tot ist); damit kann man jemandem Vergebung anbieten oder um Vergebung bitten. Sie können diesen Brief, wenn Sie möchten, mit der Post verschicken oder ein Reinigungsritual vornehmen und den Brief an einem Platz, wo es keine Brandgefahr gibt, verbrennen und zuschauen, wie das Feuer die von Ihnen geschriebenen Worte verzehrt, in dem Wissen, dass sie vom Universum aufgenommen werden. Lassen Sie das Feuer Ihren Schmerz ebenso in sich aufnehmen wie die Worte und das Papier.

Sich selbst in einem Brief um Vergebung zu bitten bzw. sich selbst zu verzeihen und diesen Brief dann zu verbrennen ist eine sehr tiefgreifende Erfahrung. Lassen Sie auch die starken Emotionen frei, die diesen Prozess oft begleiten. Nach dieser intensiven Erfahrung des Loslassens können Sie den nun vorhandenen fruchtbaren Boden der Widerstandslosigkeit nutzen und sich stark auf etwas Positives fokussieren; zum Beispiel könnten Sie nach dem Verbrennungsritual Affirmationen oder Listen mit positiven Aspekten Ihres derzeitigen Lebens aufschreiben.

Solange wir noch wütend sind, sind wir nicht wirklich frei. Solange wir noch traurig sind, sind wir nicht wirklich frei. Und solange wir noch nach Gerechtigkeit verlangen, sind wir nicht wirklich frei.

Negative Emotionen zeigen Ihnen an, dass Sie sich immer noch als Opfer fühlen. Das soll nicht heißen, Vergebung bedeute, sich mit etwas Negativem abzufinden, auch wenn das fälschlicherweise so verstanden wird. Vergebung in diesem Sinn ist vielmehr ein Loslassen von all dem, was Sie zurückhält, sodass Sie den Weg zum Glück einschlagen können und nicht mehr Ihre Vergangenheit in die Gegenwart übertragen.

Alles Glück hängt von einem veränderten Standpunkt zu einer bestimmten Sache ab. Wenn Sie sich weit genug von Ihrem eingeschränkten Standpunkt des Schmerzes entfernen, erkennen Sie, dass wir alle nichts anderes als die Opfer der Opfer sind. Gehen Sie noch ein Stück weiter, dann sehen Sie auch, dass es so etwas wie ein Opfer gar nicht gibt. Die Opferrolle ist ein Gefängnis, und Vergebung ist der Weg aus diesem Gefängnis heraus.

Wenn wir uns in die Opferrolle begeben, lassen wir andere Menschen und Umstände in unserem Leben darüber bestimmen, wie wir uns fühlen, und letztendlich auch darüber, wer wir sein werden. Wir haben das Gefühl, wir könnten nicht Regent über unser eigenes Leben sein, und verschwenden unsere Zeit mit der Frage: »Warum gerade ich?«, anstatt alles in unserer Macht Stehende zu tun – mit dem, was wir haben, und von dem Punkt aus, an dem wir stehen.

Wenn wir den Mut haben, die Kontrolle über unser eigenes Leben zu übernehmen und dessen Herausforderungen als Chancen für Wachstum und Entwicklung zu betrachten, durch die unser wahres Selbst besser zum Ausdruck kommt, ergeben sich ganz neue Möglichkeiten aus allen Erfahrungen. Selbst inmitten schlimmster Erfahrungen haben wir immer die Macht, uns auszusuchen, was wir darüber denken und wie wir auf die Umstände reagieren. Wir sind immer verantwortlich dafür, wer wir hinsichtlich unserer Erfahrungen sind.

Sie haben die Wahl, Opfer Ihres eigenen Lebens zu bleiben oder zum Sieger in Ihrem Leben zu werden, und zwar auf der Stelle. Ihr Leben gehört niemandem außer Ihnen. Niemand anderes ist in der Lage, Sie zu retten, Sie zu lieben oder Sie glücklich zu machen. *Sie selbst* können das erreichen. Wenn Sie erst einmal voll und ganz akzeptieren, dass Ihnen niemand zur Rettung eilt und niemand Ihnen all die Liebe gibt, die Ihnen fehlt, können Sie sich entscheiden, weiterzugehen und Ihr Leben wirklich in die Hand zu nehmen und es sich zu eigen zu machen.

Ich verspreche Ihnen: Wenn Sie sich entscheiden, den Schritt nach vorne zu tun und zum Herrn bzw. zur Herrin über Ihr Leben zu werden, kommen Sie auf der anderen Seite heraus, und diese Seite ist wunderschön. Auf diesem Weg finden Sie sich selbst und entdecken, wie fähig und machtvoll Sie sind.

Schauen Sie sich Ihr Leben an und fragen Sie sich: *Wenn ich für mein Leben die volle Verantwortung übernehmen würde, es mir wirklich zu eigen machte, was würde ich dann heute anders machen?* Und wenn Sie bereit sind, dann nichts wie ran! Sie müssen ja nicht alle Aspekte Ihres Lebens auf einmal verbessern. Machen Sie einfach den nächsten logischen Schritt, und wenn Sie damit fertig sind, den nächsten und immer den, der gerade ansteht – dann werden Sie eines Tages das Leben führen, das Sie sich wirklich zu eigen machen *wollen*.

Sich für das Glück entscheiden

Die Absicht haben, glücklich zu sein

Wie Ihnen inzwischen wahrscheinlich klar geworden ist, sind *Selbstliebe* und *Glück* Synonyme. Dieses Thema taucht in diesem Buch immer wieder auf, denn die erste liebevolle Handlung, die wir für uns tun können, besteht darin, uns auf Glück auszurichten. Aus einer Haltung des Selbsthasses heraus ist Glück der allerletzte Punkt auf unserer Prioritätenliste, denn Selbsthass lässt uns meinen, Glück sei etwas Oberflächliches und Selbstsüchtiges.

Doch wenn Sie sich selbst lieben, entscheiden Sie sich ganz bewusst für Glück und kreieren es, ganz unabhängig von den Menschen, Ereignissen und äußeren Umständen. Glück ist nichts, mit dem wir geboren werden oder nicht. *Glück ist das Ergebnis ständiger Entscheidungen.* Egal, ob Sie in ein reiches oder armes Elternhaus geboren wurden, krank oder gesund waren, gut oder schlecht behandelt wurden – ganz unabhängig von Ihrem Hintergrund ist Glück eine persönliche Entscheidung.

Sich sein Glück zum Ziel zu setzen ist eine vollständig bewusste Entscheidung, Glück zur Priorität zu erheben und darauf hinzuarbeiten. Glück wird zu unserem Modus Operandi. Doch solange wir uns nicht mit willentlicher Absicht unser Glück zum Ziel setzen, sind wir nicht motiviert, unser Glück zu kreieren. Solange unser Glück keine *bewusste* Intention ist, versuchen wir, es unterbewusst zu erlangen, auf die harte Tour, und sind dabei immer einschränkenden Überzeugungen ausgeliefert.

Eine Möglichkeit, sich ganz formal sein Glück als absichtliches Ziel zu setzen, besteht darin, eine Liste mit seinen wichtigsten Intentionen zu erstellen und dabei seine Prioritäten im Blick zu haben. Solche Intentionen könnten beispielsweise sein: einen Garten anzulegen, eine gute Mutter bzw. ein guter Vater zu sein, einen College-Abschluss zu machen, zur Erleuchtung zu gelangen. Die Liste können Sie so lang machen, wie Sie möchten; schauen Sie diese dann durch und streichen Sie die Intentionen, die nicht so sehr Ihren *Wünschen* entsprechen als vielmehr dem, was Sie Ihrer Meinung nach tun *sollten* oder *müssten*.

Bei den verbleibenden Punkten auf der Liste beenden Sie jede Intention mit dem Satz: »*Und ich habe die Absicht, glücklich zu sein, wenn ich das mache.*« Das erste der oben aufgeführten Beispiele würde also lauten: »Ich habe die Absicht, einen Garten anzulegen, und ich habe die Absicht, dabei glücklich zu sein.« Schauen Sie sich nun die abgeänderten und ergänzten Intentionen an und überlegen Sie: War die Absicht, glücklich zu sein, vorher bei Ihren Intentionen berücksichtigt worden?

Anders ausgedrückt: Sie hatten vielleicht die Absicht, einen Garten anzulegen, aber hatten Sie auch die Absicht, dabei glücklich zu sein, oder gingen Sie dieses Ziel eher als eine lästige Pflicht an oder etwas, was Sie einfach hinter sich bringen müssen? Erlangen Sie durch die ergänzten Intentionen Einsichten dahingehend, wie Sie Ihr Leben bislang gelebt haben oder was Sie in Zukunft vielleicht anders machen möchten?

Jetzt ist der richtige Zeitpunkt, sich die folgenden Fragen zu stellen:

- *Ist Glück bei meinen Entscheidungen und Zielen ein ausschlaggebender Faktor?*
- *Warum hatte ich nicht die Absicht, glücklich zu sein?*
- *Welche Vorteile hat das Unglücklichsein?*
- *Wuchs ich in einer Familie auf, in der ich, weil ich unglücklich war, Aufmerksamkeit erlangte?*
- *Was wird meiner Befürchtung nach geschehen, wenn ich glücklich werde?*

Betrachten Sie die Dinge auf diese Weise, dann werden Ihnen wertvolle Einsichten zuteil.

Verantwortung für sein Glück übernehmen

Wenn es um Glück geht, ist die Entscheidung, sein Glück zum Mittelpunkt seines Lebens zu machen, zweifellos die wichtigste Entscheidung überhaupt. Menschen, die sich selbst lieben, machen Glück zum höchsten Ziel all ihres Tuns. Sie schieben Dinge, die ihnen Freude bereiten, nicht auf die lange Bank, als ob Freude eine zukünftige Belohnung wäre, die es zu erreichen gilt. Sie verbringen ihr Leben nicht mit harter Arbeit, um später irgendwann einmal ein glückliches, schönes Leben als Rentner zu führen.

Entscheiden Sie sich dafür, das, was Ihnen die größte Freude bereitet, zum wichtigsten Anliegen Ihres Lebens zu machen. Entscheiden Sie sich, jeden Tag in seiner ganzen Fülle zu leben und jeden Tag das zu machen, was Sie gerne tun. Durch diese Entscheidungen können Sie sich selbst ganz und gar zum Ausdruck bringen, Ihre ganz persönliche, einmalige Individualität ausleben und sich ehrlich eingestehen, was Sie glücklich macht.

Lassen Sie nicht zu, dass andere Leute Ihren Fokus auf das Glück untergraben. Wenn andere Ihrer Entscheidung für das Glück als zentralem Fokus Ihres Lebens Widerstand entgegensetzen, heißt das nicht, dass sie damit Recht haben; sie tun das vielmehr, weil sie Angst um sich selbst und ihr eigenes Glück haben, was sie derzeit ihrem Gefühl nach nicht unter Kontrolle haben.

Wenn Sie für sich selbst einstehen, übernehmen Sie die volle Verantwortung für Ihre Gedanken und Taten. Übernehmen Sie die Verantwortung für Ihr Glück. Konzentrieren Sie sich nicht auf Probleme, führen Sie nicht Ihre Beschränkungen an und geben Sie niemand anderem die Schuld. Fokussieren Sie sich stattdessen auf Lösungen und Ihre Freiheit, diese auch anzugehen. Verantwortung für sein eigenes Glück zu übernehmen heißt, herauszufinden, wohin Sie gehen wollen, und eine Möglichkeit zu finden, das schrittweise umzusetzen.

Achten Sie darauf, dass Sie wirklich Ihre eigene Vision von Glück verfolgen. Den lieben langen Tag werden wir mit den Glücksversionen anderer Leute bombardiert. Wir Menschen versuchen ständig, unsere eigenen Vorstellungen von Glück anderen aufzuzwingen, weil wir Bestätigung wollen. Wir möchten die Zustimmung der anderen. Der Partner bzw. die Partnerin, die Eltern, die Freunde – sie alle erzählen uns, was wir tun sollten, um glücklich zu sein. Und in den Medien will man uns Dinge verkaufen, die uns angeblich glücklich machen.

Wenn Sie herausfinden, was Sie glücklich macht, gewinnen Sie viele Einsichten dahingehend, wer Sie wirklich sind. Dieser Prozess persönlicher »Glücksforschung« hat nicht nur mit großen Dingen zu tun, sondern bezieht sich auf jeden Augenblick im Alltagsleben: auf die Wahl, was wir anziehen, was wir essen wollen oder nicht und was wir heute tun möchten.

Um diese Wahl zum Teil Ihres Lebens zu machen, stellen Sie sich am besten einen Wecker, der mehrmals am Tag klingelt. Jedes Mal fragen Sie sich dann: *Was würde mich genau jetzt glücklich machen?* Und wenn Sie eine Antwort erhalten, dann handeln Sie entsprechend. Setzen Sie Ihre persönliche Vision von Glück im Leben um.

Bestandsaufnahme

Wenn Sie die Verantwortung für Ihr Leben übernehmen, machen Sie in einem ersten Schritt eine realistische Bestandsaufnahme von möglichen Veränderungen. Sie können sich nur auf den Teil der Gleichung fokussieren, den Sie voll unter Kontrolle haben, und das ist Ihr Anteil. Jedes Mal, wenn Sie sich in einer Situation befinden, die Sie nicht wirklich wollen, können Sie sich die fünf nachfolgenden magischen Fragen stellen, die ich in mehreren Kapiteln empfehle. Anhand dieser Fragen können Sie das umfassendere Bild verstehen, wenn einmal etwas falsch läuft. In diesem Fall helfen sie Ihnen, sich wieder auf Ihr Glück zu fokussieren, wenn Sie in die falsche Richtung gelaufen oder durcheinander sind.

1. *Wie habe ich das angezogen?* (Es geht hier nicht darum, sich Selbstvorwürfe zu machen, sondern die Macht aufzuspüren, mit der Sie als Mitschöpfer dazu beigetragen haben.)
2. *Was soll ich daraus lernen?*
3. *Was sagt mir dieser Schmerz darüber, was ich möchte?*
4. *Was ist an Positivem dabei herausgekommen oder könnte noch herauskommen?*
5. *Was kann ich auf der Stelle tun, damit sich alles zum Besseren wendet?*

Die Antworten auf diese Fragen bringen Ihnen nicht nur unglaubliche Einsichten, sondern lassen Sie damit auch die Kontrolle über Ihr Schicksal übernehmen. Solche Fragen zu stellen, tritt scheinbar der Intuition entgegen, wenn Sie sich in der Opferrolle befinden und es einen offensichtlichen »Bösewicht« gibt, dem man die Schuld für Ihre derzeitigen Gefühle geben kann. Doch die Beantwortung der Fragen ist die beste Möglichkeit, glücklich zu sein und sich weiterhin klar auf sein eigenes Glück zu fokussieren, denn bekanntlich ist Ihr eigenes Glück das Einzige, was Sie kontrollieren können.

Eine Übung in Ehrlichkeit gegenüber sich selbst

Ehrlichkeit geht Hand in Hand mit der Entscheidung, Ihre persönliche Version des Glücks zu finden und danach zu leben – eine Entscheidung, sich selbst und letztendlich auch der Welt gegenüber aufrichtig zu sein. Wir erzählen uns ständig Lügen, ebenso anderen Menschen. Selbst Menschen, die stolz auf ihre Ehrlichkeit sind, erhalten anderen und sich selbst gegenüber Illusionen aufrecht, sogar dann, wenn sie ihrer Meinung nach die Wahrheit sagen.

Manchmal lügen wir zwar nicht geradeheraus, aber wir bewahren Geheimnisse, die wir uns und anderen nicht verraten. Wir erzählen Lügen und geben Geheimnisse nicht preis, weil wir befürchten, die Wahrheit würde Konsequenzen nach sich ziehen oder wir würden nicht geliebt werden. Glückliche Menschen dagegen wählen ein Leben entsprechend ihrer persönlichen Wahrheit. Ehrlichkeit ist eine Art von Freiheit. Wir können uns nicht selbst lieben und uns gleichzeitig verbergen.

Um sich selbst lieben und glücklich sein zu können, müssen wir uns und anderen die Wahrheit über uns eingestehen. Wir müssen uns mit unseren Märchen konfrontieren und uns offen und ehrlich anschauen, damit wir entscheiden können, was für uns persönlich richtig ist – egal, was wir nach Meinung anderer denken und tun sollten.

So leben glückliche Menschen also im Einklang mit ihrer inneren Integrität. Sie betrachten Glück als eine Art inneren Vertrag mit sich selbst und nutzen ihn als leitendes Licht, damit sie nie ihr wahres Selbst aus den Augen verlieren. Durch Ehrlichkeit wird Unterbewusstes bewusst wahrgenommen, und unsere tiefsten Ängste, Unsicherheiten, Gedanken, Gefühle und Begehrlichkeiten kommen ans Licht.

Solange wir diese Dinge nicht ins Bewusstsein holen und verstehen, spielen sie verrückt und übernehmen heimlich die Kontrolle über unser Leben. Solange wir nicht die ganze Wahrheit über uns selbst verstehen, treffen wir alle möglichen Entscheidungen, die bewusst keinen Sinn ergeben. Die Wahrheit wird oft von anderen Gedanken verdeckt, und solange wir diese anderen Gedanken nicht entfernen und die Wahrheit darunter entdecken, können wir emotional nicht gesund und glücklich sein.

Eine gute Möglichkeit, sich seine eigenen Wahrheiten einzugestehen, besteht darin, sich mit einem Blatt Papier hinzusetzen und Folgendes aufzuschreiben:

»Ich rede mir selbst ein _____,
aber in Wahrheit _____.«

Diesen Satz schreiben Sie ein paarmal auf das Blatt und füllen die Lücken aus. Zum Beispiel: »Ich rede mir selbst ein, mein Vater werde eines Tages zurückkommen, aber in Wahrheit kommt er nicht zurück.«

Dann schreiben Sie auf ein zweites Blatt:

»Ich erzähle anderen Leuten, _____,
aber in Wahrheit _____.«

Diesen Satz schreiben Sie wieder ein paarmal auf und füllen ihn aus, zum Beispiel: »Ich erzähle anderen Leuten, ich hätte einen Abschluss der Harvard-Universität, aber in Wahrheit ging ich nur ein Semester an diese Uni.«

Nun schreiben Sie auf ein drittes Blatt:

»Ich tue so, als ob _____,
aber in Wahrheit _____.«

Und wieder schreiben Sie diesen Satz ein paarmal und füllen die Lücken aus, zum Beispiel: »Ich tue so, als ob wir uns in meiner Familie nahestünden, aber in Wahrheit ist es das, was ich gerne hätte. In Wirklichkeit haben wir keine enge, warme Beziehung, und eigentlich kommen wir überhaupt nicht miteinander aus.«

Machen Sie sich keinen Kopf darüber, Ihnen würde nichts einfallen, was Sie einsetzen könnten. Ihre tiefsten Geheimnisse und Lügen wollen zum Vorschein kommen, und das *werden* sie auch tun, denn Ihr wahres Selbst möchte, dass sie gesehen und »ausrangiert« werden.

Denken Sie daran: So gut wie jeder Mensch gibt etwas vor und hält für sich und andere eine Fassade aufrecht. Das macht uns weder zu einem schlechten noch zu einem hoffnungslos gestörten Menschen. Es ist einfach normal. »Normales« Verhalten garantiert allerdings nicht, dass dieses Verhalten Sie glücklich macht.

Wir müssen bereit sein, uns unsere wahren Gedanken, Überzeugungen, Bedürfnisse und Gefühle, unsere wahre Persönlichkeit ehrlich einzugestehen, zuzugeben, was uns wirklich glücklich macht, und uns auch ehrlich unsere Lügen einzugestehen, wenn wir jemals glücklich werden und uns lieben wollen. Wir können die Wahrheit uns selbst und anderen nicht vorenthalten und gleichzeitig glücklich sein. Wahrheit ist der Schlüssel zur inneren Harmonie.

Die Wahrheit wird euch frei machen – dieser Satz ist heute so wahr wie damals, als er ausgesprochen wurde. Mit sich selbst aufrichtig umzugehen heißt, sich infrage zu stellen. Innenschau ist ein lebenslanger Prozess, doch er führt unweigerlich zum Glück.

BEWUSSTES UMSCHWENKEN

Seine wahren Gefühle respektieren

Ich hörte einmal in einem Restaurant einen Mann mit seiner Frau streiten. Der Mann war offensichtlich ratlos und wollte seiner Frau helfen, sich besser zu fühlen. Er sagte zu ihr so laut, dass das halbe Restaurant ihn hören konnte: »Du musst aus den Zitronen einfach Limonade machen.«

Sie begann zu weinen, schlug die Hände über dem Kopf zusammen und erwiderte: »Mein Gott, lass mich doch einfach mal die Zitronen *schmecken!*«

Es stimmt schon: Menschen, die glücklich sind, haben eine Kunst darin entwickelt, aus Zitronen Limonade zu machen. Doch was uns nicht klar ist: Sie *schmecken* die Zitronen, bevor sie diese zu Limonade verarbeiten.

In ihrer momentanen Verzweiflung hat die Frau im Restaurant eine wenig bekannte Wahrheit offenbart: Die Entscheidung für das Glück hat nichts mit Leugnen zu tun oder dem Vermeiden von Negativem oder von Gefühlen. Gefühle zu unterdrücken ist ein Rezept für Kummer oder Gefühllosigkeit – was noch schlimmer ist. Nicht die negativen Emotionen sind die Ursache unseres Unglücklichseins, sondern unser *Widerstand* gegen unsere negativen Emotionen.

Wenn Sie sich für das Glück entscheiden, lassen Sie zunächst einmal Ihre Gefühle zu und wandern dann die emotionale Skala nach oben, indem Sie Probleme und Tragödien in Sinn, Bedeutung und Chance umwandeln. Wenn Sie am Kämpfen sind, können Sie sich nicht einfach sagen: »Komm doch einfach drüber weg.« Das hat am wenigsten mit Liebe oder Selbstliebe zu tun. Auf uns selbst bezogen, erklären wir damit unsere Gefühle für ungültig, denn es besagt, das, was wir fühlen, sei schlecht. Es ist eine Form des Leugnens, die langfristig nicht zu Glück führt.

Leugnen sorgt dafür, dass das, was Sie da vermeiden, Sie ganz bestimmt eines Tages einholen wird. Wir müssen die Tatsache, dass Schmerz manchmal zum Leben gehört, nicht leugnen. Doch Glück hängt davon ab, wie wir mit der Schmerzerfahrung umgehen. Auch das wirkt scheinbar der Intuition entgegen; doch sich für das Glück zu entscheiden bedeutet, sich kopfüber in die Emotionen zu stürzen, die Sie empfinden, und auf das zu hören, was sie Ihnen mitteilen wollen.

Wenn wir unsere Gefühle nicht respektieren, rennen wir vor ihnen davon. Vermeidung ist nur kurzfristig einfacher. Langfristig gesehen kommt alles, was wir vermeiden, in noch größerem Umfang zu uns zurück, und wir müssen feststellen, dass Vermeidung das erste Mal nicht funktioniert hat. Und übrigens: Die Zeit, bis jemand den Geschmack der Zitronen voll ausgekostet hat, ist nicht auf eine bestimmte Zeitspanne begrenzt; es kann also schnell gehen oder lange dauern, bis man seine Gefühle hinsichtlich eines negativen Geschehens voll und ganz erfahren hat.

Wenn also auf der emotionalen und der Gefühlsebene Heilung stattfinden muss, müssen Sie die eigentlichen Emotionen und Gefühle angehen, das heißt ihre Ursache. Und hier ist der Haken daran: Sobald Sie sagen: »Ich muss etwas heilen«, impliziert das, dass etwas repariert oder geändert werden muss, und das heißt, dass Sie etwas missbilligen. Doch wenn Sie sich durch die Brille des »Etwas muss sich ändern« betrachten, fügen Sie sich nur emotionalen Schaden zu und nähren weiterhin Ihren Selbsthass.

Überlegen Sie einmal, wie schmerzhaft es ist, wenn jemand Ihnen mitteilt, Sie seien nicht in Ordnung, so wie Sie sind, und Sie müssten *anders* sein. Das fühlt sich schrecklich an, nicht wahr? Ihre Gefühle und Ihren Körper mit der Haltung anzugehen, sie »reparieren« und in Ordnung bringen zu müssen, ist sozusagen das Messer, das Sie sich in eine Wunde stoßen. Damit haben Sie gar nichts geheilt. Doch wie sieht die Alternative aus? Wie sieht die Lösung aus?

Völlig präsent bei seinen Emotionen sein

Die Alternative zum Heilen bzw. »Reparieren« von Emotionen besteht darin, die Gefühle und Emotionen voll und ganz anzunehmen, ganz egal, wie schmerzhaft sie auch sein mögen. Bleiben Sie einfach dabei, anstatt sie verändern zu wollen. Hören Sie auf sie und das, was Sie erfahren müssen. Wir können diesen Prozess als *Integration* bezeichnen anstatt als Heilung.

Nehmen Sie sich täglich mindestens 20 Minuten Zeit und ebenso immer dann, wenn Sie auf etwas besonders intensiv emotional reagieren, und ziehen Sie sich an einen ruhigen und bequemen Platz zurück, an dem Sie ganz bei Ihren Gefühlen sein können. Beobachten Sie die Empfindungen, Gefühle und Emotionen in Ihrem Körper, die sich verstärken, wenn Sie sich darauf konzentrieren. Atmen Sie gleichmäßig ohne unnötige Pausen zwischen den Atemzügen. Atmen Sie durch die Nase ein und aus und achten Sie darauf, wie Sie sich fühlen.

Ihr einziges Ziel besteht darin, bei Ihren Gefühlen, also ganz bei sich selbst zu sein. Sie können, wenn Sie möchten, auch mehrere Male diesen Satz wie ein Mantra zu Ihren Emotionen sprechen: *»Ich bin jetzt voll und ganz bei euch.«* Und vergessen Sie nicht: Dieser Prozess kann nicht nur auf negative, sondern auch auf positive emotionale Befindlichkeiten angewandt werden. Manche Leute fühlen sich sogar mit ihren negativen Emotionen besser als mit ihren positiven.

Wenn Sie die Emotion ganz und gar gefühlt haben, egal, wie unangenehm sie ist, und das Gefühl haben, Sie möchten mehr über die Ursache dieser Emotion wissen, stellen Sie sich drei Fragen:

1. *Wie fühle ich mich?* Dies ist Ihre Chance, die Gefühle bewusst wahrzunehmen und dem, was da in Ihnen vorgeht, einen Namen zu geben.

2. *Wann habe ich genau dieses Gefühl das letzte Mal erlebt?* Suchen Sie nicht nach einer Antwort, sondern lassen Sie diese aus Ihrem Inneren hochkommen, wie aus einem Fluss, der etwas anspült.

3. *Wann habe ich genau dieses Gefühl das erste Mal erlebt?* Auch diesmal suchen Sie nicht nach einer Antwort, sondern lassen diese von innen heraus hochkommen.

Und wenn nichts hochkommt – seien Sie geduldig! Vertrauen Sie dem Prozess und verlassen Sie sich darauf, dass Sie genau die Erfahrung machen werden, die Sie zu diesem Zeitpunkt brauchen. Falls eine emotional traumatische Erinnerung hochkommt, beobachten Sie diese Erinnerung und ändern sie dann mental so ab, dass sie sich emotional positiv anfühlt. Das ist die bereits beschriebene *Arbeit mit dem inneren Kind.*

Wenn Sie sich etwa daran erinnern, wie Ihr Vater Sie verlassen hat, stellen Sie sich vor, wie Ihr erwachsenes Ich zu Ihrem kindlichen Ich geht, es tröstet und eine Möglichkeit findet, die Bedürfnisse des Kindes zu stillen. Sie könnten zum Stabilität verleihenden Vater bzw. zur Mutter Ihres inneren Kindes werden oder dem Kind eine zuverlässige Vaterfigur seiner eigenen Wahl an die Seite stellen. Oder Sie könnten die ganze Situation objektiv erklären und dem Kind helfen, das Ganze nicht persönlich zu nehmen. Durch eine solche Abänderung der Erinnerung verändert sich die Ursache des Traumas, und auch alle Folgen dieses Traumas werden verändert. Sie nehmen Einfluss auf die Blaupause Ihres emotionalen Lebens.

Noch mehr Integration

Es ist eine gute Idee, Ihre Erfahrung, wie es war, »bei Ihrem fühlenden Körper zu sein«, niederzuschreiben, denn dadurch haben Sie nicht nur unterbewusst das Gefühl, Sie würden sich um sich kümmern, sondern Sie verstehen die gerade gemachte Erfahrung auch besser und können sie besser integrieren. Bedenken Sie dabei, dass jedes Trauma, welches sich abspielte, bevor Sie sprechen lernten, von Ihnen wahrscheinlich auch nicht in Worte gefasst werden kann. Sie müssen das auch nicht, um es integrieren zu können.

Eine starke emotionale Reaktion auf etwas besagt, dass unser Trauma aus der Vergangenheit ausgelöst worden ist. Diese Übung, bei der wir bei der Emotion bleiben, ermöglicht es uns, unsere Aufmerksamkeit vom »Boten« abzuziehen – also dem physischen Ereignis, der Person, dem Ort oder der Sache, die das in uns ausgelöst hat –, einen Schritt aus der Geschichte herauszutreten, die uns zu einer so starken Reaktion gedrängt hat, und uns mental von diesem Auslöser zu lösen. So können wir unsere Aufmerksamkeit darauf richten, wie wir uns fühlen, um zu erkennen, welche tiefe innere Wunde aus der Vergangenheit noch nicht geheilt ist und sich deshalb weiterhin in unserem Leben widerspiegelt.

Nachdem wir ganz bei unseren Emotionen waren, können wir entweder in der friedlichen Ruhe des gegenwärtigen Augenblicks verweilen, welche sich ausbreitet, wenn wir vor unserer Emotion nicht mehr weglaufen, oder wir können *umschwenken.* Manche Leute sind dazu schon nach einigen Minuten, andere nach ein paar Stunden bereit, und wieder andere brauchen dazu womöglich Jahre; das hängt auch von den jeweiligen Umständen ab.

Wer beispielsweise mit dem Verlust eines geliebten Menschen fertig werden muss, braucht möglicherweise länger, um seine Emotionen ganz zu erleben, bevor er umschwenken kann, als jemand, bei dem es um eine Auseinandersetzung mit einem Arbeitskollegen geht.

Wenn wir bereit sind, uns für das Glück zu entscheiden, geloben wir innerlich, Dunkelheit in Licht zu verwandeln. Wir kehren Leiden in Freude, Hass in Liebe und Ohnmacht in grenzenlose Freiheit um, und zwar, indem wir geistig offen werden für Einsichten und Erkenntnisse über die jeweilige Situation und so unsere negativen Gefühle in positive Gefühle transformieren. Wir verlagern unsere Aufmerksamkeit auf das positive Potenzial dessen, was ist und was sein könnte (jetzt, wo wir an dem Punkt stehen, wo wir sind), indem wir uns fragen: *Und was jetzt?* Lassen Sie sich Zeit für die Suche nach dem Sinn und der Lektion, die in der negativen Erfahrung steckt. Dies ist ein *Drehpunkt,* an dem wir nach der verborgenen Chance und dem Nutzen eines Geschehens suchen, welches uns scheinbar nur Schaden zugefügt hat. Wenn wir bewusst und absichtlich *umschwenken,* ist die Erfahrung für uns nicht schädlich, sondern gereicht uns zum Vorteil. Sie wird zu einer notwendigen Voraussetzung für unser Wachstum.

Im Nachhinein ein Segen

Wollen Sie glücklich sein? Dann fangen Sie damit an, die Welt durch die Brille des *»Alles erweist sich für mich als Segen«* zu betrachten. Auch wenn wir diese Aussage noch nicht voll und ganz glauben, so ist doch alleine die Möglichkeit, dass sich tatsächlich alles als ein Segen erweisen könnte, zutiefst segensreich und nützlich. Wir werden dadurch dazu gebracht, in negativen Situationen nach dem darin enthaltenen Vorteil zu suchen.

Das Konzept vom Phönix, der aus der Asche emporsteigt und wiedergeboren wird, ist eine Geschichte des Umschwenkens, das zu Transformation führt und dafür sorgt, dass Tragödien und Probleme uns nicht gefangen halten. Es gibt einen Grund dafür, dass fast alle wirklich großen Persönlichkeiten dieser Welt auch große Schmerzen erlitten haben. Denn Schmerz hat einen Wert; er bringt uns dazu, Fragen zu stellen, die zu den wirklich wichtigen Antworten führen – den Antworten, die die menschliche Seele befreien. Schmerz ist eine Chance, *mehr* zu werden.

Wenn wir nicht wüssten, was wir *nicht* wollen, dann wüssten wir auch nicht, was wir wollen. Ohne Schmerz gäbe es in diesem Universum keine Weiterentwicklung. So wie man ohne Schwarz als Bezugspunkt die Farbe Weiß nicht begreifen könnte, hätten wir ohne Schmerz nichts, was wir mit der Freude vergleichen könnten. Wir wüssten ohne Schmerz nicht um die Freude.

Wenn Sie also Ihre Emotionen in all ihrer Fülle und Tiefe erfahren und damit die Zitronen gekostet haben, können Sie umschwenken und nach dem Ausschau halten, was sich im Nachhinein als Segen bzw. als Glück im Unglück erwiesen hat. Schauen Sie, was es an der jeweiligen Situation alles an Positivem gab, und verwandeln Sie Ihre Zitronen in Limonade.

Folgende Fragen sind dabei hilfreich:

- *Was habe ich über mich und meine Wünsche gelernt?*
- *Was kann ich sofort unternehmen, um mich in Richtung meiner neu entdeckten Wünsche zu bewegen?*
- *Hat sich aus diesen Umständen etwas Positives ergeben?*

234

- *Kann sich aus dieser Situation eventuell in Zukunft etwas Positives ergeben?*
- *Was kann ich aus alldem lernen?*
- *Inwiefern fühle ich mich wegen dieser Geschichte jetzt besser?*
- *Ich bin vielleicht nicht dankbar für dieses Geschehen, doch wofür kann ich im Zusammenhang damit dankbar sein?*
- *Welche Gedanken (von denen ich wirklich überzeugt bin) kann ich über diese Situation hegen und mich dadurch besser fühlen?*
- *Was kann ich auf der Stelle tun, um den Weg in Richtung Glück einzuschlagen?*

Vergessen Sie nicht: Schmerzen können uns unserer Illusionen berauben und sie wie Zwiebelschalen eine nach der anderen »abschälen«, sodass wir unser wahres Selbst immer besser kennenlernen. Sobald wir unsere Illusionen abgelegt haben, können wir immer höhere Gipfel des Glücks erklimmen. Durch das Umschwenken haben wir nicht nur unser Glück unter Kontrolle, sondern wir können bei Verlust diese Kontrolle auch immer wieder zurückerlangen. Umschwenken lässt uns die Wahrheit sehen und erkennen, dass die Geheimnisse unseres tiefsten Schmerzes zur Saat werden können, die unsere größte Freude hervorbringt.

Liebe ist zum Geben da

Wer ist für das Glück zuständig?

Wenn in unserer Gesellschaft anderen etwas gegeben wird oder für deren Glück etwas getan wird, geschieht das oft aus Schuldgefühlen heraus. Wir versuchen, diese dadurch auszulöschen, und *Geben* erfolgt oft in Form von Selbstaufopferung. *Geben* aus dieser Motivation heraus ist allerdings mit Unmut verbunden, sodass das nicht glücksfördernd wirkt, sondern eigentlich glücksmindernd.

Wir können nicht glücklich sein und gleichzeitig einer anderen Person etwas geben, was wir nicht aus ehrlichem Herzen geben wollen. Andere Menschen glücklicher zu machen heißt nicht, für deren Glück die Verantwortung zu übernehmen, sondern sie so zu behandeln, wie man selbst behandelt werden möchte.

Geben ist eine Entscheidung, die sehr wohl glücklich machen kann – wenn es vollkommen aus unserem Inneren kommt, ohne die Erwartung oder den Wunsch, dafür etwas zurückzubekommen. Die Entscheidung, zum Glück anderer Menschen etwas beizutragen, macht uns nicht glücklich, solange wir dafür Aufmerksamkeit, Anerkennung, Wertschätzung oder eine Belohnung erwarten. Vielmehr sollten wir uns entscheiden, unser eigenes Glück in die Welt überfließen zu lassen, weil es sich so gut anfühlt, wenn andere glücklich sind.

Leider ist die Gesellschaft, an der auch wir mitgewirkt haben, nur in den seltensten Fällen wirklich eins. Wir fahren miteinander Aufzug, ohne »Hallo« zu sagen. Wir verbergen unsere Probleme voreinander in der Überzeugung, wir seien die Einzigen, die so empfinden. Manchmal haben wir keine Ahnung, wer überhaupt im Haus oder in der Wohnung nebenan wohnt. Diese Abspaltung verursacht viel Unglück und Unzufriedenheit, und doch warten wir allzu oft darauf, dass jemand anderes das ändert.

Wir leben in der Hoffnung, eines Tages würde plötzlich ein anderer Mensch daherkommen, uns Liebe schenken und uns glücklicher machen. Doch in Wirklichkeit stehen alle herum und warten darauf, dass jemand anderes etwas unternimmt, und so stecken wir alle fest. Es braucht nur *eine* Person, um den Ball ins Rollen zu bringen: Sie selbst! Geben Sie aus ganzem Herzen, dann werden wundersame Dinge passieren.

Auf wie viele Arten kann ich etwas geben?

Wenn wir die Wahrheit über dieses Universum akzeptieren, nämlich die Einheit, dann lieben wir die Welt, indem wir uns selbst lieben; das haben wir in den Kapiteln über die einzelnen Tools gelernt. Doch was nur wenige wissen: Es funktioniert auch umgekehrt! Eine tolle Möglichkeit, sich selbst Liebe und Glück zu schenken, besteht darin, andere zu lieben und sie glücklich zu machen. Jede freundliche Geste gegenüber einem anderen Menschen kommt in einer anderen Form der Freundlichkeit und Güte zu Ihnen zurück; deshalb fühlt sich Geben manchmal so gut an. Jedes Mal, wenn wir etwas geben, empfangen wir auch etwas. Wenn wir eine Welt der Freundlichkeit für uns selbst erschaffen, tun wir das auch für andere. Wenn wir unser eigenes Glück nähren, fördern wir auch das Glück anderer Menschen.

Freundlichkeit und Güte zu zeigen hat nicht unbedingt etwas mit großen Gesten zu tun. Es gibt Tausende spontaner, sehr einfacher und keineswegs teurer Möglichkeiten, Tag für Tag freundlich zu handeln. Bedenken Sie dabei: Jedes Mal, wenn Sie anderen etwas von sich selbst geben, bekommen Sie langfristig mehr zurück.

Nachfolgend ein paar Ideen, um Ihrer Güte »auf die Sprünge« zu helfen:

- Zahlen Sie für jemanden, der an der Mautstelle hinter Ihnen steht, die Gebühr.
- Schreiben Sie anonyme positive Mitteilungen auf Zettel und stecken Sie sie wahllos an Autoscheiben in Ihrer Stadt.
- Spenden Sie Sachen an eine wohltätige Organisation oder an die Bücherei.
- Besuchen Sie alte Menschen im Altenheim.
- Geben Sie für jemanden eine Überraschungsparty, »einfach, weil ich dich liebe«.
- Halten Sie jemandem die Tür auf.
- Machen Sie jemandem ein ehrlich gemeintes Kompliment, anstatt Ihre Wertschätzung für sich zu behalten.
- Kümmern Sie sich um einen gefährdeten jungen Menschen.
- Gehen Sie zur Blutspende.
- Führen Sie ehrenamtlich Tiere aus.
- Sammeln Sie Müll auf.
- Lassen Sie jemanden im Verkehr vor sich einfädeln.
- Starten Sie eine Brieffreundschaft mit einem Soldaten.
- Besuchen Sie einen kranken Menschen und bringen Sie eine Suppe vorbei.
- Lächeln Sie jemanden, mit dem Sie normalerweise keinen Kontakt aufnehmen würden, an und beginnen Sie eine Unterhaltung, zum Beispiel mit einer Verkäuferin im Laden.
- Geben Sie verlorene Gegenstände an den Besitzer zurück.
- Schicken Sie jemandem einen Brief, »einfach, weil ich dich gerne mag«.
- Massieren Sie jemandem, den Sie lieben, den Rücken.
- Pflanzen Sie einen Baum.
- Treten Sie einen Urlaubstag an einen Kollegen/eine Kollegin ab.
- Bekochen Sie jemanden.
- Helfen Sie jemandem, etwas Schweres zu tragen.
- Schippen Sie für einen Nachbarn Schnee oder helfen Sie ihm bei der Gartenarbeit.
- Stellen Sie einen herumstehenden Einkaufswagen an seinen Platz zurück.

Legen Sie dabei so viel Kreativität wie möglich an den Tag. Beiläufige »gute Taten« können alles Mögliche sein – von dem Lächeln, das Sie einem Fremden schenken, bis hin zu den Studiengebühren, die Sie für jemanden übernehmen. Jede einzelne Tat zählt. Damit müssen Sie sich keinen zusätzlichen Stress aufbürden, und Sie sollten sich dabei auch nicht aufopfern und Ihre Energie erschöpfen. Schließlich wollen Sie ja nichts tun, was Ihr eigenes Glück beeinträchtigt. Tun Sie nur das, was sich für Sie gut anfühlt. Egal, ob Sie nun Millionär sind oder nur die Kleider besitzen, die Sie am Leib tragen – Sie können etwas Gutes tun.

Einstellungen zur Dankbarkeit

Dankbarkeit geht mit Geben Hand in Hand, doch leider wird dieses Konzept missverstanden und nicht genug in seiner reinen Form praktiziert. In der westlichen Kultur verstehen wir unter Dankbarkeit das Gefühl, man hätte Glück gehabt mit etwas. Mit dieser Interpretation geht oft ein Gefühl der Verpflichtung oder der Ohnmacht einher, als ob etwas anderes die Kontrolle darüber hätte, ob wir das Gewünschte bekommen. Wir sind dann zwar froh, aber meinen auch, wir müssten auf die Knie fallen vor Dankbarkeit, und das macht uns zum Gefangenen, denn wir warten darauf, dass das, was wir wollen, von außen kommt. Auch Gefühle der Unwürdigkeit, der Verpflichtung oder Angst, etwas wieder zu verlieren, stellen sich ein.

Früher habe ich das Wort »*Dankbarkeit*« nur zögerlich verwendet, weil es so falsch verstanden wird. Meine Interpretation ist eine ganz andere. Für mich ist Dankbarkeit der Zustand der liebevollen Wertschätzung oder Bewunderung dessen, *was ist*. Es geht dabei um den Fokus auf die positiven Aspekte Ihres derzeitigen Lebens und das vollständige Zulassen und Eintauchen in das Gefühl dieser Liebe.

Dankbarkeit als wertschätzendes Wahrnehmen ist ein bewusstes Anerkennen und Genießen dessen, was wir derzeit mit Freude betrachten.

Jede Situation birgt etwas, wofür wir dankbar sein können, auch wenn wir manchmal erst eine Weile danach suchen müssen; aber es ist da. Dankbarkeit liegt in jedem Gedanken und jeder Erinnerung, die sich, wenn sie hochkommen, gut anfühlen, und sogar in der Rolle, die Negatives in unserem Leben gespielt hat. Sie ist überall! Sie müssen einfach entschieden danach suchen.

Durch das Führen eines Dankbarkeits-Tagebuchs können Sie noch mehr Dankbarkeit praktizieren. Darin schreiben Sie alles auf, wofür Sie dankbar sind, also im Prinzip alles, was in Ihnen positive Emotionen hervorruft. Oder Sie tragen etwas bei sich, beispielsweise einen Ring, der Sie daran erinnert, innezuhalten und immer dann, wenn Sie diesen Ring sehen oder spüren, für etwas dankbar zu sein. Dankbarkeit ist ein höchst wohltuender und förderlicher Zustand, denn sie ist eine reine, ungefilterte, positive energetische Schwingung.

Sich vom Haken der Perfektion frei machen

Auf vollkommene Weise unvollkommen

Ich werde Ihnen nicht mit dem Klischee kommen, Vollkommenheit gäbe es nicht. Das weiß eigentlich niemand, ob es so etwas wie Perfektion gibt – vielleicht, vielleicht auch nicht. Und das ist auch nicht der Punkt. Vielmehr geht es um Folgendes: Wenn Sie sich selbst lieben möchten, können Sie sich nicht weiterhin an Maßstäben des Selbsthasses messen. Und eben das ist Perfektion, und wir alle werden davon tyrannisiert.

Als kleine Kinder kommen wir zu dem Schluss, um geliebt zu werden, müssten wir gut sein. Und weil wir uns so sehr nach Liebe sehnen, fließt unsere gesamte Energie in den Versuch, gut zu sein, Zustimmung und die gute Meinung der anderen zu erlangen. Kurz gesagt, verwenden wir viel Zeit darauf, *perfekt* zu sein, weil wir geliebt werden wollen. Wir wissen nicht, wie wir es anders angehen könnten, aber wie wir auch wissen, funktionieren all unsere Versuche, Liebe zu gewinnen, nicht.

Und so zappeln wir schon in frühester Kindheit am Haken der Perfektion. Doch das Problem an der Perfektion ist nicht die Vorstellung von Perfektion an sich, sondern die Tatsache, dass wir unser Selbstwertgefühl daran knüpfen, unser Bild von Vollkommenheit zu erreichen.

Aber das funktioniert einfach nicht, denn Vollkommenheit war nie als Maßstab für uns gedacht. Perfektion bzw. Vollkommenheit haben wir mit unseren eigenen Augen noch nie gesehen; sie ist lediglich eine symbolische Vorstellung, in die sich unser Selbsthass verliebt hat. Wie der Selbsthass sich ausgerechnet hat, kann er uns mit dieser Vorstellung dazu bringen, hinter einer Karotte herzujagen, die wir aber nie zu schnappen bekommen. Und nur indem der Selbsthass uns zu der Überzeugung bringt, wir seien wertlos und niemand würde uns lieben, wenn wir uns die Karotte nicht doch noch schnappen, kann er die Kontrolle behalten.

Ist auch für Sie Perfektion die Messlatte, an der Sie sich messen? Dann garantiere ich Ihnen, dass Sie niemals Ihre eigenen Maßstäbe erfüllen werden, egal, wie gut Sie werden. Die Lösung besteht darin, die Vorstellung von Perfektion zu ignorieren und sich selbst genau so, wie Sie sind, zu akzeptieren und anzunehmen, und zwar genau hier und jetzt. Und ich meine nicht Ihr Potenzial oder das, was Sie *sein könnten,* anzunehmen, sondern es geht darum, sich selbst so, wie Sie im Augenblick sind, voll und ganz zu akzeptieren.

Fehler und all die Macken

Uns wurde beigebracht, unsere Denkweise und unsere Gefühle seien nicht in Ordnung und wir sollten unsere »Fehler« eigentlich nicht haben, was im Prinzip nichts anderes heißt als: Wir sind so, wie wir sind, nicht in Ordnung. Verständlich also, warum wir vor der Vorstellung, uns selbst genau so anzunehmen, wie wir sind, zurückschrecken. Wir haben diese Lehren, die uns andere vermittelt haben, verinnerlicht. Selbst wenn uns dieses Muster nicht von unseren Eltern beigebracht wurde, so hat in der menschlichen Gesellschaft Leistung doch einen hohen Stellenwert.

Als Folge wird die Billigung und Zustimmung der anderen zur Grundlage unseres Selbstwertgefühls und unserer Selbstliebe. Wer sein Selbstbild auf äußeren Maßstäben aufbaut, ist anfällig für anderer Leute Meinungen und insbesondere für deren Kritik. Das führt zu einer Haltung der eigenen Nichtakzeptanz, und dann versuchen wir unser ganzes Leben lang, alles, was wir an uns selbst nicht gut finden, zu verändern. Doch Perfektionismus ist eine selbstzerstörerische Geisteshaltung. Um uns selbst lieben zu können, müssen wir den Wunsch aufgeben, so sein zu wollen, wie wir gerne wären, und zwar so lange, bis wir herausgefunden haben, wer wir wirklich sind, um dann dieses wahre Selbst in die Welt zu bringen.

Damit kommen wir zur Wahrheit über das Wort »*Akzeptanz*«, ein Wort, das für unterschiedliche Leute auch unterschiedliche Bedeutungen hat; manche davon sind hilfreich, andere eher schädlich. Positiv betrachtet, bedeutet Akzeptanz, Frieden zu schließen mit dem, was ist. Gegen etwas anzukämpfen, also etwas nicht zu akzeptieren, bringt Reibereien und Spannung ins Leben, denn wir versuchen, etwas wegzudrücken, was wir nicht loswerden können; jegliche darauf gerichtete Aufmerksamkeit verstärkt es nur noch, anstatt es auszumerzen. Akzeptanz heißt dagegen, den Widerstand aufzugeben und dadurch unseren Fokus nur auf das zu richten, was wir uns in unserem Leben wünschen.

Wahre Akzeptanz heißt nicht, wir müssten uns mit etwas zufrieden geben und es ertragen, bestätigen oder erst möglich machen, sondern ist einfach die Praxis bedingungsloser Liebe; wir geben den darauf gerichteten negativen Fokus auf und kämpfen nicht mehr dagegen an, denn dadurch bleibt es erst recht Teil unseres Lebens. Zu akzeptieren, wo und wer wir sind, ist von allergrößter Wichtigkeit, ebenso zu akzeptieren, wo und wer andere Menschen sind.

Es fühlt sich zwar toll an, von anderen akzeptiert zu werden, aber das ist nicht der Schlüssel zum Glück. Wer sich diese Akzeptanz von anderen Menschen wünscht, leidet an einem Mangel an Selbstakzeptanz. Doch wenn Sie weder sich selbst noch andere akzeptieren können, dann können andere auch Sie nicht akzeptieren; das würde schwingungsmäßig nicht zusammenpassen. Ein Hauptbestandteil der Selbstliebe ist die gesunde Akzeptanz von sich selbst und anderen. Dann sehnen Sie sich nicht mehr danach, von irgendjemandem akzeptiert zu werden, denn dann brauchen Sie das nicht.

Selbstakzeptanz

Selbstakzeptanz bedeutet, sich selbst mit einer *anerkennenden* Haltung anzunehmen. Wer im Leben nach Perfektion strebt und sich mit anderen vergleicht, die seiner Meinung nach besser sind, nimmt sich selbst gegenüber eine missbilligende bzw. ablehnende Haltung ein.

Selbstanerkennung will geübt werden. Sie müssen dazu Möglichkeiten finden, Ihren Fokus wegzulenken von dem, was Ihnen das Gefühl gibt, nicht gut genug und unzulänglich zu sein, hin zu dem, womit Sie sich gut genug fühlen.

Sie können noch heute damit anfangen. Nehmen Sie ein Blatt Papier und schreiben Sie den folgenden Satz so oft wie möglich auf, wobei Sie die Lücken entsprechend füllen:

Ich anerkenne an mir _____.

Haben Sie beim Durchlesen dieser Liste etwas über sich selbst gelernt? Wie fühlen Sie sich, wenn Sie sich auf etwas konzentrieren, was Ihnen an sich gefällt, anstatt auf das, was Sie an sich selbst missbilligen?

Eine andere Person zu lieben und gleichzeitig immer den Fokus darauf zu haben, was wir an ihr missbilligen und ablehnen, geht nicht zusammen. Und natürlich gilt das auch für uns selbst: Wir können uns nicht selbst lieben und gleichzeitig immer das im Blick haben, was wir an uns ablehnen.

Doch anhand der nächsten Übung können wir unseren Tag mit einer billigenden Haltung uns selbst gegenüber beginnen. Schreiben Sie den folgenden Satz auf ein Blatt Papier und hängen Sie es so auf, dass Sie es vom Bett aus sehen können:

Ich anerkenne _____.

Vor dem Aufstehen am Morgen setzen Sie dann etwas ein, was Ihnen an sich gefällt und was Ihre Zustimmung findet, zum Beispiel: »Ich anerkenne meinen unglaublich guten Kleidungsstil.«

Stellen Sie sich vor, wie gut es sich anfühlen würde, morgens aufzuwachen und als Erstes von jemandem etwas Gefälliges zu hören. Warten Sie nicht Ihr restliches Leben lang darauf, dass jemand anderes daherkommt und das macht, sondern machen Sie es lieber gleich selbst.

Den Druck der Perfektion überwinden

Die Perfektionisten unter uns sind olympiareife Selbstsaboteure. Nur allzu gerne setzen wir uns gar zu grausame Ziele, die uns unweigerlich scheitern lassen, nicht weil das eigentliche Ziel unmöglich zu erreichen ist, sondern wegen der Art und Weise, wie wir das angehen, und wegen der Maßstäbe und Terminvorgaben, die uns in die Knie zwingen. Nur allzu oft suchen wir uns Ziele heraus, die so schwer zu erreichen sind und so viel Anstrengung kosten, dass unser Geist und Körper einen Zusammenbruch erleiden, damit wir uns nicht selbst umbringen.

Der ständige Perfektionsdruck beeinträchtigt unsere Produktivität, und wenn wir dann unsere Ziele nicht erreichen, einfach weil sie sowieso lächerlich sind, kritisieren und tadeln wir uns noch mehr und halten uns für wertlos. Doch in Wirklichkeit kann an dem, wie sich unser Leben entfaltet, nichts »falsch« sein, und wir sind ganz bestimmt nicht wertlos. In Wirklichkeit läuft in der Welt nichts falsch, was nur schwer nachzuvollziehen ist, wenn wir an Vorstellungen hängen wie »Es sollte auf der Welt keinen Hunger geben«. Doch wie alles andere und alle anderen befindet sich die Welt auf dem Weg hin zur Meisterschaft.

Auf diesem Weg sollten Sie Ihren persönlichen Unvollkommenheiten und denen der anderen keinen Widerstand entgegensetzen, denn es sind genau diese Unvollkommenheiten, die uns alle dazu inspirieren, Großartiges zu vollbringen. Wir können anhand unserer Vision definieren, was wir draußen in der Welt und innerlich wollen, und dann diese umfassendere persönliche Vision aus lauter Freude am Fortschritt angehen. Das ist wichtig für Menschen, die große Visionen haben, damit sie sich nicht weiterhin an unmöglich zu erreichenden Maßstäben und einem verdrehten Zustand der Vollkommenheit ausrichten. Unsere hohen Ideale und Visionen können als Leuchtturm fungieren, der uns den Weg zu unseren Wünschen zeigt, solange wir sie nicht als Maßstab hernehmen, um ein Urteil über uns zu fällen.

Perfektionismus kann eine Form des Selbstmissbrauchs sein. Perfektionserwartungen an sich selbst üben einen ungeheuren Druck aus. Wer seinen Selbsthass in Form von Perfektionismus auslebt, kann sogar die Informationen in diesem Buch gegen sich richten – beispielsweise, indem Selbstliebe zu einem Ideal erhoben wird, an dem man sich misst, nur um dann auf sich selbst wütend zu werden, wenn man einmal etwas tut, was der Selbstliebe zuwiderläuft.

Auch Selbsthass ist eine Form des Widerstands. Empfinden wir Selbsthass und wehren uns gegen diese Erfahrung, widerstehen wir eigentlich nur unserem eigenen Widerstand und sagen damit: »Ich sollte nicht an dem Punkt sein, an dem ich bin.« Und genau das lässt uns, wie wir wissen, dort stecken bleiben. Selbstliebe erfordert ein neues Mantra: *Ich bin, wo ich bin.* Anstatt also Ihrem derzeitigen Standpunkt Widerstand entgegenzusetzen, nehmen Sie ihn an, machen ihn sich zu eigen, akzeptieren diesen Punkt und gehen erneut in die gewünschte Richtung.

Dieses letztgenannte Konzept ist besonders wichtig, wenn es zum Rückfall in ein Suchtverhalten kommt. Manche Menschen haben, um vor sich selbst und ihrer derzeitigen Realität zu fliehen, Süchte entwickelt. Wenn wir uns wegen eines Rückfalls schämen, befördern wir uns nur in ein noch tieferes Loch. Es ist einfach grausam, zu erwarten, wir könnten ein über lange Zeit verfolgtes Verhalten einfach aufgeben und uns anders verhalten, und das bitte perfekt.

Wie Sie also hoffentlich verstehen, geht es bei Selbstliebe nicht darum, von sich selbst zu erwarten, den idealisierten Perfektionsstandard zu erreichen, sondern darum, sich selbst hier und jetzt so zu lieben, wie es Ihnen möglich ist. Dann erkennen Sie, wie vollkommen Ihr derzeitiges Ich ist: das Ich, das sich ständig weiterentwickelt, bis hin zur Meisterschaft.

Der Töpfer liebt nicht nur den vollendeten Krug, wenn er geformt und gebrannt ist, sondern auch den Krug, der noch ein Potenzial ist. Er liebt den Krug, wenn er nur kalter Ton in seiner Hand ist. Wenn Sie viele Jahre lang Selbsthass praktiziert haben, sind Sie zu einem Meister bzw. einer Meisterin dieser »Kunstform« geworden. Ganz offensichtlich müssen Sie sich auch Schritt für Schritt daran machen, die Kunst der Selbstliebe zu meistern; und dieser Weg besteht aus vielen Schritten.

Auf diesem Weg werden Sie »Fehler« machen und Augenblicke oder sogar Tage erleben, an denen Sie in Ihren alten, vertrauten Selbsthass zurückfallen. Solche Rückfälle sind aber nichts Falsches, sondern Teil Ihres Lernprozesses der Selbstliebe. Verdammen Sie sie nicht. An dem Punkt, an dem Sie sich gerade befinden, sollten Sie nun einfach genau etwas denken oder tun, womit Sie sich selbst lieben können, und machen sich dann wieder auf den richtigen Weg.

Die Schichten der Liebe verstehen

Zeichnen Sie auf ein Blatt Papier eine Spirale und dann eine horizontale Linie vom Mittelpunkt der Spirale zu ihrem äußeren Rand. Wie Sie sehen werden, treffen Sie, wenn Sie die Spirale von innen nach außen mit dem Finger nachziehen, bei jeder vollen Drehung auf dieselbe Linie. Doch je größer die Spirale wird, desto länger dauert es, wieder zu dieser Linie zu gelangen.

Verbesserungen funktionieren immer so. Mit der Zeit erreichen Sie zu einem bestimmten Thema neue Verbesserungsschichten. Sie haben vielleicht die Linie getroffen, als Sie die Spirale mit dem Finger nachzogen, doch je weiter Sie sich vom Mittelpunkt der Spirale entfernten, desto weniger oft passierte das und desto weiter weg waren Sie dann von diesem Mittelpunkt.

Als Leser bzw. Leserin dieses Buches standen Sie zu Beginn sozusagen im Mittelpunkt dieser Spirale. Mit zunehmendem Lernen und der Praxis der Selbstliebe (die Spirale nach außen nachziehen) sind Sie sicherlich auf ein paar Hürden gestoßen, die Ihnen der Selbsthass in den Weg gelegt hat (die Linie). Doch je weiter Sie fortschreiten, desto größer werden auch die zeitlichen und räumlichen Abstände zwischen diesen Hindernissen, bis Sie diese eines Tages gar nicht mehr erleben.

Betrachten Sie Zeiten, in denen sich eine weitere Schicht des Selbsthasses auftut, nicht als Rückschritt, auch wenn sie sich so anfühlen mögen; doch das stimmt nicht. Sie stoßen einfach auf ausgedehntere Schichten aus Selbsthass, die geheilt werden müssen. Akzeptieren Sie jede einzelne davon, so wie sie auftauchen, und tun Sie den nächsten logischen Schritt in Richtung Selbstliebe, um sie hinter sich zu lassen; dann wird der Tag kommen, an dem sich keine solchen Schichten mehr vor Ihnen auftun.

Ich hoffe, dieses Beispiel überzeugt Sie davon, sich einmal eine Pause zu gönnen. Im Universum gibt es kein Richtig und Falsch, also kann Ihr Leben auch nicht falsch laufen, selbst wenn Sie das versuchen. Jede von Ihnen getroffene Entscheidung können Sie als notwendigen Teil Ihrer Weiterentwicklung betrachten. Und das Universum befindet sich auf immer und ewig in Ausdehnung und Weiterentwicklung. Als Teil dieses Universums gilt das auch für Sie; Sie können also niemals »alles erledigt haben«.

Wenn Sie diese beiden Dinge erkennen, geht es in Ihrem Leben nicht mehr um Ziele und wie schnell Sie diese erreichen, sondern um Entwicklung und wie viel Spaß Sie dabei haben; es geht um Freude. Also lieben Sie sich und lösen Sie sich vom Haken der Perfektion. Genießen Sie auf dem Weg zwischen dem Punkt, an dem Sie jetzt stehen, und dem, was Sie sich für die Zukunft wünschen, so viel wie möglich. Sobald Sie den Prozess und die Reise zur Selbstliebe wirklich annehmen, werden sich diese Wünsche erfüllen.

Fehler annehmen

Für Urteile ist kein Platz

Einen Fehler zu machen ist nie angenehm, aber wir müssen uns dennoch nicht endlos dafür fertigmachen, wie das so viele Menschen tun. Ein Fehler ist im Grunde etwas, was wir, wenn wir darüber nachdenken, lieber anders gemacht hätten. Fehler und Bedauern gehen deshalb Hand in Hand, sind aber kein Weltuntergang. Meistens sind Fehler bei genauerer Betrachtung auf Folgendes zurückzuführen: ein Ziel nicht erreichen, etwas hinauszögern, Ungeduld, übermäßiger Genuss, emotionale Ausbrüche, Fehlurteile, Fehlinterpretationen, vergebliche Mühe, verpasste Gelegenheiten, geistige Abwesenheit, Vergesslichkeit oder etwas tun, das für uns nicht integer ist. Das scheint eine lange Liste zu sein; aber ich denke, jeder von uns erinnert sich an Zeiten, als einer oder mehrere dieser Punkte uns Fehler machen ließen.

Wir müssen unbedingt erkennen, dass wir zu dem Zeitpunkt, als wir einen Fehler machten, davon überzeugt waren, das wäre die beste Wahl. Wir tun das, was uns zum jeweiligen Zeitpunkt vernünftig und sinnvoll erscheint. Wir entscheiden uns, immer so zu handeln, dass unsere Bedürfnisse zu einem bestimmten Zeitpunkt bestmöglich erfüllt werden. Erst im Nachhinein, wenn wir darüber nachdenken, sehen wir, dass unsere Entscheidung vielleicht doch nicht optimal war. Deshalb können wir nur im Rückblick von einem »Fehler« sprechen.

Entscheidungen werden auch entsprechend dem jeweiligen Bewusstheitsstand getroffen, welcher Veränderungen unterworfen ist; deshalb können wir nur dann von einem Fehler sprechen, wenn zwischenzeitlich eine solche Veränderung eingetreten ist. Zum damaligen Zeitpunkt handelten wir nach bestem Wissen, deshalb sollten wir hier nicht von »richtig« oder »falsch« sprechen, sondern von »hilfreich« oder »schädlich«. Erst durch Fehler machen wir uns überhaupt erst besser bewusst, was nützlich oder schädlich ist.

Somit ergibt es überhaupt keinen Sinn, wegen eines Fehlers unser Selbstwertgefühl zu schwächen. Damit würden wir ja von uns erwarten, das zu sehen, was wir nicht sahen, das zu wissen, was wir nicht wussten, und das zu tun, was wir zum damaligen Zeitpunkt, so wie wir das sahen, nicht tun konnten.

Beurteilen wir uns und unseren Wert anhand einer solchen Rückschau, dann fällen wir ein Urteil über unser vergangenes Selbst auf Basis unserer heutigen, erweiterten Perspektive. So viel zum Thema »unfair«.

Wie fair sind Sie sich selbst gegenüber, wenn Sie von sich erwarten, Sie hätten etwas wissen müssen, was Sie zu jenem Zeitpunkt aber nicht wussten? Würden Sie das einem Kind antun? Ein Kind weiß nicht, dass es hinfällt, wenn es nicht aufpasst. Genau so lernt es eben: Wenn es nicht aufpasst und hinfällt, lernt es, dass es hinfallen wird, falls es nicht aufpasst.

Sie wissen nur aufgrund Ihrer Perspektive, dass das Kind hinfallen wird. Doch diese Perspektive ist nicht die des Kindes. Wenn Sie also das Kind verurteilen, weil es hinfällt, beurteilen Sie es aus Ihrer Perspektive, und das ist höchst unfair und sehr lieblos. Ihr Ich, welches diesen Fehler gemacht hat, ist ein *Ich der Vergangenheit*. Selbst wenn Ihnen schon nach einer Sekunde klar wird, dass Sie einen Fehler gemacht haben, müssen Sie sich darüber im Klaren sein, dass Sie vor einer Sekunde eine andere Person waren als jetzt. Verurteilen Sie Ihr *vergangenes Ich* nicht aufgrund der Perspektive Ihres *gegenwärtigen Ichs*.

Anstatt unsere vergangenen Ichs für ihre Fehler zu verurteilen, können wir ihnen dankbar sein, denn mit ihren Fehlern haben sie uns unsere gegenwärtige Weisheit geschenkt.

Was ist Ihre Motivation?

Inzwischen ist Ihnen wahrscheinlich klar, dass mein alter Freund, der »Selbsthass«, liebend gern das folgende Argument verwendet: »Aber ich hätte es eigentlich besser wissen müssen.« Dieses Argument ist für uns ein guter Grund dafür, warum wir uns wegen unserer Fehler so schlecht fühlen. Wenn Sie sich aus dieser Perspektive heraus für Ihre Fehler fertigmachen, ist es höchste Zeit, das Thema »Motivation« zu verstehen.

Motivation ist das direkte Resultat eines wahrgenommenen Bedürfnisses bzw. Verlangens. Oft stecken wir in der Zwickmühle gegensätzlicher Bedürfnisse. Wir haben beispielsweise den Wunsch, eine erfolgreiche Ehe zu führen, betrügen aber womöglich gerade unseren Partner bzw. unsere Partnerin, weil unser Verlangen danach, begehrt und geliebt zu werden, stärker ist als unser Wunsch nach einer erfolgreichen Ehe. In diesem Fall erzählt uns unsere Bewusstheit, wir sollten uns am besten dafür entscheiden, unseren Mann bzw. unsere Frau zu betrügen, weil unser derzeitiges Bedürfnis und Verlangen das so will.

Sie sehen also: Der Entschluss, unseren Partner zu betrügen, erfolgt womöglich aus einer momentanen, begrenzten Bewusstseinsperspektive heraus. Letztendlich ist das vielleicht nicht gut für uns, und durch den Fehler erkennen wir, dass die Entscheidung, unseren Partner zu betrügen, uns eigentlich schadet, doch das ändert nichts an der Tatsache, dass wir *in dem Moment* dennoch das taten, was wir zu diesem Zeitpunkt für das Beste hielten. Wären Sie nicht dieser Meinung gewesen, hätten Sie es nicht getan. Wir treffen oft Entscheidungen, die wir zum jeweiligen Zeitpunkt für die besten halten, die sich dann aber als Fehler herausstellen. Aber in Wahrheit machen wir Fehler nur, weil wir uns zum jeweiligen Zeitpunkt nicht bewusst sind, dass es Fehler sind.

Fehler haben immer eine Konsequenz. Ein erweitertes Bewusstsein aufgrund von Fehlern ist auch erweitertes Bewusstsein über die Konsequenzen von Fehlern. Diese Konsequenzen zu akzeptieren und aus ihnen zu lernen, hilft uns, in Zukunft eine bessere Wahl zu treffen. Doch an keinem Punkt macht uns ein Fehler zu einem schlechten Menschen, und an keinem Punkt mindert ein Fehler unseren Wert. Wir haben womöglich unkluge, uneffektive und schädliche Entscheidungen auf Basis einer sehr begrenzten Bewusstheit getroffen; doch unser Wert hat nichts mit unserem Bewusstseinsstand zu tun, ebenso wenig damit, wie liebenswert wir sind und wie sehr wir etwas verdient haben.

Sich selbst nach dem »Warum« fragen

Mithilfe einiger wichtiger Fragen können wir bei einer Entscheidungsfindung unser Bewusstsein erweitern:

- *War ich schon einmal in einer solchen Situation? Wenn ja, was habe ich daraus gelernt?*
- *Welche kurz- und langfristigen Konsequenzen könnte die Entscheidung – egal, wie ich mich entscheide – nach sich ziehen?*
- *Sind diese potenziellen Konsequenzen es wert?*
- *Was soll aus den verschiedenen Optionen für mich herausspringen?*
- *Welchen Wunsch bzw. welches Bedürfnis versuche ich mit einer dieser Entscheidungen zu erfüllen?*
- *Gibt es eine Alternative, durch die ich meine Wünsche bzw. Bedürfnisse mit weniger negativen Konsequenzen befriedigen könnte?*
- *Welche Entscheidung ist mit meinem höchsten Wohl im Einklang?*

Legen wir unseren Entscheidungen diese Fragen zugrunde, treffen wir sie aus einer höheren Perspektive und einem höheren Bewusstseinsstand heraus. Sie werden trotzdem Konsequenzen nach sich ziehen, doch zumindest können wir bewusst und vorsätzlich eine Wahl treffen, die unserem Gefühl nach derzeit die beste ist.

Fehler positiv verarbeiten

Denken Sie an einen Fehler, den Sie in der Vergangenheit gemacht haben. Schließen Sie die Augen, gehen Sie im Geist in der Zeit zurück und erleben Sie diesen Fehler noch einmal. Versuchen Sie sich daran zu erinnern, wie Sie sich fühlten, was Sie dachten und was Sie sich erhofften. Und dann fragen Sie sich: *Wenn ich zu dieser Zeit zurückkehren würde, nicht mit dem, was ich jetzt weiß, sondern nur mit dem, was ich damals wusste, mit denselben Bedürfnissen, Wünschen, Sichtweisen und ohne mir der Konsequenzen bewusst zu sein – würde ich etwas anders machen oder wieder genauso handeln?*

Auf diese Weise können Sie erkennen, dass Sie eigentlich genau das gemacht haben, was Ihrer Meinung nach damals das Beste war, um sich vom Haken vergangener Fehler zu lösen. Der Schlüssel zur Selbstliebe, auch wenn Sie einen Fehler begehen, besteht darin, Ihre Perspektive bezüglich des Fehlers zu verändern – bzw. anders ausgedrückt, den Fehler umzudeuten und in einen anderen Kontext zu stellen.

Um einen Fehler umzudeuten, müssen wir unseren Standpunkt und damit auch unsere Auslegung des Fehlers verändern. Wir haben die Macht, bewusst und willentlich unsere Meinung in Bezug auf etwas Beliebiges umzudeuten. Das ist der Schlüssel, um Gedanken loslassen zu können, die unserem höchsten Wohl nicht förderlich sind. Um einen Fehler umzudeuten, müssen wir nach dem darin verborgenen Nutzen suchen und dann Gedanken finden, durch die wir aufhören, uns selbst die Schuld zu geben, zu kritisieren und zu verdammen, weil wir diesen Fehler gemacht haben.

Wir müssen metaphorisch gesprochen also nach dem Kind im Badewasser suchen, das Baby retten und dann das Badewasser ausschütten.

Anhand der folgenden Fragen können Sie Fehler, die Sie begangen haben, in einen anderen Zusammenhang stellen und umdeuten:

- *Was hat diese Erfahrung mich Wertvolles gelehrt, was ich ansonsten nicht über mich, jemand anderen oder die Welt erfahren hätte?*

- *Was weiß ich durch diese Erfahrung nun über meine Wünsche?*
- *Was werde ich in Zukunft anders machen?*
- *Inwiefern kann mir dieser Fehler helfen, in Zukunft ein besseres Leben zu führen?*
- *Kann ich meinen Fehler irgendwie wiedergutmachen? Wenn ja, wie?*
- *Kann ich von hier aus weitergehen?*

Wenn Sie die Fragen beantwortet haben, erstellen Sie eine Liste mit allen positiven Aspekten, die Ihr Fehler mit sich gebracht hat.

In Zukunft eine bessere Wahl treffen

Manche Leute haben so ihre Bedenken und meinen, durch Annehmen ihrer Fehler würden sie den Schmerz, den sie sich und anderen zufügten, billigend in Kauf nehmen. Wieder andere befürchten, dadurch würden sie dieselben Fehler erneut machen. Doch all das stimmt nicht. Einen Fehler anzunehmen, versetzt Sie einfach in die Lage, mit diesem Fehler, der als Ausrede für Ihren Selbsthass herhalten musste, aufzuhören. Überlegen Sie einmal: Sich selbst für seine Fehler fertigzumachen, nützt gar nichts. Alles Verdammen und Beschuldigen der Welt macht diese Fehler nicht rückgängig. Es bringt wirklich überhaupt nichts.

Doch wenn Sie sich nicht mehr für Ihre Fehler am Haken zappeln lassen, wird es zehnmal einfacher, weiterzugehen, Wiedergutmachung zu leisten und andere Entscheidungen zu treffen. Dann sind Sie in der Lage, auf Basis dessen, was Sie aus Ihrem Fehler gelernt haben, für sich selbst ein besseres Leben zu erschaffen. Beim Umdeuten eines Fehlers gibt es kein Richtig oder Falsch. Denken Sie daran: Wenn Sie einen Fehler umdeuten, dann versuchen Sie, dem Fehler einen positiven anstelle eines negativen Sinns zu verleihen.

Jeder Fehler sagt Ihnen also, was Sie berichtigen müssen, und erhöht dadurch Ihre Erfolgswahrscheinlichkeit. Wie ich herausgefunden habe, kann man dieses Prinzip auch auf den Selbsthass anwenden. Hätten Sie Selbsthass nie kennengelernt, hätten Sie auch nicht den Wunsch oder die Inspiration, die Selbstliebe kennenzulernen. Der Selbsthass, den Sie derzeit vielleicht empfinden, ist genauso mitverantwortlich für die Selbstliebe, die Sie eines Tages erfahren werden, wie das, was bei den von Ihnen gelernten Fertigkeiten zur Entwicklung von Selbstliebe herauskommt. Ein weiteres universell gültiges System bei der Arbeit!

DIE GEFAHR DES *SOLLENS*

»Sollen« zieht uns runter

Wir alle waren schon einmal all den sich abzeichnenden Verpflichtungen, etwas tun zu *sollen,* ausgeliefert, die wir uns aufbürden, weil man uns das so beigebracht hat. *Sollen* ist das Nebenprodukt von Pflicht, Gewohnheit und, was am schlimmsten ist, den Erwartungen der anderen: ständige Anforderungen von Familie, Freunden und Gemeinschaften, eine Projektion von deren Wünschen auf uns – wir sollen dasselbe wollen, tun und glauben wie sie.

Sollen ist demnach ein Anspruch von außen, den wir übernehmen und zu unserem eigenen machen. Dabei stehen diese Forderungen oft in direktem Gegensatz zu unseren eigenen Bedürfnissen, persönlichen Wahrheiten und unserem wahren Selbst, und deshalb bleiben sie auch so oft ein *Soll:* Wir sind einfach nicht von Natur aus dazu motiviert, Anforderungen zu erfüllen, die nicht wirklich aus uns selbst kommen.

Im Allgemeinen sind wir davon überzeugt, durch das, was wir *sollen,* blieben wir »bei der Stange« und seien motiviert, unser Bestes zu geben. Nichts könnte weiter von der Wahrheit entfernt sein. Unser Bestes geben wir, sozusagen als direktes Nebenprodukt, wenn unser wahres Selbst in unseren Gedanken, Worten und Taten durchschimmert. Doch dazu müssen wir erst einmal wissen, wer wir wirklich sind, was durch das *Sollen* verschleiert wird, denn es spiegelt nicht unsere wahren Bedürfnisse und Wünsche wider, sondern die Erwartungen anderer.

Überlegen Sie einmal kurz: Wie ist es derzeit bei Ihnen um das *Sollen* bestellt? Schreiben Sie alles auf, was Sie in der Vergangenheit hätten machen *sollen,* dann das, was Sie heute und morgen machen *sollten,* dann das, was Sie in einem und in zehn Jahren und am Ende Ihres Lebens tun *sollten.*

Hier ein paar Beispiele: »Ich sollte abnehmen«, »Ich habe so viel an mir gearbeitet, dass ich mich eigentlich nicht über Belanglosigkeiten aufregen sollte«, »Ich hätte auf die Uni gehen sollen«, »Ich sollte nicht mehr so negativ sein«, »Ich sollte mehr Zeit mit meinen Kindern verbringen«, »Ich sollte nicht so viel fernsehen …« Sie wissen schon, was ich meine. Halten Sie nichts zurück, ganz egal, wie lächerlich dieses *Sollen* in Ihren Ohren klingt. Das, was bei dieser Übung hochpoppt, muss hochkommen, weil die entsprechenden Erwartungen und Anforderungen Sie derzeit unglücklich machen.

Nun nehmen Sie sich die Liste vor und stellen zu jedem einzelnen *Soll* die Frage: »Warum sollte ich?« Schreiben Sie das auf, was Ihnen bei jedem Punkt als Erstes in den Sinn kommt, und sinnen Sie dann darüber nach. Mit dieser Übung stellen Sie Ihre *Soll*-Verpflichtungen bewusst infrage, um herauszufinden, woher sie eigentlich kommen.

Es lebe die Individualität!

Soll-Verpflichtungen sind die beste Nahrung für den Selbsthass und geben ihm Auftrieb. Sie können das, was ist, nicht lieben und gleichzeitig meinen, es sollte anders sein. Diese Verpflichtungen zu ersetzen ist mit ausschlaggebend, um sich selbst lieben zu können. Indem Sie sie loslassen, zeigen Sie, dass Sie Ihre eigenen Wünsche und Bedürfnisse respektieren und sich selbst gegenüber treu sind.

Wir sind fast alle sozial auf »Ich muss« und »Ich sollte« konditioniert. Eine tolle praktische Übung besteht also darin, dies durch ein »Ich darf« oder »Ich kann« zu ersetzen. Jedes Mal, wenn Sie sich beispielsweise bei dem Satz »Ich muss zur Arbeit« ertappen, ersetzen Sie ihn durch »Ich darf zur Arbeit«. »Ich sollte meine Zähne putzen« wird durch »Ich kann meine Zähne putzen« ersetzt. Mit dieser Übung können Sie sich das wunderbar zur Gewohnheit machen, denn sie gibt Ihnen die Macht bzw. Entscheidungsfreiheit darüber und macht Ihnen bewusst, dass Sie bei allem, was Sie tun, die Wahl haben.

Ein Leben gemäß den Verpflichtungen von *Sollen* und *Müssen* macht uns zu Opfern von Erwartungen. Wir haben keine Ahnung, dass wir die Wahl haben, so zu leben oder nicht. So glauben wir an die Illusion, kontrolliert zu werden. Wir sind Opfer eines schlimmen Bösewichts, den es eigentlich gar nicht gibt. Die Erwartungen und Maßstäbe, an die wir uns halten, sind weder objektiv noch real. Erkennen Sie, dass wir selbst sie aufstellen und nur wir selbst uns daran halten und sie aufrechterhalten.

Es gab nie eine universal gültige Regel dahingehend, wie jemand *sein sollte oder nicht sein sollte.* Die Menschen möchten gerne bestätigt werden; wir ersetzen die individuelle, innere Stabilität unseres Selbstwertgefühls durch die äußere Stabilität, die uns die Bestätigung anderer gibt. Deshalb wollen wir andere von unserem Standpunkt überzeugen, und deshalb passen wir uns aneinander an.

Unser Geist möchte quantifizieren. Unser Gehirn will Informationen organisieren und einordnen, und wir wollen wissen, wo unser Platz im großen Plan der Dinge ist. Deshalb vergleichen wir uns so gerne mit anderen. Doch das müssen wir lassen, wenn wir uns wirklich selbst treu bleiben wollen. Nicht ganz so oft vergleichen wir uns mit Leuten, die nicht so viel Glück haben wie wir, sodass wir uns als vom Glück verwöhnt betrachten.

Lieber vergleichen wir uns mit Menschen, denen es unserer Meinung nach besser geht als uns, die mehr haben als wir, die mehr leisten, als wir meinen leisten zu können. Dadurch haben wir das Gefühl, wir seien nicht gut genug, sind frustriert und neidisch. Durch das Vergleichen mit anderen fällen wir negative Urteile über uns selbst und fügen uns dadurch großen Schmerz zu.

Die Menschen sind dazu bestimmt, unterschiedlich zu sein. Wir sind hier, um unsere individuelle Perspektive zu erforschen und zu erfahren. Keine zwei Menschen sind gleich. Wir hegen unterschiedliche Gedanken und Überzeugungen, machen unterschiedliche Erfahrungen, interpretieren Dinge und empfinden Emotionen unterschiedlich. Selbst eineiige Zwillinge sind völlig verschieden. Angesichts der Tatsache, dass wir hier sind, um die individuelle, einzigartige Perspektive unseres derzeitigen Selbst zu erfahren, verstößt der Vergleich mit anderen gegen den Sinn unseres Daseins und ist ebenso sinnlos, wie einen Apfel mit einer Orange vergleichen zu wollen.

Hinzu kommt: Wenn Sie ständig danach streben, jemand zu sein, der Sie nicht sind, und sich von den *Soll*-Ansprüchen der anderen beeindrucken lassen, können Sie sich niemals selbst lieben. Sie wurden mit einzigartigen Talenten und Fähigkeiten erschaffen, die Ihnen unweigerlich Erfolg bescheren werden – und zwar, sobald Sie sich darüber im Klaren sind, worin diese Fähigkeiten bestehen, und daraufhin Möglichkeiten finden, es darin zur Meisterschaft zu bringen. Indem Sie Ihre Perspektive und Haltung verändern, können Sie Ihre derzeitige Situation verändern. Und egal, was irgendjemand anderes tut – Sie können immer mit Blick auf Ihre wahren Wünsche handeln, mit dem, was Ihnen derzeit zur Verfügung steht, und von Ihrem jetzigen Standpunkt aus.

Wir sind in einem ständigen Prozess der Verbesserung und Weiterentwicklung begriffen, und wir sind Schöpfer. *»Sie selbst sein«* ist also keine feste Identität, die Sie sich aussuchen. Lassen Sie Wachstum, Verbesserung und Wandel zu. Verzeihen Sie Vergangenes, auf das Sie nicht stolz sind; das ist nicht das, was Sie ausmacht und was Sie sind. Geben Sie all die *Soll*-Verpflichtungen auf und ersetzen Sie sie durch jede Menge Aussagen nach dem Motto »Ich kann es gar nicht erwarten, zu …«. Und dann schauen Sie, wie großartig Ihr Leben wird.

Den acht Gesichtern der Selbstsabotage die Stirn bieten

Nieder mit der Selbstsabotage!

Sich nicht zu lieben ist ein Leiden, welches sich in unser Leben einschleicht und zu Selbstsabotage führt. Selbstsabotage ist das unmittelbare Resultat eines mangelnden Selbstwertgefühls. Innerlich erzählen wir uns nicht, wie schön, gut und richtig wir sind, sondern nur das, was hässlich, schlecht und falsch an uns ist. So können wir kein glückliches, erfolgreiches Leben führen.

Die vielen Formen der Selbstsabotage lassen sich in acht Kategorien einordnen: *Selbstkritik, Selbstzweifel, Selbstvorwürfe, Selbstzerstörung, Selbstmitleid, Selbstverzicht, Selbstabwertung* und *Selbstüberhöhung*. In diesem Kapitel wird von allen acht die Rede sein, denn meiner Meinung nach müssen Sie sie erkennen und lernen, sie entsprechend zu überwinden. Wir wollen mit der Kategorie anfangen, die am weitesten verbreitet ist: der *Selbstkritik*.

Selbstkritik verringern

Selbstkritische Menschen denken und sprechen schlecht von sich selbst, was sich zur hohen Kunst des Auf-sich-Herumhackens entwickeln kann. Zum Glück kenne ich eine kreative Möglichkeit, diese zerstörerische Angewohnheit »in die Tonne« zu treten.

Und so geht's: Sie müssen Ihren inneren Kritiker kennenlernen und sich von ihm abtrennen. Geben Sie ihm auch eine Identität –

ein Bild und eine Charakterbeschreibung oder sogar einen Namen. Wie sieht er aus? Wie hört er sich an? Welche Absichten hat er und warum? Wenn Sie den Charakter und die Botschaft Ihres inneren Kritikers identifiziert haben, trennen Sie sich von ihm, als ob Sie und diese kritische innere Stimme zwei verschiedene Personen wären.

Denken Sie daran: Das ist einfach nur eine kritische Stimme in Ihrem Kopf. Wenn Sie erst einmal erkannt haben, dass das nicht Sie sind, fällt es Ihnen leichter, sich von ihr zu distanzieren und ihre Kritik nicht persönlich zu nehmen. Aber Sie sollten auch keine Angst vor dieser »kritischen Identität« entwickeln; sie ist keine echte separate Identität mit einem eigenen Willen oder eine Art Feind in Ihrem Inneren, sondern lediglich ein geistiges Symbol, welches Sie erschaffen und dazu benutzen, sich von negativen Gedankenmustern zu trennen.

Widersetzen Sie sich Ihrem inneren Kritiker nicht, denn wie wir wissen, bleibt genau das, wogegen wir Widerstand leisten, weiter bestehen. Widerstand gegen den inneren Kritiker macht ihn nur noch stärker. Wenn er also zutage tritt, sagen Sie im Kopf »Hallo« zu ihm, aber nehmen ihn nicht ernst. Er soll Ihnen ruhig sagen, was er ihnen mitteilen will. Dann sagen Sie zu ihm mental: »Danke, dass du mir das gesagt hast.« Wenn dieser Kontakt mit dem inneren Kritiker zu Ende ist, kehren Sie die Energie um: Schreiben Sie eine Liste mit zehn Dingen, die Sie an sich gut finden, bzw. mit zehn positiven Aspekten Ihrer selbst.

Es gibt noch eine weitere gute Technik: Für jeden negativen Gedanken denken Sie zwei positive. Sobald in Ihrem Kopf eine negative Aussage über Sie oder sonst etwas auftaucht, machen Sie sich daran, zwei positive Aussagen über dieses soeben kritisierte Objekt (Sie selbst oder jemand/etwas anderes) zu treffen.

Wenn Sie sich zum Beispiel im Kopf sagen hören: »Ich hasse meine ganzen Falten«, dann denken Sie etwas wie: »Ich mag meine Augenfarbe«, und: »Ich finde meinen Scharfsinn toll.« Und vergessen Sie nicht: Auch wenn Sie das Gefühl haben, dieser innere Kritiker sei größer als Sie – es stimmt nicht. Er ist nur eine Illusion, ein winziges Bruchstück Ihres Wesens.

Selbstzweifel zum Bröckeln bringen

Zweifel sind nur eine andere Art von Überzeugungen – dem Glauben an negative Resultate. Das ist sozusagen Selbsthass, der Sie daran hindert, etwas zu erreichen, der Inbegriff der Überzeugung »Ich bin nicht gut genug«. Wer mit Selbstzweifeln zu kämpfen hat, sollte sie sich auch eingestehen und ihre Existenz anerkennen, damit sie auf dem Tisch sind. Werden sie ignoriert oder geleugnet, arbeiten sie verdeckt und schränken unsere Handlungsfähigkeit ein.

Nehmen Sie sich stattdessen ein bisschen Zeit, um herauszufinden, was den Selbstzweifel ausgelöst hat und warum. Können Sie ihn auf eine frühe Erfahrung zurückführen? Fragen Sie sich: *Wovor habe ich so viel Angst?* Dann überlegen Sie sich eine schrittweise Strategie, um Ihre Zweifel zu transzendieren: kleine, machbare Schritte, die Ihnen mehr Selbstvertrauen geben. Und dann tun Sie den ersten Schritt. Wenn Sie den erledigt haben, ist der nächste Schritt an der Reihe und so weiter.

Auch etwas umzukehren ist ein tolles Mittel gegen Selbstzweifel. Wenn Sie denken: »Ich bin nicht hübsch genug«, dann kehren Sie den Gedanken um in: »Ich bin hübsch genug«, und überlegen sich mindestens zehn Gründe dafür, warum diese neue Aussage genauso wahr oder wahrer ist als die ursprüngliche Aussage. Diese Technik erfordert ein bisschen kreatives Denken, sie ist ein Spiel für den Geist.

Ich finde, damit kann man sich wie ein Verteidiger im Gerichtssaal fühlen, dessen Aufgabe es ist, Beweise für die Gültigkeit der umgekehrten Aussage zu suchen und vorzulegen. Wer mit Selbstzweifeln zu kämpfen hat, sollte daran denken, dass es sich dabei nicht um ein Riesenmonster handelt, welches Ihren Erfolg verhindern will. Sie sind lediglich eine Bodenwelle auf Ihrem Weg zum unvermeidlichen Erfolg. In einem Universum, welches aus unendlich vielen Möglichkeiten besteht, ist nichts unmöglich.

Schluss mit den Selbstvorwürfen!

Eine selbstanklagende Haltung bedeutet, Sie geben sich selbst die ganze Schuld an etwas, das schiefgelaufen ist. Wer diese Form der Selbstsabotage praktiziert, übernimmt mehr Verantwortung, als ihm eigentlich zusteht, nicht nur für seinen eigenen Anteil an einer Situation, sondern auch für andere.

Wer damit zu kämpfen hat, muss erkennen, dass jeder tagtäglich Fehler macht; Fehler sind ein entscheidender Teil des Lernprozesses, ebenso wie Hinfallen zum Laufenlernen dazugehört. Wenn wir uns immer nur die Schuld gäben, anstatt weiterzugehen, würden wir nicht in einer besseren Welt leben, sondern in einer sehr traurigen und dysfunktionalen Welt.

Der Fehler ist ja schon passiert, daran können Sie also nichts mehr verändern, egal, wie viele Vorwürfe Sie sich machen. Fragen Sie sich ganz ehrlich: *Was nützt das?* Und dann entschließen Sie sich, Wiedergutmachung zu leisten, damit Sie sich wieder besser fühlen, sich beispielsweise zu entschuldigen und sich selbst zu verzeihen. Sie können aus dem Fehler etwas lernen und sich entscheiden, Ihr Leben anders zu leben; aber Schuldzuweisungen und Vorwürfe erreichen gar nichts.

Mit Selbstvorwürfen bestrafen und missbrauchen Sie sich selbst einfach zusätzlich. Nehmen Sie deshalb eine Technik zu Hilfe, um weiterzugehen und sich besser zu fühlen. Menschen, die sich selbst die Schuld geben, haben auch mit Selbstkritik zu kämpfen; Sie können also die bereits beschriebene Technik zum Trennen von Ihrem inneren Kritiker einsetzen.

Aufgepasst vor der Selbstzerstörung!

Selbstzerstörung ist Selbsthass, der sich in proaktivem Handeln zeigt und die vielleicht körperlichste Form der Selbstsabotage ist. Selbstzerstörerische Menschen bringen sich mitten in Situationen und Umstände, die genau das Gegenteil bewirken von dem, was sie eigentlich brauchen und wollen.

Wer sich mit Selbstzerstörung herumplagt, muss herausfinden, wie er sich selbst misshandelt oder unterläuft, muss, wenn er wirklich auf eine Veränderung hofft, zugeben, dass das, was er mit sich macht, selbstzerstörerisch ist. Und er muss den Wunsch nach Veränderung haben, denn ohne dieses Verlangen wird Wandel nicht vorangetrieben und geschürt und findet deshalb auch nicht statt.

Um selbstzerstörerische Verhaltensweisen zu heilen, ist es womöglich am wichtigsten, herauszufinden, was dahintersteckt. Gegen sich selbst gerichteter Missbrauch ist meist eine Form der Realitätsflucht; übernehmen Sie stattdessen die Verantwortung für Ihr Leben und Ihr Glück und widmen Sie sich der Innenschau.

Betrachten Sie Ihr Leben und fragen Sie sich: *Wovor laufe ich weg? Mit welchen Themen und Problemen kann ich meinem Gefühl nach nicht fertig werden? Was erreiche ich durch dieses Verhalten?* Ihre Antworten auf diese Fragen sollten Ihnen Auskunft darüber geben, worauf Sie sich fokussieren müssen. Das, was wir mit selbstzerstörerischem Verhalten überdecken, ist genau das, worauf wir unseren Fokus richten müssen, um proaktiv unsere Heilung in die Wege zu leiten.

Die Wahrheit über Selbstmitleid

Selbstmitleid ist die höchste Form der Opfermentalität, eine Sabotage durch fehlenden Selbstrespekt und Missachtung des eigenen Potenzials, das Nichterkennen der eigenen Macht. Haben Sie mit Selbstmitleid zu kämpfen? Dann sind Sie damit nicht allein. Diese Form der Selbstsabotage ist sehr schwierig anzugehen, denn in unserer Gesellschaft herrscht ein Bild von Selbstmitleid vor, das denen, die davon gesunden wollen, eher abträglich ist. Unsere Gesellschaft ist eine »Augen zu und durch«-Gesellschaft, die Selbstmitleid als pathetisch betrachtet. Selbstmitleid wird als selbstsüchtige Schwäche betrachtet und wie etwas Peinliches behandelt.

Haben Sie mit Selbstmitleid so Ihre Probleme? Dann müssen Sie sich keineswegs schuldig fühlen oder sich selbst deswegen fertigmachen. Selbstmitleid macht Sie nicht zu einem pathetischen oder schlechten Menschen, sondern bedeutet einfach, dass Sie sich selbst nicht so lieben, wie Sie das brauchen. Sie fühlen sich ohnmächtig und unfähig und sehen sich selbst in der Rolle des Verlierers, anstatt sich auf Ihre Macht und Ihren Wert zu besinnen, und dadurch bekommen Sie nicht das, was Sie möchten.

Wenn Sie wieder einmal voller Selbstmitleid sind, gestehen Sie sich das einfach zu und stehen Sie dafür ein, dass Sie ein Recht auf dieses Gefühl haben. Das muss Ihnen niemand anderes bestätigen. Gestehen Sie sich ein, dass Sie an eben diesem Punkt stehen, und finden Sie dann heraus, was Sie proaktiv unternehmen können, um zu Ihrer Macht und Kraft zu stehen und aus dieser Opfermentalität herauszukommen.

Es hilft Ihnen, im Einklang mit Ihrem höchsten Wohl zu leben. Wenn Sie in einer Situation mit Ihrem Selbstmitleid zu kämpfen haben, gewinnen Sie Ihre Macht mit den folgenden Fragen zurück:

1. *Wie habe ich dafür gesorgt, dass ich das anziehe?* (Es geht hier nicht darum, sich selbst Vorwürfe zu machen, sondern die Macht aufzuspüren, mit der Sie als Mitschöpfer dazu beigetragen haben.)
2. *Was soll ich daraus lernen?*
3. *Was lehrt mich der Schmerz darüber, was ich möchte?*
4. *Was ist daraus an Positivem herausgekommen bzw. könnte an Positivem herauskommen?*
5. *Womit kann ich die Situation hier und jetzt zum Besseren verändern?*

Sie haben immer die Macht, sich ein bisschen besser fühlen zu lassen. Sie sind ein herrliches Wesen und zu allem fähig, wovon Sie nur träumen können. Das kann Ihnen niemand wegnehmen, denn niemand ist in der Lage, Ihren Geist zu kontrollieren, selbst wenn das versucht wird.

Schluss mit dem Selbstverzicht

Bei Selbstverzicht geschieht Selbstsabotage durch den Verzicht auf das, was uns Freude bereitet. Diese Form der Sabotage entsteht, wenn wir denken, wir hätten etwas, was wir eigentlich gerne hätten, nicht verdient. Wenn wir Selbstverzicht üben, sind wir davon überzeugt, wir würden das Beste, das Ersehnte sowie Glück und Liebe nicht verdienen.

Menschen, die damit zu kämpfen haben, verwechseln Selbstliebe und Selbstsucht – ein Thema, das bereits bei Tool #17 behandelt wurde; am besten lesen Sie das noch einmal nach, um mehr Klarheit zu gewinnen. Wichtig ist auch die Einsicht, dass Selbstverzicht eine Art Sucht ist. Wir können süchtig werden nach dem Gefühl des Selbstwertes, welches wir empfinden, weil wir auf etwas verzichten und somit, wie wir meinen, ein guter Mensch sind – ähnlich wie ein Heroinabhängiger süchtig ist nach dem Gefühl der Ruhe, wenn er sich einen Schuss setzt.

Aber lassen Sie sich davon nicht täuschen: Mit Selbstverzicht ruinieren Sie Ihr Leben. Das ist nur ein armseliger Ersatz für wahren Selbstwert, eine tödliche Sucht. Wundern Sie sich nicht, wenn Sie damit aufhören und Schuldgefühle sowie eine Art Entzugserscheinung verspüren. Der Entzug ist es wert. Lassen Sie sich auf ein Leben ohne Selbstverzicht ein, dann gewöhnen Sie sich irgendwann an die Veränderung, und Selbstliebe fühlt sich nun gut an.

Seinen Selbstwert nicht leugnen

Selbstabwertung ist Selbstsabotage durch Herabsetzung und Leugnen des eigenen Wertes. Wer sich selbst abwertet, unterschätzt sich und hält sich selbst für »weniger wert als …«. Außerdem entkräften wir gerne alles, was auf unseren Wert hinweist.

Wer damit zu kämpfen hat, muss verstehen, dass er dadurch oft einfach die Wahrnehmung anderer manipuliert, um keinen »Schlag« gegen sein Selbstwertgefühl einstecken zu müssen. Die Grundstrategie hinter dieser Vermeidungstechnik besteht darin, sich lieber selbst als Erster anzugreifen, also eine Art Präventiv-angriff gegen seine Fehler und Mängel zu starten, bevor das jemand anderes macht.

Wer sich selbst ständig vor anderen herabsetzt, tut das höchst-wahrscheinlich, weil ihm aufgefallen ist, dass er durch einen Angriff gegen sich selbst den anderen die Lust auf einen solchen Angriff nimmt und vielleicht sogar ein Kompliment ergattert. So wird Selbstherabsetzung auch benutzt, um Liebe von anderen zu erlangen. Solange Sie dieses Muster nicht erkennen und beschlie-ßen, dass Ihnen die damit gewonnenen Vorteile den Schaden nicht wert sind, werden Sie damit weitermachen.

Wer mit Selbstabwertung zu kämpfen hat, hat meist als Kind mit unangemessen hohen Erwartungen seitens der Erwachsenen zu tun gehabt. Wenn wir diese hohen Erwartungen dann nicht erfül-len konnten, meinten wir, wir wären nicht gut genug. Wir konnten den Maßstäben nicht gerecht werden und fühlten uns deshalb von Grund auf mangelhaft und unzulänglich. Daraufhin entwickel-ten wir höchstwahrscheinlich eine Persönlichkeit, die auf Scham basiert, und leben in der ständigen Angst, nicht genügen zu kön-nen. Womöglich haben Sie in diesem Fall auch ein großes Problem damit, etwas verdient zu haben.

Die Angst vor der eigenen Unzulänglichkeit kann zum chro-nischen Aufschieben führen; dieses Zaudern schützt uns vor den höheren Erwartungen, die Erfolg mit sich bringt. Wir tun das nicht nur aus Versagensangst, sondern auch, weil wir durch das Vermeiden von Herausforderungen und Aufschieben unsere wah-ren Grenzen nicht erkennen müssen. Ebenso vermeiden wir ständig die Aufmerksamkeit anderer und versuchen, deren Erwartungen an uns wie auch unsere eigenen Erwartungen zu schmälern. Wir entschuldigen uns dann vielleicht schon im Voraus, damit es bei einem eventuellen Versagen keine Gegenreaktion gibt. Wir iden-tifizieren uns voll mit unserer Unzulänglichkeit und sind davon überzeugt, an uns wäre überhaupt nichts Gutes. Jegliche Kompli-mente glauben wir einfach nicht.

Wenn Sie sich selbst herabwürdigen, müssen Sie sich auf das konzentrieren, worauf Sie stolz sind, und an Ihrem Selbstwertgefühl arbeiten. Wenn Sie sich schon unterlaufen, noch bevor Sie etwas überhaupt in Angriff genommen haben, legen Sie ein stillschweigendes Gelübde ab, die Ergebnisse Ihres Tuns für sich selbst sprechen zu lassen. Sie brauchen sich nicht selbst zu loben, und ganz bestimmt sollten Sie sich nicht heruntermachen. Bleiben Sie einfach ruhig und lassen Sie die Ergebnisse zu. Und was besonders wichtig ist: Tun Sie alles, was Ihre Meinung über sich selbst verbessert.

Hochmut kommt vor dem Fall

Die achte Form der Selbstsabotage ist Hochmut bzw. die Selbstüberhöhung, die sich oft hinter der Maske des Narzissmus verbirgt. Das ist die Überzeugung, man sei besser als andere Menschen. Entgegen der landläufigen Meinung stellen Hochmut und Narzissmus keine Form der Selbstliebe dar, sondern sind eigentlich genau das Gegenteil. Stolz auf uns selbst entwickeln wir, wenn wir uns zutiefst verunsichert fühlen und dieses schlechte Gefühl überkompensieren wollen.

Dieses Überkompensieren wird zu einer Form der Selbstsabotage, weil hochmütiger Stolz nicht nur die Stimme der Wahrheit zum Schweigen bringt – der Wahrheit nämlich, dass wir verängstigt, einsam und unsicher sind –, sondern sich andere dadurch auch von uns abwenden. Dieser Stolz bringt uns keine Liebe, Aufmerksamkeit oder Bewunderung, sondern führt eher zur Zurückweisung und somit zum Gefühl des Verlassenseins.

Menschen, die ein Problem mit Hochmut haben, auch bekannt als Arroganz, Eitelkeit oder Narzissmus, müssen verstehen lernen, woher dieses Verhalten kommt. So wie Selbstabwertung manipuliert auch Hochmut die Wahrnehmung anderer von uns, damit unser Selbstwertgefühl keinen »Schlag« abbekommt. Mit dieser Vermeidungsstrategie, bei der es ständig darum geht, wie perfekt und besonders wir sind, soll die Aufmerksamkeit der anderen von unserer Verunsicherung und unseren Schwächen abgelenkt werden. Unsere einzige Möglichkeit, uns nicht als wertlos zu empfinden, besteht darin, unsere Unsicherheit mit einer dicken Schicht Lack zu übertünchen, und dieser Lack nennt sich Prahlerei.

Meistens haben hochmütige Menschen direkte Kritik und Missbilligung von wichtigen Bezugspersonen ihrer Kindheit erfahren, normalerweise den Eltern, und schon früh im Leben herausgefunden, dass die Belohnungen und Strafen der Erwachsenen direkt davon abhängen, wie sie uns wahrnehmen. Deshalb wollen wir die Erwachsenen und schließlich alle Menschen, mit denen wir zu tun haben, manipulieren, damit sie uns als vollkommen oder besonders toll ansehen. Dadurch, so denken wir, bekommen wir mehr Liebe. Vielleicht machen wir andere im Kampf um das bisschen Aufmerksamkeit sogar herunter.

Hochmut zeigt sich nicht immer unverhohlen, sondern versteckt sich beispielsweise hinter Klagen wie: »Ich hab die Nase voll von all den Leuten, die mir diese Liebesbriefe schreiben. An einem Punkt ist es wirklich genug!« Solche verdeckten Andeutungen sollen zeigen, dass wir angeblich nicht prahlen, ja vielleicht sogar bescheiden sind. Doch eigentlich zielt eine solche Aussage darauf ab, die Leute denken zu lassen, wir seien etwas Besonderes.

Haben Sie ein Problem mit Hochmut, dann ist es am wichtigsten, Licht auf Ihre eigentlichen Unsicherheiten zu werfen. Fragen Sie sich: *Wovor habe ich so viel Angst?* Seien Sie ehrlich mit sich selbst und lernen Sie Ihr wahres Selbst kennen.

Wir können uns nicht wirklich selbst lieben, wenn wir nur das an uns mögen, was perfekt ist; also müssen wir lernen, das Unvollkommene anzunehmen. Andere Leute mögen uns eigentlich sogar lieber, wenn wir offen zu unseren Unvollkommenheiten stehen. Abgesehen davon kostet es viel Kraft, den lieben langen Tag eine Fassade aufrechtzuerhalten, und das tagtäglich.

Sich darum sorgen, was andere über Sie denken

Alle Menschen hegen ab und zu negative Gedanken über sich und andere. Wenn Sie sich also Sorgen machen, was jemand über Sie denkt, dann sollten Sie eines nicht vergessen: Auch diese Person sorgt sich darum, was andere über sie denken, vielleicht auch Sie. Und selbst wenn jemand über Sie negativ denkt, ist das kein Weltuntergang. Fragen Sie sich: *Was befürchte ich, wird geschehen, wenn jemand etwas Schlechtes über mich denkt?* Die Antwort auf diese Frage zeigt Ihnen, was geheilt werden muss, wenn Sie wollen, dass Ihnen das, was andere über Sie denken, egal ist.

Sich Gedanken darum zu machen, was andere denken, ist ein weit verbreitetes Problem, welches immer dem Bedürfnis nach Liebe und Akzeptanz entspringt. Wenn Sie das nicht mehr wollen, müssen Sie sich also einfach nur Schritt für Schritt daran machen, sich selbst zu lieben und anzunehmen.

Wenn wir den Weg Richtung Selbstliebe beschreiten, kommen wir irgendwann unweigerlich an den Punkt, an dem wir uns auf ein Leben im Einklang mit unserem höchsten Wohl einlassen müssen. Und es kommt auch unweigerlich der Zeitpunkt, an dem wir unsere selbstsabotierenden Gedanken und Verhaltensweisen aufgeben müssen. Und dieser Zeitpunkt ist jetzt.

Das geschieht vielleicht nicht über Nacht, und Sie müssen auch nicht alles auf einmal tun. Doch wenn Sie Schritt für Schritt Ihre selbstsabotierenden Verhaltensweisen Tag für Tag durch Sie unterstützendes Handeln ersetzen, gelangen Sie an den Punkt, an dem mit der Selbstsabotage Schluss ist. Vielleicht haben Sie Angst, aber Sie sind bereit für diesen Wandel und für Entscheidungen, die Ihrem höchsten Wohl dienlich sind. Sie sind bereit, sich selbst zu lieben.

AUSMISTEN

Mehr Platz für sich selbst schaffen

Haben Sie in Ihrem Leben genug Platz, um sich selbst zu lieben? Wenn nicht, machen Sie den entscheidenden Schritt hin zur Selbstliebe, indem Sie sich den Raum dafür schaffen. Das ist ein sehr symbolträchtiger Schritt, so etwas wie Ausmisten. Das, was ausgemistet wird, ist all das, was zwischen Ihnen und Ihrer Vision eines idealen Lebens steht.

Sein Leben von dem zu bereinigen, was unnütz ist, ist nicht einfach. Es erfordert Mut, doch wenn Ihr Leben voller Krempel ist, ist kein Platz für Selbstliebe. Sie können es sich so vorstellen: Wenn etwas herumsteht, das Ihrem höchsten Wohl nicht dienlich ist, dann ist weniger Platz für Dienliches. Das gilt, egal ob dieser Platz Ihr Kopf, Ihr Körper, ein Schrank, das ganze Haus oder die Sockenschublade ist.

Zunächst einmal sollten Sie einen objektiven Blick auf Ihr Leben werfen. Sind Ihr Körper oder Ihr Geist, Ihr Lebensumfeld oder Ihr Terminkalender »zugemüllt«? Was in Ihrem Leben dient nicht mehr Ihrem höchsten Wohl? Fragen Sie sich bei dieser Lebensschau: *Komme ich durch diesen Gedanken, diese Person, diesen Ort oder diese Sache der Vision des von mir gewünschten Lebens näher? Oder habe ich eher das Gefühl, ich entferne mich davon?* Wenn es Sie näher bringt, behalten Sie es bei. Oft werden Sie allerdings ein lautes *Nein* hören. Dann fragen Sie sich ehrlich: *Was macht das dann in meinem Leben?* Sobald Ihnen eine Einsicht kommt, handeln Sie entsprechend! Es ist höchste Zeit, das, was Sie nicht mehr brauchen, zu eliminieren.

Wenn Sie alte Dinge, Gewohnheiten, Überzeugungen »ausmisten«, weil sie nicht mehr Ihrem höchsten Wohl dienen, und den Kontakt mit bestimmten Menschen unterbinden, die Ihnen nicht guttun, dann entsteht Leere. Diese neue Leere lädt Sie dazu ein, den Raum bewusst mit dem zu füllen, was Ihnen wirklich dienlich ist und Ihr Wohlbefinden unterstützt.

In diesem Buch geht es meistens darum, innerlich das auszumisten und durch Neues zu ersetzen, was Ihrer Bewusstseinsentwicklung und Ihrem Körper nicht mehr guttut. Jetzt gehen wir den äußeren Aspekt Ihrer Realität an.

Bekommen Sie Ihren ganzen Kram in den Griff

Beginnen Sie mit den physischen Aspekten Ihres Lebens. Misten Sie das materielle Gerümpel um sich herum aus und denken Sie daran, dass Gerümpel alles ist, was zwischen Ihnen und Ihrer Vision Ihres idealen Lebens steht. Leben Sie physisch in einer »zugemüllten« Realität, spiegelt das Ihre innere Realität wider. Auch eine kahle, kontrollierte und farblose Realität ist ein Spiegelbild Ihrer inneren Wirklichkeit.

Ihre physische Welt ist ein Spiegel Ihres Bewusstseins. Für sich selbst ein Umfeld zu schaffen, welches Ihr Glück und Wohlbefinden fördert, ist also zutiefst selbstliebend. Das kann eine so einfache Aufgabe sein, wie den Schrank neu zu ordnen, Ihr Zimmer in einer Ihrer Lieblingsfarben zu streichen, Ihr schmutziges Auto zu waschen, das Gerümpel in der Garage auszumisten oder die Möbel umzustellen. Vielleicht müssen Sie aber auch Ihren gesamten Lebensraum verändern. Gestehen Sie sich ehrlich ein, was Ihrem höchsten Wohl dient und was nicht.

Vielleicht ist das zu viel für Sie, aber Sie müssen irgendwo anfangen. Fragen Sie sich bei jedem Teil, das Sie ausmisten wollen: *Dient das meinem höchsten Wohl? Dient es meinem Glück? Bringt es mich meiner Vision des von mir gewünschten Lebens näher oder bringt es mich davon weg?* Wenn es Sie Ihrer Vision näher bringt, behalten Sie es; wenn nicht, hat es keinen Platz in Ihrem Leben.

Falls Sie das Gefühl haben, Sie seien noch nicht so weit, etwas wirklich loszuwerden, obwohl Sie wissen, dass es nicht zu Ihrer Vision Ihres idealen Lebens passt, dann legen Sie es in eine Schachtel. Bewahren Sie sie irgendwo außer Sichtweite auf; dann können Sie zu einem späteren Zeitpunkt entscheiden, ob Sie es behalten wollen oder nicht. Und denken Sie daran: Ihr Glück im Hier und Jetzt ist wichtiger als Ihr ganzer »Kram«.

Manche Leute umgeben sich mit wirklichem Gerümpel, andere dagegen stopfen ihren Raum mit Nichtvorhandenem voll. Das klingt in sich widersprüchlich, ist es aber nicht. Manche Menschen verhalten sich obsessiv-zwanghaft, und anstatt Chaos zu erschaffen, kreieren Sie eine Welt voller Kontrolle, Monotonie und Leblosigkeit. Falls Ihr Umfeld eintönig und leblos ist, sollten Sie es mit Dingen beleben, die in Ihnen positive Emotionen hervorrufen. Jetzt ist der Zeitpunkt gekommen, eine äußere Realität zu erschaffen, die das beste Leben widerspiegelt, das Sie sich für sich vorstellen können.

Auch Menschen können stören

Auch die Menschen in Ihrem Leben gilt es einmal, auf den Prüfstand zu stellen. Wenn wir uns selbst nicht lieben, ziehen wir auf die eine oder andere Weise alle möglichen Leute an, die unseren Selbsthass fördern. Wer in Ihrem Leben dient nicht Ihrem höchsten Wohl? Wer erschöpft oder benutzt Sie, anstatt Sie zu unterstützen? Jetzt ist der Zeitpunkt gekommen, Beziehungen zu beenden, die Ihrem Gefühl nach nicht Ihr höchstes Wohl unterstützen, insbesondere missbräuchliche oder gewalttätige Beziehungen.

Falls es sich für Sie nicht stimmig anfühlt, Menschen wirklich komplett aus Ihrem Leben auszuschließen, können Sie diesen Leuten sagen, wie es Ihnen mit ihnen geht. Allerdings sollten Sie sich darüber im Klaren sein, dass Sie womöglich ziemlich viele Leute angezogen haben, die ähnlich wie Sie »ticken« und unsicher sind; eine solche Botschaft von Ihnen kann deshalb für sie eine Ausrede dafür sein, in Verteidigungshaltung zu gehen.

Vermeiden Sie in solchen Gesprächen jegliche Schuldzuweisungen. Drücken Sie einfach nur Ihre Gefühle aus und warum Sie sich so fühlen. Sie nehmen das vielleicht nicht an und reagieren auch nicht so, wie von Ihnen gewünscht. Aber das spielt keine Rolle. Sie haben sich ja nicht geäußert, um Liebe von ihnen zu bekommen. Und Sie tun das auch nicht für diese Leute, sondern für sich.

Stress als Störfaktor

Stress ist ein Störfaktor, der Ihr Leben »zumüllen« kann; wenn Sie sich also selbst lieben wollen, ist es vielleicht am wichtigsten, mit dem Stress aufzuräumen. Stress ist reiner Widerstand, und wie bereits gesagt, müssen Sie sich fragen: *Wogegen widersetze ich mich?* Entgegen der landläufigen Meinung wird Stress nicht von den Umständen erzeugt, also beispielsweise, wenn wir keine Zeit haben oder keinen Platz, um aufräumen zu können, oder wenn niemand uns hilft etc. Wir schieben allem Möglichen die Schuld an unserem Stress zu, doch eigentlich ist er immer das Resultat eines Gedankens über unsere derzeitigen Umstände.

Um stressige Gedanken loslassen zu können, müssen wir sie erst einmal erkennen und dann unseren Kopf davon befreien. Dazu achten Sie zunächst darauf, wie Sie sich fühlen. Bei negativen Emotionen fragen Sie sich: *Welche Gedanken gehen mir durch den Kopf?* Falls es Ihnen schwerfällt, sich so auf Ihre Gedanken einzustimmen, versuchen Sie, die Spur zurückzuverfolgen und herauszufinden, welche Umstände zu diesem schlechten Gefühl geführt haben. Dann fragen Sie sich: *Was habe ich über diese Umstände gedacht?*

Sobald Sie die negativen Gedanken identifiziert haben, suchen Sie sich einen davon aus, um damit zu arbeiten. Die beste Möglichkeit, negative Gedanken aus dem Kopf zu bekommen, ist die Frage: *Wer wäre ich ohne diesen Gedanken?* Stellen Sie sich also diese Frage in Bezug auf diesen Gedanken und nehmen Sie sich Zeit, sich wirklich vorzustellen, wie Ihr Leben ohne ihn aussehen würde und wie es Ihnen gehen würde, wenn Sie nicht in der Lage wären, diesen Gedanken zu denken.

Als Nächstes kehren Sie den Gedanken um und fragen sich: *In welcher Hinsicht ist diese umgekehrte Aussage genauso wahr oder wahrer als der ursprüngliche Gedanke?* Sie könnten zum Beispiel folgenden Gedanken zum Ausgangspunkt nehmen: »Ich muss alles heute erledigen.« Der umgekehrte Gedanke würde lauten: »Ich muss nicht alles heute erledigen.« Dann suchen Sie nach Beweisen für diese zweite Aussage.

Hier ein paar Beispiele, wie Sie sich darin unterstützen können.

1. Nur *ich selbst* setze mich diesem Druck aus. Ich selbst habe beschlossen, ich »müsste« das erledigen, und so bin auch ich die Person, die mich aus dieser Erwartungshaltung freigeben kann.
2. Sobald ich mit dieser Aufgabe fertig bin, finde ich unweigerlich etwas anderes, was ich erledigen muss; in Wirklichkeit kann ich also nie alles erledigen.
3. Wenn ich versuchen würde, alles heute zu erledigen, würde ich vor lauter Stress krank werden, und dann könnte ich gar nichts mehr erledigen. Ich muss also offensichtlich gar nicht alles heute fertig bekommen, wenn ich dazu sowieso nicht in der Lage bin.
4. Ich werde nicht tot umfallen, wenn ich heute nicht alles schaffe; es geht nicht um Leben und Tod.

Versuchen Sie, so viele Belege wie möglich für die Gültigkeit des umgekehrten Gedankens zu finden – bzw. nicht unbedingt nur für diese umgekehrte Aussage; Sie könnten auch einfach Gedanken denken, die Ihnen ein besseres Gefühl über diesen Stressfaktor in Ihrem Leben vermitteln. Mit jedem Gedanken, der Ihren Stress mindert, lösen Sie auch Widerstände auf, wodurch es Ihnen besser geht.

Leben im Hier und Jetzt statt Leistung über alles

Die meisten Menschen sind süchtig nach Leistung, weil sie als Erfolgsfaktor gilt. Wir sind darauf konditioniert, Erfolg mit Selbstwertgefühl, positiver Zuwendung von anderen und letztendlich mit Liebe zu verbinden. Und so versinkt unser Leben im Chaos.

Ständig sind wir eigentlich schon wieder bei der nächsten Sache. Wir leben in einem Kreislauf aus Sorgen und Stress und verpassen dadurch das Einzige, worüber wir wirklich die Kontrolle haben, nämlich den gegenwärtigen Augenblick.

Uns auf den gegenwärtigen Moment zu konzentrieren ist eine der besten Möglichkeiten, unser Leben von Stress zu bereinigen, denn dann reinigen wir die Gegenwart vom Gerümpel der Vergangenheit und der Zukunft. Üben Sie täglich, immer wieder zum gegenwärtigen Moment zurückzukehren. Wenn Sie lernen, Stressgefühle zu erkennen, können Sie diesen Stress als Auslöser nutzen. Die nachfolgende Übung hilft Ihnen dabei.

1. Sobald der Stressauslöser betätigt wird, Sie also erste Anzeichen von Stress verspüren, nehmen Sie das als Erinnerung daran, zum gegenwärtigen Moment zurückzukommen.
2. Dazu lenken Sie Ihre Aufmerksamkeit anstatt auf das, was Sie gerade denken, auf Ihr Umfeld im Hier und Jetzt. Atmen Sie ein paarmal ganz tief ein und aus und achten Sie nur auf den Atem. Das hilft Ihnen, sich sofort auf den gegenwärtigen Moment zu fokussieren.
3. Dann stimmen Sie sich auf Ihre Sinne ein. Schauen Sie, was direkt vor Ihnen ist. Lauschen Sie den Geräuschen um sich herum. Riechen Sie die Düfte Ihrer Umgebung. Spüren Sie den Stoff Ihrer Kleidung und den Druck Ihrer Füße gegen den Boden. Finden Sie zurück zur Verbindung mit genau dem Moment, in dem Sie sich gerade befinden und wie Sie ihn erleben.
4. Nun schließen Sie die Augen und achten auf das, was im gegenwärtigen Moment gerade in Ihnen vorgeht. Sie können beispielsweise jeden einzelnen Teil Ihres Körpers überprüfen und spüren, wie er sich gerade anfühlt. Lenken Sie die Aufmerksamkeit auf die Füße und arbeiten Sie sich im Körper hoch; verweilen Sie dabei jeweils bei den Beinen, dem Becken, dem Brustkorb, dem Nacken, dem Kopf, den Schultern, Armen und Händen. Ohne irgendetwas zu beurteilen, bleiben Sie einfach bei Ihren Empfindungen, die Sie in den verschiedenen Körperbereichen spüren.

5. Nun achten Sie auf die Emotionen, die Sie genau hier und jetzt verspüren. Ohne darüber ein Urteil zu fällen, geben Sie sich diesen Emotionen hin, verweilen bei ihnen und achten darauf, wie sie sich anfühlen.

Das Leben vereinfachen

Wie Sie Ihr Leben organisieren, kann unter Umständen ein großer Stressfaktor sein, der mit zur Unordnung im Leben beiträgt. Und was ist die Lösung? Das Leben einfacher gestalten. Das ist eher ein Prozess als ein Ziel, denn echte Vereinfachung heißt, wir organisieren im Laufe der Zeit unsere Prioritäten um und ändern Entscheidungen ab. Das ursprüngliche Ziel dabei besteht darin, herauszufinden, was Ihnen am wichtigsten ist, und das, was die höchste Priorität hat, zuerst zu erledigen. Danach können Sie sich daran machen, alles Unwichtige zu eliminieren.

Je komplizierter Ihr Leben ist, desto mehr Stress haben Sie. Seien Sie also bereit, jeden Aspekt Ihres Lebens zu vereinfachen: Ihre Verpflichtungen, Ihre Aufgaben, Ihre Finanzen, Ihren Terminplan, Ihre Beziehungen, Ihr Umfeld und Ihre Ziele. Vertrauen Sie auf Ihre Intuition. Höchstwahrscheinlich wissen Sie schon, welche Bereiche Ihres Lebens am meisten der Einfachheit bedürfen. Sonst untersuchen Sie, welche Bereiche Ihres Lebens den meisten Stress hervorrufen, und diese sollten dann zuerst vereinfacht werden. Das Ziel dabei besteht darin, Ihr Leben von Unnützem und Überflüssigem zu befreien. Alles, was Ihr Glück fördert, ist allerdings nützlich und eine Notwendigkeit! Das wird beibehalten und nicht »entsorgt«.

Viele Befürworter eines einfacheren Lebens möchten Ihnen einreden, wahre Einfachheit erfordere Minimalismus. Das stimmt aber nicht. Für diese Leute ist ein minimalistisches Leben vielleicht das Richtige, weil es sie glücklich macht; das kann eine tolle Lebensweise sein, wenn es denn das ist, was man möchte. Aber vielleicht sind Sie auch jemand, der dann am glücklichsten ist, wenn er sich mit all der Pracht umgeben kann, die die Welt zu bieten hat. Dann würde eine Vereinfachung bis hin zum Minimalismus nicht dem Wunsch nach einem einfachen Leben entsprechen, sondern dem Glauben, man *sollte* so leben. Wer Komfort schätzt, für den ist Minimalismus einfach eine Übung in Selbstentbehrung und Entsagung.

Zusammengefasst kann man also sagen: Menschen, die sich selbst lieben, haben in ihrem Leben keinen Platz für das, was nicht ihrem höchsten Wohl dient. Wenn Sie Ihr Leben von all dem befreien, was Ihnen nicht mehr dienlich ist, Ihr Glück nicht fördert und nicht im Einklang mit Ihrem besten Leben steht, schaffen Sie Platz für das, was Ihnen eben dienlich ist. Und schon bald stellt sich heraus, dass Sie dann neue Dinge, Ideen und Menschen anziehen, die deren Platz einnehmen; dann sind Sie umgeben von dem, was Ihr Glück verstärkt, und können sich das Leben erschaffen, das Ihrer Idealvision entspricht.

Das innere Kind adoptieren

Die Geschichte Ihrer Kindheit

Wir alle waren einmal Kinder. In unserer Kindheit haben wir die Grundlage für unser zukünftiges Leben gelegt auf Basis der Lektionen, die wir gelernt, der Überzeugungen, die wir übernommen, und der Erfahrungen, die wir als Kind gemacht haben. Manches davon war wunderbar, anderes hat uns traumatisiert und unser Selbstbild beeinträchtigt.

Irgendwann sind wir dann erwachsen und meinen, damit sei die Geschichte unserer Kindheit zu Ende; dem ist aber nicht so. Unser Kind lebt in uns weiter. Seine Wahrnehmungen und Überzeugungen haben Einfluss auf unser heutiges Denken, Fühlen und Handeln. Unser kindliches Selbst ist sozusagen wie eine Schallplatte mit einem Sprung. Wir bleiben im Schmerz unserer als leidvoll erlebten Erfahrungen unserer Kindheit stecken und wissen nicht, wie wir ihn integrieren und heilen können. Unsere gesamte damalige Persönlichkeit konnte weder weitergehen noch sich entwickeln. Alte Gedanken, Gefühle und Erfahrungen haben sich in uns eingefroren, und viele Menschen überleben im Alltag und funktionieren, indem sie diese schmerzhaften Gefühle ignorieren und unterdrücken.

Manchmal wurden diese Gefühle so schmerzhaft, dass wir den Teil von uns, der diesen Schmerz als Erster verspürt hat, von uns abtrennen, um weitermachen zu können. Als Kinder haben wir unser inneres Selbst mehr oder weniger vergraben. Damals hat uns dieser Bewältigungsmechanismus gute Dienste geleistet, aber wenn wir diesen Schmerz unterdrücken, kann uns das am Ende umbringen. Nur wenn wir bereit sind, uns wieder dem Kind zuzuwenden, welches in uns in der Zeit erstarrt ist, können wir den Schmerz, an dem wir uns festklammern, heilen und integrieren; wir müssen darauf hören, was dieses Kind uns zu sagen hat, und ihm die Liebe schenken, die es damals gebraucht hätte.

Egal, wie liebevoll oder lieblos unsere Kindheit war – wir alle tragen in uns nach wie vor die Essenz des Kindes, welches wir einst waren. Ein Teil von uns wurde erwachsen, aber der andere Teil blieb ein Kind. Dieses innere Kind ist das Symbol unseres emotionalen Selbst. Unser Erwachsenen-Ich wurde erwachsen, obwohl es als Kind nicht das bekam, was es brauchte. Dieses Erwachsenen-Selbst hält den Schlüssel zur Heilung in der Hand.

Sich um das innere Kind kümmern

Wenn wir darauf warten, dass sich ein anderer Mensch liebevoll wie eine Mutter oder ein Vater unserer unterentwickelten Anteile annimmt, werden wir ein Leben lang emotionale Waisen sein. Wenn wir darauf warten, dass ein anderer Mensch den Anteil in uns, der gerettet werden muss, rettet, werden wir immer ohnmächtig sein. Und wenn wir darauf warten, dass ein anderer Mensch sich um diejenigen Anteile in uns kümmert, die solcher Fürsorge bedürfen, werden wir niemals Heilung finden.

Die beste Möglichkeit, unsere Heilung zu unterstützen, ist die bewusste Entscheidung, sich selbst um sein inneres Kind zu kümmern und zunächst diesen kindlichen Teil, der hilflos, ängstlich, ungeliebt und im Mangel ist, zu lieben.

Dafür gibt es ein paar ganz gute Techniken. Sie können alte Kinderbilder von sich selbst durchgehen. Schauen Sie genau hin. Wie fühlen Sie sich dabei? Was sagen diese Bilder über Sie als Kind aus? Zeigen sie Ihre damaligen wahren Gefühle? Oder spiegeln sie eine Fassade wider, die Sie für die Erwachsenen in Ihrem Leben aufrechterhalten mussten?

Oft ist es sehr heilend, eines dieser Bilder auszuwählen, es zu rahmen und irgendwo aufzuhängen oder aufzustellen, wo Sie es jeden Tag sehen können; es erinnert Sie daran, dass Sie in sich dieses Kind tragen und dass es Liebe braucht. Wenn Sie kein solches Kinderbild haben, stellen Sie sich einfach vor, wie Sie damals ein Kind waren und wie Sie aussahen. Erinnern Sie sich daran, wie Ihre damalige Welt war und wie Sie sich als Kind fühlten.

Egal, ob Sie nun ein Bild vor sich oder im Kopf haben: Stellen Sie sich vor, dass dieses Kind immer bei Ihnen ist. Bevor Sie potenziell schädliche Entscheidungen treffen, fragen Sie sich: *Würde ich das meinem inneren Kind antun?* Sie müssen erkennen, dass Sie alles, was Sie sich tagtäglich selbst antun, auch diesem inneren Kind antun.

Auch ein innerer Dialog mit dem inneren Kind kann sehr hilfreich sein. Sie können mit Ihrem inneren Kind den ganzen Tag über immer wieder sprechen, es fragen, wie es sich gerade fühlt und was es gerade denkt. Sie können es auch fragen, was es braucht oder möchte, ja Sie können es sogar um Rat bitten dahingehend, was Ihr erwachsenes Ich tun sollte.

Kinder haben eine sehr direkte, frische und ungetrübte Sichtweise. Deshalb kann ihre Meinung unsere Illusionen durchtrennen und für uns unschätzbar wertvoll sein. Wenn Sie in Dialog mit Ihrem inneren Kind treten, lassen Sie über das Symbol dieses inneren Kindes zu, dass die Wahrheit Ihrer Gefühle ausgesprochen wird. Wenn wir es uns zur Gewohnheit gemacht haben, unsere Gedanken und Gefühle zu unterdrücken, können wir jetzt unserem inneren Kind erlauben, sie für uns zum Ausdruck zu bringen.

Lernen Sie Ihr inneres Kind wirklich kennen

Nun ist es an der Zeit, die Arbeit mit dem inneren Kind mit der folgenden Übung noch zu vertiefen:

Nehmen Sie zwei leere Papierbogen und einen Stift und legen Sie sie griffbereit hin. Schließen Sie die Augen und stellen Sie sich einen sicheren Platz vor; das kann ein realistischer Ort sein, beispielsweise eine unberührte Wiese, oder etwas wie eine Fantasielandschaft. Es kann in einem Gebäude oder im Freien sein. Stellen Sie sich so viele Einzelheiten wie möglich dazu vor. Der Platz muss sicher sein und sich für Sie wunderbar anfühlen.

An diesem sicheren Platz stellen Sie sich nun Ihr kindliches Selbst vor und beobachten es aus der Ferne. Wie alt ist es? Was macht es? Welchen Eindruck haben Sie von ihm? Ist Ihr Kind glücklich oder traurig? Beobachten Sie es einfach eine Weile. Wenn Sie so weit sind, gehen Sie in Ihrer Vorstellung auf Ihr inneres Kind zu und stellen sich ihm vor. Sagen Sie ihm, wie sehr Sie es lieben, dass es keine Angst mehr haben muss und es Ihnen alles sagen kann. Sagen Sie ihm, dass es durch Sie das äußern kann, was es zum Ausdruck bringen muss. Dann laden Sie es ein, mit Ihnen zu verschmelzen, und bitten es, Sie zu umarmen. Wenn es das tut, stellen Sie sich vor, wie dieses Kind mit Ihnen verschmilzt und Ihr Körper auch der seine wird.

Nun öffnen Sie die Augen und nehmen das erste Blatt Papier und den Stift zur Hand, und zwar in die Hand, mit der Sie normalerweise *nicht* schreiben. Laden Sie das innere Kind, welches mit Ihnen verschmolzen ist, ein, mit Ihrer Hand ein Bild seines Lebens zu zeichnen, egal was. Treten Sie beiseite und geben Sie diesem Kind die Möglichkeit, sich mit seiner Zeichnung zum Ausdruck zu bringen. Erwarten Sie kein ästhetisch ansprechendes Meisterwerk – die Zeichnung bringt nur etwas zum Ausdruck. Beurteilen Sie diese Zeichnung auch nicht; stellen Sie dem Kind einfach Ihre Hand zur Verfügung. Wenn die Zeichnung fertig ist, legen Sie sie beiseite und nehmen das zweite Blatt Papier zur Hand.

Nun bitten Sie Ihr inneres Kind, Ihnen – wieder mit der Hand, mit der Sie normalerweise *nicht* schreiben – in einem Brief alles mitzuteilen, was es sagen muss oder möchte. Zwingen Sie das Kind nie dazu, sich Ihnen gegenüber zu äußern, sondern ermutigen Sie es auf liebevolle Weise. Wirkt das Kind eher zögerlich, können Sie ihm gut zureden, damit es Vertrauen zu Ihnen hat und sich äußert.

Sobald das Kind anfängt zu schreiben, treten Sie einfach beiseite und lassen die Worte durch Ihre Hand nach außen fließen. Wenn es damit fertig zu sein scheint, können Sie ihm beliebige Fragen stellen und sie über Ihre weniger dominante Hand von dem Kind beantworten lassen, zum Beispiel: *Wie geht es dir heute? Woran denkst du gerade? Wovor hast du Angst? Was brauchst du? Was möchtest du? Was hältst du von Papa? Was hältst du von Mama? Was denkst du über deinen Bruder bzw. deine Schwester? Was möchtest du von mir anders gemacht haben? Was soll ich für dich tun?* Denken Sie nicht über die Antworten nach, lassen Sie sie einfach hochkommen. Diese Antworten hören sich unter Umständen sehr kindlich an.

Wenn Ihr Kind alle Fragen beantwortet hat, schließen Sie die Augen und stellen sich vor, wieder an Ihrem sicheren Ort zu sein. Bitten Sie das Kind nun, sich von Ihnen zu trennen. Stellen Sie sich noch einmal vor, wie es vor Ihnen steht. Beugen Sie sich zu ihm hinunter, halten Sie es bei den Händen und danken Sie ihm für seinen Mut, Ihnen das alles mitgeteilt zu haben. Sagen Sie ihm, es sei alles vorbei, also all das, wovor es Angst hat, und es müsse nicht mehr tapfer sein.

Fragen Sie Ihr inneres Kind, ob es sich irgendetwas wünscht, und geben Sie ihm das Gewünschte, was auch immer es ist. Wenn es sich beispielsweise wünscht, nie wieder von Ihnen verlassen zu werden, dann versichern Sie ihm, dass das nicht passieren wird und es jederzeit mit Ihnen reden kann. Wenn es ein Spielzeug möchte, stellen Sie sich vor, wie Sie ihm dieses Spielzeug schenken und wie es damit spielt. Wenn das Kind müde ist, legen Sie es in Ihrer Vorstellung in ein kuscheliges, warmes Bett.

Wenn sowohl Sie als auch Ihr inneres Kind bereit sind, bis zum nächsten Mal Abschied zu nehmen, sagen Sie ihm alles, was es Ihrem Gefühl nach »hören muss«. Dann nehmen Sie es so lange in den Arm, wie es möchte, und versichern ihm, dass Sie sich immer um es kümmern werden. Jetzt stellen Sie sich vor, wie dieses innere Kind entweder einschläft oder zum Spielen wegläuft.

Atmen Sie viermal langsam und tief ein und aus und lenken Sie dann Ihre Aufmerksamkeit wieder in den Raum. Wenn Sie die Augen öffnen, schauen Sie sich die Zeichnung und den Brief Ihres inneren Kindes an. Welche Bedeutung haben die Bilder bzw. Worte? Welche Eindrücke vermitteln sie Ihnen? Wie fühlen Sie sich gegenüber Ihrem inneren Kind? Entdecken Sie etwas über sich selbst? Können Sie sehen, wie die Gefühle Ihres kindlichen Selbst in Ihr Erwachsenenleben gelangt sind?

Diese Technik können Sie immer einsetzen, wenn Sie Klarheit über Ihre Gefühle gewinnen wollen, denn das Kind steht symbolisch für Ihr emotionales Selbst. Es wird genau das zum Ausdruck bringen, was Sie an eben diesem Tag äußern müssen.

Prüfungen und Trotzanfälle

Gelegentlich stoßen wir bei der Arbeit mit unserem inneren Kind anfangs auf dessen wütende Verteidigungsmechanismen oder bekommen gar keine Reaktion. Vielleicht weigert es sich, zum Vorschein zu kommen, bevor es uns voll vertrauen kann – was ja verständlich ist angesichts der Tatsache, dass wir noch nie die Verbindung aufgenommen haben. Das innere Kind ist nicht daran gewöhnt, die benötigte Liebe und Fürsorge zu bekommen, und natürlich ist es erst einmal misstrauisch, wenn wir uns plötzlich für es und seine Gefühle interessieren.

Sie müssen diesen Prozess deshalb vielleicht mehrere Male wiederholen, bevor Ihr inneres Kind darauf vertraut, dass Sie sich wirklich kümmern und es sich auf sichere Weise äußern kann. Bleiben Sie dran! Ihr inneres Kind stellt Ihre Liebe womöglich auf den Prüfstand. Es ist vielleicht ganz hilfreich, dem inneren Kind einen Brief zu schreiben und ihm zu sagen, wie leid es Ihnen tut, dass Sie nicht schon früher für es da waren, um es zu retten, mit ihm zu reden und sich um es zu kümmern. Seien Sie dabei so ehrlich wie möglich. Ihr inneres Kind erkennt eine Lüge auf eine Million Kilometer Entfernung. Irgendwann kommt auch ein noch so verletztes und misstrauisches inneres Kind hervor und zeigt sich Ihnen. Und es wird die Liebe, die es sich schon so lange gewünscht hat, in sich aufsaugen.

Durch das Adoptieren des inneren Kindes verbinden Sie sich mit Ihren Gefühlen und können diese abgelehnten Anteile Ihrer selbst wieder integrieren. Es hilft Ihnen auch, sich um sich und Ihre Bedürfnisse zu kümmern. Tief in Ihnen befindet sich ein kindlicher Teil von Ihnen, der sich vom Rest der Welt zurückgezogen hat, weil für ihn diese Welt nicht sicher war und er keine Möglichkeit hatte, seine Bedürfnisse befriedigt zu bekommen.

Ohne es zu wissen, haben Sie sich über die Gefühle dieses inneren Kindes mit der Welt verbunden. Sie haben einen Großteil Ihres Lebens auf Basis der Perspektive dieses verletzten Kindes gelebt, welches verzweifelt versucht hat, wie ein Erwachsener zu handeln. Geben Sie Ihrem inneren Kind jeden Tag ein bisschen Zeit, sich zum Ausdruck zu bringen und seine Bedürfnisse zu befriedigen. Geben Sie ihm die Liebe, die es sich schon so lange wünscht. Dadurch integrieren Sie dieses innere Kind mit Ihrem erwachsenen Selbst und erfahren dadurch ein Gefühl der Ganzheit, welches Sie seit Jahren nicht – oder womöglich noch nie – erlebt haben. Sie geben Ihrem verwaisten inneren Kind ein liebevolles Zuhause.

Bei der Selbstliebe geht es darum, sich heute das zu geben, was Sie früher von anderen nicht bekommen haben.

Durch gesunde Abgrenzung
sich selbst vertrauen

Grenzen über Grenzen –
aber nicht immer funktionieren sie

Werden Grenzen anhand intellektueller Konzepte von »richtig oder falsch«, »erwünscht oder unerwünscht« definiert oder orientieren sich an dem, was andere als »gesunde oder ungesunde« Grenzen erachten, dann wird das Ganze sehr kompliziert. Immerhin gibt es körperliche Grenzen, emotionale und mentale Grenzen, spirituelle und auch sexuelle Grenzen. Deshalb werde ich als Erstes einmal das Konzept vereinfachen, damit Grenzen wirklich leicht zu verstehen sind. Grenzen werden durch Gefühle definiert. Ihre Gefühle werden Ihnen immer sagen, ob eine Ihrer Grenzen verletzt worden ist, um welche Art Grenze es sich auch immer handelt.

Sagt zum Beispiel jemand etwas Verletzendes zu Ihnen, dann wurde eine emotionale Grenze überschritten; Sie fühlen sich verletzt als Anzeichen dafür, dass Ihre Grenzen neu überdacht bzw. besser geschützt werden müssen. Oder jemand lädt Sie auf eine Party ein, und Sie haben das Gefühl, eigentlich wollen Sie da nicht hin, gehen aber trotzdem. Sie fühlen sich schlecht – ein Hinweis darauf, dass Sie selbst Ihre Grenze verletzt haben.

Deshalb müssen Sie Tag für Tag und den ganzen Tag lang unbedingt mit Ihren Gefühlen in Kontakt sein.

Menschen, die sich dafür schämen, wer sie sind und was sie wollen, haben schwache Grenzen, und dann werden sie ständig von anderen bloßgestellt, weil sie so sind, wie sie sind.

Man kann sich eine Grenze auch als imaginäre Linie vorstellen, die Glück, Integrität, Wünsche und Bedürfnisse und, am wichtigsten, die persönliche Wahrheit eines Menschen individuell definiert und vom Rest des Universums trennt. Wer nicht auf seine Gefühle hört, sie beachtet und respektiert, verletzt seine eigenen Grenzen. Und wer nicht auf die Gefühle anderer achtet und sie respektiert, verletzt deren Grenzen. So einfach ist das.

Deshalb ist es wichtig, zu üben, wirklich zu hören und zu spüren, wie sich etwas anfühlt. Hören Sie auf das, was Ihre Gefühle Ihnen erzählen; sie sprechen Ihre persönliche Wahrheit an, und die kann nur von Ihnen definiert werden, denn niemand kann in Ihren Körper treten und für Sie fühlen.

Doch viele Menschen versuchen seltsamerweise genau das. Die Gesellschaft tut das ständig und versucht den Leuten einzureden, wie ihre Grenzen auszusehen bzw. nicht auszusehen hätten.

Wie gesund bzw. wie schwach Ihre Grenzen sind, wird stark von Ihrem Umfeld geprägt, insbesondere der Welt, in der Sie aufgewachsen sind.

Sich nicht mehr im Stich lassen

Nun kommen wir zum nächsten wichtigen Punkt in diesem Zusammenhang: Zu lernen, sich zu vertrauen, ist ein Prozess, und das sollten Sie zulassen. Ihr Leben steckt voller schwieriger Lektionen, falscher Abzweigungen und allen möglichen Verletzungen. Die Entscheidung, Vertrauen zu sich selbst zu entwickeln, kann also nicht urplötzlich morgens beim Aufwachen erfolgen. Vielmehr entsteht dieses Vertrauen unweigerlich durch schrittweise Veränderungen an Ihrer Denk- und Lebensweise, bis Sie sich letztendlich selbst lieben und explizit vertrauen. Gesunde Grenzen zu errichten und Vertrauen zu sich selbst zu entwickeln, ist einer der wichtigsten Schritte auf dem Weg zum Selbstvertrauen, mit dem Sie sich selbst schützen.

Wahrscheinlich haben Sie kein Vertrauen zu sich selbst, weil Sie sich in der Vergangenheit immer wieder im Stich gelassen haben, indem Sie Ihre Gefühle ignoriert und somit Ihre Grenzen verletzt haben. Wahrscheinlich sind Sie vor Ihren negativen Emotionen weggerannt. Der heilige Gral des Selbstvertrauens besteht darin, dabei zu bleiben, und das bedeutet wiederum, sich nicht mehr im Stich zu lassen.

Wie gehen Sie mit negativen Emotionen um? Laufen Sie davor weg? Können Sie sich darauf verlassen, dass Sie für sich da sind? Diese Frage müssten die meisten Leute verneinen; wenn negative Emotionen hochkommen, macht ein Teil von uns sich wirklich Sorgen und bekommt Angst, denn wie er weiß, wird der andere Teil versuchen davonzulaufen. Wir versuchen, anders zu fühlen, damit wir nicht die Flucht ergreifen, sondern bei uns bleiben.

Seien wir ehrlich: Fast alle Menschen wollen nur dann bei sich sein, wenn sie sich gut fühlen. Sobald es ihnen schlecht geht, tun sie alles, um sich anders zu fühlen, entwickeln sogar destruktive Süchte, um ihren Gefühlen zu entkommen und damit sich selbst; sie lassen sich also im Stich.

Können Sie sich auf jemanden verlassen, der Sie im Stich lässt? Nein. Um uns selbst zu vertrauen, müssen wir uns also beweisen, dass wir bei negativen Emotionen nicht versuchen, die Flucht zu ergreifen, sondern bei der Emotion verweilen und damit bedingungslos bei uns bleiben, so wie wir sind. In meinem Video *Healing the Emotional Body,* welches im Internet zu finden ist, zeige ich eine Möglichkeit auf, wie das geht.

Wenn es Ihnen gelingt, sich bei negativen Emotionen nicht wie gewohnt im Stich zu lassen, werden Sie sich schließlich darauf verlassen können, dass Sie immer für sich da sind, und ein tiefes Gefühl inneren Friedens wird sich einstellen.

Die eigenen Grenzen definieren

Selbsthilfe-Experten und Psychologen reden sehr gern darüber, wie wichtig es ist, gesunde Grenzen zu entwickeln. Doch was sind Grenzen eigentlich? Grenzen sind eine Orientierungshilfe dahingehend, wie jemand sich selbst mit dem Rest der Welt in Beziehung setzt, so etwas wie Verhaltensregeln, zusammengesetzt aus Überzeugungen, Meinungen, Einstellungen, vergangenen Erfahrungen und sozialem Lernen.

Persönliche Grenzen funktionieren in zwei Richtungen und wirken sich sowohl auf den ankommenden als auch ausgehenden zwischenmenschlichen Austausch aus. Sie zeigen auf, was ein Individuum mag und nicht mag, außerdem, was für diese Person richtig und falsch ist, und definieren sie damit. So wissen wir, wie wir uns von anderen behandeln lassen wollen oder nicht.

Zu den Anzeichen für ungesunde Grenzen gehören zum Beispiel die folgenden:

- Nein sagen, obwohl man Ja meint, bzw. umgekehrt.
- Schuldgefühle, wenn man Nein sagt.
- Gegen seine Integrität bzw. seine Werte handeln, um jemandem zu gefallen.
- Nichts sagen, wenn man etwas zu sagen hat.
- Die Überzeugungen und Vorstellungen einer anderen Person übernehmen, um akzeptiert zu werden.
- Nicht mitteilen, wenn jemand uns misshandelt.
- Körperliche Berührungen oder Sex zulassen, obwohl man das nicht will.
- Sich unterbrechen oder ablenken lassen, um die Wünsche bzw. Bedürfnisse einer anderen Person sofort zu befriedigen.
- Zu viel von sich geben, um als nützlich betrachtet zu werden.
- Sich übermäßig in die Probleme oder Schwierigkeiten eines anderen Menschen hineinziehen lassen.
- Zulassen, dass andere uns bzw. in unserer Anwesenheit etwas sagen, was uns unangenehm ist.
- Emotionale Bedürfnisse in Beziehungen nicht definieren oder kommunizieren.

Ausschau halten nach Grenzverletzungen

Das größte Problem sind eigentlich nicht die Grenzverletzungen durch andere, sondern unsere eigenen Grenzverletzungen. Wer zulässt, dass andere seine Grenzen überschreiten, verletzt im Grunde selbst seine eigenen Grenzen. Das ist Selbstverrat. Wer seine persönlichen Grenzen missachtet, verletzt sich selbst, lässt sich im Stich und lässt sich von Selbsthass beherrschen.

Die meisten Leute denken bei Grenzverletzungen nur an zudringliche Verletzungen, beispielsweise eine Vergewaltigung. Aber es gibt auch sehr schmerzhafte Verletzungen durch Distanz, wenn zum Beispiel jemand, der Ihnen nahesteht, sich von Ihnen zurückzieht und Sie dadurch emotional verletzt; auch das ist eine emotionale Grenzverletzung.

Doch was hat es denn überhaupt mit Grenzverletzungen auf sich? Warum können wir nicht einfach Grenzen ziehen, und damit hat es sich? Weil allzu viele Menschen in ihrer Kindheit gelernt haben, sich ihres wahren Selbst zu schämen. Um in unsere Familie und in die Gesellschaft zu passen, mussten wir eine Identität entwickeln, die für die Menschen in unserem Umfeld akzeptabel war, ein falsches Selbst als Überlebensstrategie, um zu der Person zu werden, die wir angeblich sein sollen, und uns für unser wahres Selbst zu schämen. Wer von seinen Eltern keine Bestätigung erhielt, hat auch keine gesunden Grenzen, sondern überschreitet seine Grenzen womöglich ständig oder setzt gar keine Grenzen.

Als Beispiel ein ganz normales Szenario: Ein Kind wird wütend, weil seine Eltern immer nur arbeiten und nie Zeit für es haben. Das Kind bringt diese Wut zum Ausdruck und erhält dafür aber keine Bestätigung. Der Vater oder die Mutter sagt: »Ich verbringe mehr Zeit mit dir als alle anderen Eltern in meinem Bekanntenkreis«, und das Kind soll sich für seine Undankbarkeit und für seine Gefühle schämen. Außerdem lernt das Kind, dass seine Wut nicht akzeptabel ist. Es entwickelt also ein falsches Selbst, welches seine Wut nicht äußert und immer »Danke« sagt. Mit der Zeit glaubt es, es sei glücklich und dankbar, und gesteht sich nie wirklich seine tief sitzende Wut ein.

Woher wissen Sie also, ob Sie ein falsches Selbst aufgebaut haben? Zum Beispiel, wenn Sie Angst davor haben, dass andere Leute negativ über Sie denken. Stellen Sie sich die folgenden Fragen: *Weiß ich, was ich wirklich will? Oder lasse ich andere darüber entscheiden, was ich zu denken oder zu glauben oder zu fühlen habe? Mache ich Sachen, die ich eigentlich nicht machen will, sage ich Ja, obwohl ich tatsächlich Nein sagen will, bzw. umgekehrt? Habe ich Angst davor, anderen meine wahren Gefühle mitzuteilen? Habe ich Angst davor, dass andere negativ über mich denken?*

Wodurch hängen wir fest?

Hier ein paar Gründe dafür, warum es so schwierig ist, für sich Grenzen zu setzen und sie auch zu beachten:

- Erstens stellen wir gerne die Bedürfnisse und Gefühle anderer über unsere eigenen.
- Zweitens haben wir womöglich das Gefühl, wir hätten keine Rechte.
- Drittens kennen wir uns vielleicht selbst nicht wirklich.
- Viertens glauben wir vielleicht, durch das Ziehen von Grenzen würden wir eine Beziehung gefährden.
- Und fünftens haben wir unter Umständen nie gelernt, wie man gesunde Grenzen setzt.

Die Wahrheit ist: Fast allen Menschen wurde eingeredet, eigentlich würden sie sich nicht so fühlen, wie sie sich fühlen, oder es sei nicht in Ordnung, diese Gefühle zu hegen. Uns wurde eingeredet, was wir sehen, sei nicht das, was wir sehen, und was wir unserer Meinung nach wollen, wollen wir in Wirklichkeit gar nicht oder es sei nicht okay.

Auf diese Weise wurde in unserem Leben unsere persönliche Wahrheit immer wieder für ungültig erklärt und annulliert; wir dachten, wir wären verrückt und könnten uns selbst nicht über den

Weg trauen. Dieser innere Selbstverrat hat unser Vertrauen in uns selbst untergraben.

Bei Selbstvertrauen geht es vor allem um Grenzen; und bei Grenzen geht es darum, für sich selbst da zu sein. Die meisten Menschen lassen sich gewohnheitsmäßig im Stich und stecken in diesem Muster fest, und das ist der eigentliche Grund für unser mangelndes Vertrauen in uns selbst.

In Beziehungen haben wir ein großes Verlangen nach jemandem, der unsere Gefühle versteht; dabei nehmen wir uns nicht einmal selbst die Zeit, um herauszufinden, wie wir uns fühlen. Wir haben mit uns selbst so eine Art Vernunftbeziehung, hören nur auf unsere persönliche Wahrheit, wenn sie keine Probleme verursacht, und erkennen nicht, dass wir eben das Problem, das wir vermeiden wollen, dadurch verursachen, dass wir die ganze Zeit nicht auf unsere Gefühle und unsere persönliche Wahrheit hören, ob es dadurch zu Schwierigkeiten kommt oder nicht.

Letztendlich können Sie nicht wissen, wer Sie sind, was Sie mögen, was Sie glauben und was Sie wollen, solange Sie nicht wissen, wie Sie sich *fühlen*. Menschen mit gesunden Grenzen können Beziehungen eingehen, ohne sich selbst zu verlieren. Denken Sie daran: Wenn Ihre Grenzen für Sie selbst undeutlich und verschwommen sind, dann sind sie das auch für andere.

Mauern um sich zu errichten, um keine Nähe zuzulassen, hat nichts mit gesunden Grenzen zu tun, sondern zeigt Widerstand gegen die Welt auf. Eine ungesunde Grenze drückt gegen die Welt und erzählt anderen, wie sie sich verhalten können oder nicht. Letztendlich haben wir keine Kontrolle darüber, wie andere sich verhalten, was sie tun oder nicht tun. Wir können nur kontrollieren, was wir selbst tun oder nicht tun und welche Erfahrungen mit anderen wir zulassen.

Gesunde Grenzen setzen

Gesunde Grenzen sind von Natur aus widerstandslos und stehen so im Einklang mit der Einheit. Gesunde Grenzen sind nicht dazu da, anderer Menschen Tun zu kontrollieren, sondern es geht dabei ausschließlich darum, sein persönliches Glück, seine Wünsche und seine persönliche Wahrheit zu definieren und dementsprechend diesem Gefühl zu folgen – mit Selbstbewusstheit, Integrität und Selbstliebe. Wenn Sie Widerstand gegen die Welt leisten, ist das alles nicht möglich, ebenso wenig, wenn Sie es der Welt überlassen, zu definieren, wer Sie sind, was Sie wollen und wie Sie sich fühlen. Ein gesundes Selbstgefühl dient nicht nur Ihnen, sondern auch dem Universum; letztendlich ist Ihr Glück auch das Glück aller anderen, weil wir alle eins sind.

Mit der nachfolgend beschriebenen Technik gelangen Sie auf die richtige Spur und respektieren Ihre Grenzen. Angenommen, Sie fühlen sich schlecht, weil Sie in etwas eingewilligt haben, was Sie gar nicht wirklich machen möchten. Anhand dieser Technik können Sie Ihre Grenzen neu einschätzen bzw. neu ziehen.

Schreiben Sie zehn Dinge auf, die andere in Ihrer Anwesenheit nicht mehr tun sollen bzw. Ihnen nicht mehr antun oder sagen sollen. Unter Umständen hilft es Ihnen auch, all die Menschen, die in Ihrem Leben eine Rolle spielen, aufzulisten und aufzuschreiben, wie Sie sich mit diesen Menschen fühlen.

Dann stellen Sie sich für jeden Punkt auf der Liste die drei folgenden Fragen:

1. *Inwieweit verletze ich meine Grenzen, weil ich zulasse, dass andere Menschen meine Grenzen verletzen?*
2. *Wie fühle ich mich bei dieser Sache wirklich?*
3. *Was möchte ich wirklich?*

Wenn Sie erst einmal herausgefunden haben, was für Sie wahr ist und was Sie wirklich möchten, sollten Sie aktiv Ihre Grenzen pflegen und schützen. Erklären Sie das den anderen mit Nachdruck und stehen Sie dazu.

Doch Sie müssen sich auch darüber im Klaren sein, dass Ihre Grenzen mit der Zeit neu abgesteckt werden müssen; sie bleiben nicht immer gleich. Wenn Sie eine neue Beziehung eingehen oder ein Baby bekommen, dann haben Sie beispielsweise vielleicht lange nicht mehr so viel Zeit für andere. Sich selbst treu zu bleiben und sich zu lieben, erfordert ein Neuziehen der persönlichen Grenzen im Laufe des Lebens. Anhand der drei obigen Fragen können Sie jederzeit einschätzen, wo Sie heute stehen.

Wir alle können uns gegenseitig dabei helfen, indem wir den Menschen in unserem Umfeld ihre Gefühle zugestehen und auch zu unseren Gefühlen gegenüber diesen Menschen stehen. Wir verletzen unabsichtlich und unwissentlich ständig die Grenzen anderer Leute, weil es für viele Menschen problematisch ist, sich uns gegenüber zu behaupten und ihre Wünsche und Gefühle zu äußern. Bitten Sie sie, Ihnen ganz ehrlich zu sagen, wie sie sich wirklich fühlen, ohne Angst haben zu müssen, Ihre Liebe zu verlieren oder zurückgewiesen zu werden; so können Sie anderen auf einfache Weise helfen, gesündere Grenzen zu setzen. Dadurch gestehen Sie ihnen zu, sie selbst zu sein und zu sich zu stehen, und ersparen ihnen und sich selbst eine Menge Herzschmerz.

Seine Berufung leben

Eine Welt erschaffen, die Sie lieben

An einem bestimmten Punkt im Leben stellen wir uns alle dieselbe Frage: *Was soll ich mit meinem Leben anfangen?* Diese Entscheidung müssen wir alle treffen, und das tun wir auf die eine oder andere Weise auch. Jeder »macht« letztendlich etwas, ob bewusst oder unbewusst. Das mag uns zwar vielleicht nicht gefallen, und womöglich war es auch keine bewusste, willentliche Wahl, aber dennoch »tun« wir etwas. In diesem Kapitel geht es um dieses Thema, um Ihnen zu helfen, Ihrer wahren Berufung näherzukommen, falls Sie diese nicht schon gefunden haben.

Im umfassenderen spirituellen Bild soll Ihr Lebensweg widerspiegeln, wer Sie wirklich sind, das heißt: Ihr Leben hat nur die Grenzen und Beschränkungen, die Sie selbst ihm auferlegen. In Wahrheit sind Sie wirklich frei, und Ihr Leben kann sich in jedem Augenblick verändern. Sie haben das in der Hand. Wenn Sie mit Ihrer beruflichen Laufbahn oder dem Sinn Ihres Lebens nicht zufrieden sind, dann liegt es an Ihnen, in Aktion zu treten und wieder die richtige Richtung einzuschlagen.

Vielleicht ist es Ihnen schon klar, doch falls nicht, kommt hier die nicht zu leugnende Wahrheit: Wenn *Sie* sich nicht entscheiden, wie Sie leben möchten, was Sie sein und tun möchten, dann entscheidet das jemand oder etwas anderes für Sie.

Ist das bei Ihnen bereits so? Haben andere Kräfte Ihren Platz im Leben bestimmt? Dann leben Sie höchstwahrscheinlich nicht gemäß Ihren eigenen inneren Werten und Ihrer Freude, sondern haben sich eher allen möglichen unterbewussten Einflüssen unterworfen, beispielsweise genetischen Veranlagungen, Erziehung, sozialer Konditionierung, der Umgebung und den Meinungen anderer. Wer will schon gerne sein Leben von all diesen Dingen bestimmen lassen? Ich bestimmt nicht. Und Sie, wie ich meine, wohl auch nicht. Ich sage Ihnen: Sie müssen diesen äußeren Einflüssen nicht die Kontrolle über Ihr Leben überlassen – vor allem, weil die wahre Weisheit, die Sie suchen, bereits in Ihnen vorhanden ist und Sie einfach nur lernen müssen, darauf zu hören.

Ich spreche hier von der Intuition, die wir alle haben. Ihre inneren Werte kommen durch Intuition zum Ausdruck, der Stimme Ihres wahren Selbst. Damit in Kontakt zu kommen ist die beste Möglichkeit, um herauszufinden, wer Sie wirklich sind, und Ihr wahres Selbst in Ihrem Leben wirken zu lassen.

Ich weiß, das kann ganz schön Angst machen, denn Ihre inneren Werte laufen unter Umständen allen Überzeugungen zuwider, die man Ihnen eingetrichtert hat, sogar den inneren Werten all der anderen Menschen in Ihrem Umfeld! Doch wenn Sie den Mut haben, gemäß Ihren inneren Werten zu leben, erreichen Sie eine Freiheit, Freude und Erfüllung, wie Sie sie nie zuvor erlebt haben.

Die Berufung Ihrer Seele

Dies ist ein guter Zeitpunkt, einmal über die Seele zu sprechen, also Ihr wahres, wesenhaftes Selbst. Ihre Seele muss sich nicht auf die Suche danach machen, wer Sie sind, denn das weiß sie ganz genau, und sie weiß auch, was Sie lieben und was Ihre tiefsten inneren Wünsche sind. Wir sind nicht auf diesem Planeten geboren worden, um nach unserer Seele zu suchen, als ob wir sie verloren hätten.

Kleine Kinder leben eigentlich zum größten Teil in Übereinstimmung mit ihrer Seele. Erst wenn wir uns unserer selbst so bewusst sind, dass wir äußere Werte, Meinungen und Ratschläge übernehmen, wird unsere Seele unterdrückt und ist uns verborgen. Viele Menschen verbringen den Rest ihres Lebens auf der Suche nach Möglichkeiten, diese innere Bewusstheit zurückzugewinnen, und die Lektionen dieses Kapitels haben mit diesem Prozess zu tun.

Ja, es ängstigt Sie vielleicht, etwas so Tiefgründiges wie Ihre Seele »anzuzapfen«, doch solange Sie Ihre wahren Wünsche und Ihr wahres Selbst nicht aufgedeckt und akzeptiert haben, können Sie auch nicht wirklich geliebt werden. Wahre Liebe existiert um dessentwillen, was die Wahrheit eines Menschen ausmacht, nicht wegen einer Fassade, die errichtet wird, um von jemandem oder der Gesellschaft Vorteile zu erringen. Um seines wahren und echten Selbst willen geliebt zu werden, lässt sich mit nichts anderem in dieser Welt vergleichen.

Wenn Sie also eine Entscheidung fällen wollen, was Sie mit Ihrem Leben anfangen möchten, müssen Sie als Erstes herausfinden, wo Sie stehen. Fragen Sie sich gleich jetzt, ob Sie glücklich sind. Bei dieser Frage geht es nicht um bloßes Zufriedensein, sondern um die Fragen: *Gehen Sie Ihr Leben mit Leidenschaft an? Versetzt Sie die Aussicht auf einen Urlaub in mehr freudige Erregung als Ihre tägliche Arbeit? Sind Sie in Ihr Leben verliebt? Sind Sie begeistert darüber, zu dieser Zeit auf der Erde zu sein? Mögen Sie den Platz, an dem Sie leben? Genießen Sie Ihre Beziehungen?*

Wenn Sie diese Fragen beantwortet haben, ohne sie als gut oder schlecht zu bewerten, können Sie sich aufmachen zu dem Ort, an dem Sie sein möchten, und das Leben leben, das Sie führen möchten.

Das klingt alles sehr ernst, aber es gibt auch gute Nachrichten. In Wirklichkeit kann man überhaupt keinen Fehler machen. Hinter jeder falschen Entscheidung und jedem Fehler im Leben stehen Illusionen und Angst. Bei näherer Betrachtung erkennt man, dass hinter jeder Fehlentscheidung und jedem Fehler eine Seele steht, die nach Erleichterung strebt, und auch eine unschätzbar wertvolle Lektion, die es zu lernen gilt.

Seine persönlichen Werte und Prioritäten herauszufinden ist mit Risiken verbunden. Sie müssen den Mut haben, Ihren Talenten zu vertrauen und auch darauf, dass Ihnen Ihr inneres Wissen Sicherheit gibt, anstatt sich dafür auf etwas Äußerliches zu verlassen. Sie müssen den Mut haben, sich wieder daran zu erinnern, wer Sie wirklich sind.

Die natürlichen Leidenschaften wiederentdecken

Gehen wir also davon aus, dass ein wesentlicher Grund dafür, warum Menschen nicht das von ihnen gewünschte Leben führen, in ihren negativen Überzeugungen liegt. Davon war in vielen der vorhergehenden Kapitel bereits die Rede. Und wie Sie sich gewiss erinnern, sind Überzeugungen einfach Gedanken, die so oft wiederholt werden, dass sie Realität werden. Wir entwickeln Überzeugungen aufgrund von Konditionierungen, und viele dieser Überzeugungen schränken uns hinsichtlich unserer beruflichen Karriere und im Hinblick auf die Berufung unseres Lebens wirklich ein.

Auch Sie glauben vielleicht an viele dieser uns so vertrauten Mantras, die wir alle schon gehört haben: »Davon kann doch niemand leben«, »Spaß ist einfach verantwortungslos«, »Wer nicht auf die Uni geht, ist nichts wert …« Viele Menschen übernehmen diese einschränkenden Glaubensüberzeugungen, die uns von Autoritätsfiguren schon in sehr jungen Jahren eingebläut werden, und wenden sich daraufhin von ihren natürlichen Wünschen ab. Allzu viele Menschen haben die Verbindung zu ihren Wünschen komplett verloren, doch hier kommt eine gute Nachricht: Der Funke glimmt noch. Sie müssen ihn einfach finden und wieder zum Brennen bringen.

Eine der besten Möglichkeiten, wieder mit Ihrem wahren Selbst in Verbindung zu treten, besteht darin, sich an Ihre natürlichen Neigungen als Kind zu erinnern. Erstellen Sie eine lange Liste von all dem, was Sie als Kind gerne machten – eine Liste Ihrer natürlichen Talente –, und erinnern Sie sich daran, was Sie als Erwachsener gerne werden wollten.

Dann fragen Sie sich: *Warum tat ich das gerne? Warum wollte ich als Erwachsener das werden?* Und weiter: *Mache ich das heute immer noch gerne und tue ich es auch wirklich? Und wenn nicht, warum nicht? Weiß ich noch, warum ich damit aufgehört habe? Wegen jemand anderem? Weiß ich noch, wie es sich für mich anfühlte, damit aufzuhören?*

Spulen Sie von diesem Punkt zur Gegenwart vor und fragen Sie sich: Welcher Teil Ihres bisherigen Lebens war Ihnen am liebsten und warum? Gehen Sie dabei so sehr ins Detail wie möglich, um herauszufinden, warum Sie diesen Teil wirklich so sehr genießen konnten. Und danach fragen Sie sich: *Was in meinem Leben gehe ich mit Leidenschaft an? Habe ich meine Leidenschaften zurückgestellt oder sind sie der wirkliche Mittelpunkt meines Lebens?*

Anhand dieses Prozesses können Sie erkennen, was Sie wirklich gerne tun, und diese wahren Leidenschaften von den Vorstellungen Ihres konditionierten Geistes und logischen Gehirns trennen, welches, da es von Natur aus mechanisch ist, oft dazu gebracht wurde, Gefühle wie Freude oder Leidenschaft zu bagatellisieren.

Sind Sie jemand, der meint, er sei einfach keine leidenschaftliche Persönlichkeit oder Leidenschaft sei im Leben nicht notwendig? Dann sollten Sie wissen, dass Sie zu viel geopfert haben. Leben Sie Ihr Leben bewusst sinnvoll und nicht nach vorgegebenen Standards? Dann ist Leidenschaft für Sie etwas ganz Normales. Sie verwandeln sich nicht ganz plötzlich in ein emotionales Wrack, wenn Sie Ihre Leidenschaften verfolgen; vielmehr leben Sie dann Ihr höchstes Potenzial aus.

Und falls es Ihnen noch nicht aufgefallen ist: In dieser Welt kommen Sie mit Ihrem Intellekt nur so und so weit. Es ist ein Unterschied zwischen der Entscheidung, ein Ziel zu erreichen, und der tatsächlichen Zielerreichung. Ihr Intellekt kann zwar mit Ersterem umgehen, aber er ist nicht in der Lage, Letzteres zu erreichen. Leidenschaft zu empfinden, ergibt sich als unmittelbares emotionales Resultat, wenn Sie in die richtige Richtung gehen. Wenn Ihnen in bestimmten Teilen Ihres Lebens die Leidenschaft abhanden gekommen ist, dann spüren Sie diesen Mangel und wissen, dass eine neue Entscheidung ansteht; es ist an der Zeit, die Richtung zu ändern.

Nach Gold schürfen

Wenn Sie wirklich Ihr wahres Selbst zulassen, dann zeigt sich das, was Sie tun sollen, ohne dass Sie danach suchen müssen. Doch es kann ziemlich erhellend und aufschlussreich sein, mit der Berufung seines Lebens ein bisschen herumzuspielen. Die folgende Übung macht Spaß und zielt genau darauf ab; hier geht es darum, auf seine Emotionen zu hören.

Nehmen Sie ein Blatt Papier und schreiben Sie alles auf, was Ihnen zur Berufung Ihres Lebens einfällt, wirklich alles, was Ihnen durch den Kopf geht. Das tun Sie so oft und so lange wie nur irgend möglich, bis die Antwort hochkommt, die bei Ihnen eine starke emotionale Reaktion auslöst – anders ausgedrückt: der Punkt auf der Liste, der Sie zum Weinen bringt.

Das dauert meistens eine Weile; Sie müssen erst einmal Ihren Geist klären und von anderen Gedanken befreien. Die Antwort, die bei Ihnen wirklich etwas anrührt, ist die Antwort Ihres wahren Selbst. Unter Umständen scheinen dabei mehrere Antworten eine klitzekleine Gefühlswallung auszulösen, aber sie treffen den Punkt nicht ganz so stark wie die wirkliche Antwort; sie liegen ein bisschen daneben.

Sie sollten diese Antworten allerdings markieren, damit Sie sie wieder hernehmen können, um sie bei Bedarf umzusetzen. Alles, was mit Ihnen resoniert, spiegelt einen Teil Ihrer Berufung wider, aber einzeln genommen sind diese Teile nicht vollständig. Wenn Ihnen solche Antworten einfallen, laufen Sie sich sozusagen warm; machen Sie damit weiter. Sobald Sie die Antwort niederschreiben, die wirklich Ihr wahres Selbst widerspiegelt, werden Sie es wissen.

Wenn Sie diese Antwort haben, dann fragen Sie sich, ob Ihr Leben auf diese Berufung ausgerichtet ist. Lautet die Antwort »Nein«, fragen Sie sich: *Was könnte ich gleich jetzt unternehmen, um entsprechend dieser Berufung zu leben? Sehe ich eine Möglichkeit, das, was mir Spaß macht und was ich mit Leidenschaft verfolge, in eben diese Lebensberufung zu integrieren, die ich da gerade entdeckt habe?*

Falls möglich, gehen Sie das Risiko ein und machen Sie das. Wenn nicht, richten Sie Ihre Intention darauf, dass sich diese Chance für Sie ergibt. Das kann aus heiterem Himmel passieren. Sie müssen nicht wissen, wie und auf welche Weise; das wird Ihnen gezeigt. Sie müssen einfach nur wissen, was Sie wollen und warum Sie das wollen, und dann den Mut haben, Gelegenheiten beim Schopf zu ergreifen.

Haben Sie keine Angst, auf dieser Suche nach Ihrer Berufung könnten Sie eine falsche Wahl treffen. Wenn Sie das Risiko eingehen, etwas auszuprobieren, das Ihrem Gefühl nach im Einklang mit Ihrem wahren Selbst steht, wird Ihnen das Freude bereiten. Und falls dem nicht so ist – was eher unwahrscheinlich ist –, können Sie Ihre Meinung immer noch ändern und etwas anderes angehen. Vielleicht sind Sie ja jemand, der Risiken um jeden Preis vermeidet – womöglich, weil man Ihnen gesagt hat, auf Nummer sicher zu gehen wäre klug. Doch fragen Sie sich einmal: *Warum eigentlich? Warum nicht etwas wagen und eine Chance ergreifen?*

Wir alle werden eines Tages sterben. Unser Leben geht nicht ewig. Allzu oft gehen Menschen keine Risiken ein, bis der Tod kommt – und das ganz sicher. Aber jeder, der so lebt, bedauert das am Ende.

Der Forschergeist

Falls Sie das Gefühl haben, von Ihren Talenten und der Freude völlig abgeschnitten zu sein, dann sollten Sie jetzt etwas Neues ausprobieren, zum Beispiel einen Kurs belegen oder sich ein Hobby suchen, das Sie aus Ihrer »Komfortzone« herausholt. Das kann etwas sein, was Sie sowieso schon interessiert, aber auch etwas, woran Sie gar kein Interesse haben. Wenn Sie nicht sicher sind, was das sein könnte, bitten Sie andere Leute um Vorschläge und stürzen sich einfach darauf.

Gehen Sie mit Ihren Freunden endlich zu der Veranstaltung, zu der sie Sie schon seit Langem hinlotsen wollen. Machen Sie irgendetwas, wozu Sie sich inspiriert fühlen. Das Schlimmste, was passieren könnte, wäre, dass Ihnen das, was Sie sich da ausgesucht haben, nicht gefällt. Und selbst in diesem Fall hätten Sie sich besser kennengelernt. Denken Sie wie ein Forscher. Indem Sie Neues ausprobieren, kommen vielleicht Teile von Ihnen zum Vorschein, von denen Sie bislang keine Ahnung hatten.

Alles, was wir jemals tun, tun wir nur aus einem einzigen Grund: Derjenige, der etwas tut, meint, dadurch würde er sich besser fühlen. Wenn ein Mensch um des Spaßes willen lebt, dann deshalb, weil er meint, durch den Spaß ginge es ihm besser. Wenn jemand sein Leben damit verbringt, anderen zu helfen, dann deshalb, weil er meint, dadurch würde er sich besser fühlen. Und jemand, der seiner Berufung entsprechend lebt, tut das, weil er meint, dadurch würde es ihm besser gehen.

Alles, was Sie tun, dient also der Suche nach Glück. Warum dann nicht gleich zur Sache kommen und Glück zum wahren Ziel Ihres Lebens machen? Fangen Sie damit an, dann werden Sie sich auf dem Weg wiederfinden, der zu Ihren höchsten Wünschen führt, auch wenn Sie sich diesen Weg in einer Million Jahren nicht hätten vorstellen können.

Gehen Sie jeden Tag an, als ob es Ihr letzter sein könnte. Dann geht es Ihnen in allererster Linie um Freude, und dann leben Sie jeden Tag gemäß Ihrer wahren Natur. Und genau das sollten Sie. Wir leben in einer veränderlichen Welt, in der es so etwas wie Dauerhaftigkeit nicht gibt. Wir kommen in dieses Leben, um unsere Berufung zu finden durch das Forschen nach dem, was uns wirklich Freude bereitet; deshalb rate ich Ihnen: Tun Sie es!

So fühlt es sich an, seiner Leidenschaft zu folgen

Auf der Suche nach einer sinnhaften Lebensaufgabe kommt Ihnen ein wunderbares System zu Hilfe. Ihr Seelen-Selbst schwingt nämlich energetisch auf derselben Ebene wie jeder Wunsch, der in Erfüllung geht: auf der Ebene der Freude. Wenn Sie Freude verspüren, sind Sie also in Resonanz mit diesem inneren Aspekt Ihrer selbst.

Das ist etwas höchst Wichtiges, denn sobald Ihr Leben in Resonanz mit Ihrem Höheren Selbst ist, passen Sie energetisch zu allem und jedem, was Ihrem Glück entspricht, und Sie müssen dann einfach nur zusehen, wie es sich vor Ihren Augen entfaltet. Jede Gelegenheit, jede Person, jedes Ereignis, jeder Umstand und alles, was Glück in Ihrem Leben fördert, zeigt sich Ihnen, wenn Sie den Mut haben, Ihren Gefühlen als einzigem Wegweiser im Leben zu folgen.

Wundern Sie sich nicht, wenn diese Aktivität, die Ihre höchste Leidenschaft ist, Ihnen wie Bestimmung vorkommt und Ihnen keinerlei Mühe bereitet. Vielleicht wurde Ihnen beigebracht, Anstrengung sei eine Tugend, aber das stimmt nicht. Auf der Schwingungsebene wird Mühe definiert als Kampf. Sind Sie irgendwie am Kämpfen, dann zeigt Ihnen das, dass Sie derzeitig genau in die umgekehrte Richtung gehen, in die Ihr Seelen-Selbst Sie führen möchte.

Wenn Sie Ihre Berufung verfolgen, müssen Sie sich zwar wahrscheinlich anstrengen und engagieren, aber diese Anstrengung macht Ihnen Freude, und somit kämpfen Sie nicht. Stattdessen verfliegen bei diesem Tun die Stunden wie Minuten. Sie wollen nirgends anders sein als eben dort, wo Sie sind.

Wie das mit der Berufung unseres Lebens wirklich funktioniert

Jetzt kann ich Ihnen ein wenig bekanntes Geheimnis verraten. Auf der Suche nach der Berufung unseres Lebens machen wir oft einen Fehler, denn wir suchen nach dem, was wir angeblich in dieser Welt *tun* oder *haben* sollten; dabei hat unsere Berufung damit zu tun, was wir dieser Welt *zu geben* haben. Nur durch Geben dieser Gabe können wir jemals empfangen und unser wahres Selbst in dieser Welt zum Ausdruck bringen.

Diese Gabe zu geben, sollte nicht mit dem Gefühl verbunden sein, etwas zu verlieren, sondern mit dem Gefühl, vom Leben mehr zu bekommen als jemals zuvor. Und deshalb sollten Sie sich jeden Tag diese zwei Fragen stellen: *Was soll ich in diesem Leben geben?* Und: *Was versucht heute, durch mich in die Welt zu kommen und zum Ausdruck zu gelangen?*

Sie brauchen sich nicht zu sorgen, Sie hätten nichts zu geben, denn in der Seele eines jeden Wesens, welches auf dieser Erde geboren wird, sind unzählige Gaben und Talente eingebettet, die es gilt, mit der Welt zu teilen. Bei manchen Menschen sind diese Gaben offensichtlich; sie können gar nicht anders, als sie umgehend, sobald sie hier sind, mit anderen zu teilen.

Bei anderen sind diese mitgebrachten Gaben nicht ganz so ersichtlich. Manche Menschen fragen sich, ob sie überhaupt irgendwelche Talente haben. Doch ich versichere Ihnen: Keine Seele wird ganz ohne Gaben geboren, die nur darauf warten, entdeckt und mit anderen geteilt zu werden. Jedes Talent, das darauf wartet, zum Ausdruck zu kommen, ist für das Gleichgewicht dieser Welt gleich wertvoll und ein notwendiger Teil des Ganzen. Und bitte vergessen Sie nicht: Diese Gaben kommen nicht als Päckchen voller Pflichten, sondern als Päckchen voller Freude. So einfach das klingt: Wir sind dazu bestimmt, das mit anderen zu teilen, was uns persönlich Freude bereitet.

Seine Berufung zu finden ist also genauso einfach, wie sein Herz dem zu öffnen, was man liebt, und dies dann mit anderen zu teilen. Ein Basketballspieler, der einen tollen Sprungwurf hinlegt, macht der Welt ein Geschenk. Seine Freude am Spiel zeigt ihm, dass sein Talent, welches er mit der Welt teilt, Ausdruck findet im sogenannten Basketballspiel.

Auch eine Schriftstellerin, die ein neues Buch veröffentlicht, macht der Welt ein Geschenk; ihre Freude am Schreiben zeigt ihr, dass ihr Talent, das sie mit der Welt teilt, Ausdruck findet im sogenannten Bücherschreiben.

Auch wenn jemand Informationen vermittelt, ist das ein Geschenk an die Welt. Für einen Lehrer ist die Freude daran, über seine Wahrheit zu sprechen, der Hinweis, dass sein Geschenk an die Welt im sogenannten Unterrichten zum Ausdruck kommt.

Einem Koch zeigt seine Freude an der Zubereitung eines tollen Gerichts, dass sein Geschenk an die Welt im sogenannten Kochen Ausdruck findet.

Manche Menschen sind für etwas ganz Bestimmtes hier, andere haben viele Dinge zu tun. Die Berufung kommt nicht immer durch einen Beruf zum Ausdruck. Auch wenn wir kein Geld und keine Anerkennung dafür bekommen, ist das doch Teil unserer Berufung. Für eine Mutter, die Freude daran hat, sich um ihre Kinder zu kümmern, ist das ein Zeichen, dass ihre Gabe, die sie mit der Welt teilt, in der Mutterschaft zum Ausdruck kommt. Auch Väter spüren diese Freude, Sinnhaftigkeit und Staunen, wenn sie als Ausdruck ihrer Leidenschaft für das Vatersein mit ihren Kindern Zeit verbringen.

Andere Talente zeigen sich nicht so offen, beispielsweise Redegewandtheit, abstraktes Denkvermögen, gut zuhören können, mathematisches Verständnis oder ein absolutes Gehör. Und wie das nun mal so ist: Bei vielen Menschen passen ihre vielen Talente gut zu einem bestimmten Beruf oder einem Hobby. Manchmal passt ein einzelnes Talent auch gut für jede Menge verschiedener Berufe. In jedem Fall sind aber Talente, die nicht zu einem Beruf passen, nicht weniger wichtig.

Sie erfüllen Ihre Berufung jedes Mal, wenn Sie eine Ihrer Gaben zum Ausdruck kommen lassen.

Wenn Berufung und Verdienst zusammenkommen

Unsere Berufung findet oft in einem Beruf Ausdruck – vor allem, weil unsere derzeitige Gesellschaft von uns verlangt, Geld zu verdienen, und das fast den ganzen Tag lang. Und da wir beim Geldverdienen fast alle lieber glücklich als unglücklich sind, entscheiden wir uns, Geld mit etwas zu verdienen, das wir gerne tun.

Überlegen Sie einmal: Das ist ganz bestimmt die Wahl, die jemand treffen würde, der sich selbst liebt.

Lassen Sie sich von Ihrem Ego nicht von diesem System abbringen. Der Ego-Geist gibt sich mit der Vorstellung, die Berufung könnte etwas so Einfaches sein, wie jeden Tag Dinge zu tun, die Freude bereiten, nicht zufrieden, denn das Ego kommt in dieser Gleichung nicht vor; es ist darüber beleidigt, dass es, wenn es um die wahre Berufung geht, keine Rolle spielt. Dadurch wird es nicht bestätigt und verliert die Kontrolle, und deshalb gibt es sich alle

Mühe, dem, was Sie gerne tun, die Wichtigkeit abzusprechen. Ihr Ego wird versuchen, Ihnen einzureden, wenn Sie Spaß an dem hätten, was Sie machen, müsse Ihr Leben bedeutungslos sein und Sie täten nicht genug.

Ihr Ego erzählt diese Lüge sowohl Ihnen als auch anderen. Es behauptet: Wenn Sie nicht die Welt retten oder eine ganz besondere, höchst bedeutende Heldentat in großem Maßstab vollbringen, haben Sie Ihre Berufung verfehlt. Doch Sie sollten nicht auf dieses unsinnige Geschwätz Ihres Ego hören; nichts könnte weiter von der Wahrheit entfernt sein.

Das Ego will alles quantitativ messen; je größer, desto besser und wertvoller. Doch im Universum sind ein Engagement bei Greenpeace oder der Einsatz für eine Gesetzesänderung nicht wichtiger, als jemandem die Hand zu halten, wenn er leidet. Keine Berufung ist wertvoller oder weniger wertvoll als eine andere, unabhängig davon, auf wie viele Menschen sie sich auswirkt.

EIN LIEBESBRIEF
FÜR DIE ZUKUNFT

Zu Schmetterlingen werden

Raupen, die sich im Dunkeln in ihrem Kokon zusammenrollen, wachsen nicht einfach Flügel. Im Laufe ihrer Metamorphose werden sie zunächst einmal zu einer Urflüssigkeit: Sie lösen sich komplett auf und werden dann neu zu Schmetterlingen herausgebildet. So geht es vielen Menschen, bis die Morgendämmerung in ihrem Leben anbricht und sie transformiert daraus hervorgehen. Wir werden auseinandergenommen. Wir erleben eine so alles verschluckende Dunkelheit, dass wir Angst haben, wir würden nie wieder das Tageslicht erblicken. Doch das werden wir. Dafür bin ich der lebende Beweis.

Und so kann ich im Namen der Selbstliebe dieses Buch nur auf eine einzige Weise beenden, und zwar mit einem neuen Liebesbrief meines zukünftigen Selbst an mein derzeitiges Selbst. So wie im ersten Liebesbrief (siehe Tool #11), den ich mir vor vielen Jahren schrieb, werde ich in diesem Brief den Stoff weben, aus dem meine Zukunft bestehen soll.

1. September 2014

Liebste Teal,
der überall gegenwärtige Staub der Vergangenheit überdeckte
einst deine Gegenwart und überzog deine Zukunft mit Kum-
mer — einem Kummer, der dich mit seinen Klauen zurück in

die Vergangenheit zog. Selbst als deine Welt in Trümmern lag,
hast du weitergeatmet, und wegen dieses Mutes kann ich dir
jetzt sagen: Wenn die Welt wie ein Fenster zerschmettert wird,
gibt es kein Glas mehr zwischen dir und der Sonnenblume, die
da schon immer war. Keine Illusionen, keine Hürden – nur die
Gelegenheit, sie zu sehen.

Schmerz ist der Punkt, an dem das Leben zum Halt
kommt, bevor es eine ganz andere Richtung nimmt. Wenn du
dem Strom des Lebens in eine bestimmte Richtung Widerstand
leistest, versuchst, etwas zu verändern, was unveränderlich
ist, weil es bereits in der Zeit festgeschrieben ist, dann gehst du
unter. Du verschließt dich vor dem Leben, so wie du einst durch
das Glas deines Lebens die Sonnenblume ausgeschlossen hast.
Erst wenn du loslässt und dich der Strömung überlässt, hast du
eine Chance, Luft zu holen. Als die Welt durch dein Leid in
Trümmern lag, hast du dir nicht das Leben genommen, wie du
zunächst dachtest, sondern warst tapfer genug, mit dem Strom
zu fließen, und hast dich nicht dem Leben verschlossen. Dank
dieses Mutes erblicktest du die Sonnenblume. Und das liebe ich
an dir am meisten.

Ich stelle mir vor, wie du mit dem Pinsel Farben auf die
Leinwand aufträgst und dich fragst, wie wohl alles ausgehen
wird. Nun, ich sage dir: Es wird alles gut ausgehen – ja nicht
nur gut, so wie du das verstehst, sondern millionenfach gut.
In deinem Leben werden all deine Träume Wirklichkeit. Du
wirst der Welt positive Veränderungen vererben. Du hast Zen-
tren und Programme in unzähligen Ländern ins Leben geru-
fen. Headway Foundation hat es mit der Welt aufgenommen
und den Sieg davongetragen, den Weg für Veränderungen in
der Lebensmittelindustrie, dem Gesundheits- und Justizwesen
gebahnt, ebenso im Bildungswesen, im Tierschutz und Umwelt-
schutz, der Kinderbetreuung, im technologischen Umfeld und
in der Sterbebegleitung, um nur einige zu nennen.

Der bislang beste Tag deines Lebens war der Tag, an dem
du, in den strahlenden Farben deiner spirituellen Kleidung, in
ein Büro gingst, in dem lauter stoisch und unpersönlich bli-

ckende Männer in Anzügen saßen, und deinen Namen unter die Dokumente setztest, durch die dein Justizprogramm in Gefängnissen Einzug hielt. Du wusstest immer, dass das der beste Tag deines Lebens sein würde, und er kam. Es scheint manchmal, als ob alles, was du in die Hand nimmst, sich in Gold verwandelt.

Dein Sohn ist zu einem Mann mit emotionaler Intelligenz herangewachsen, der sich von seiner Freude leiten lässt, egal, wohin sie ihn führt, und er kommt aus freiem Willen nach Hause, weil er dich liebt und das von dir zubereitete Essen genießen möchte. Deine Gemeinschaft ist immer noch für dich da. Ihr seid zusammen alt geworden, und wenn sie auf ihr Leben zurückblicken, dann sagen sie dir, das Zusammenleben mit dir habe ihrem Leben Großartigkeit und Sinn verliehen, und sie möchten nirgendwo anders sein.

So vieles lief besser, als du dir überhaupt gewünscht hast, es können gar nicht alle deine Erfolge in diesem Brief aufgeführt werden. Ich muss dich das alles selbst erleben lassen im Laufe der Jahre, die noch vor dir liegen. Ich möchte dich einfach nur Folgendes wissen lassen: Auch wenn du schließlich gelernt hast, dich selbst zu lieben, ist diese Selbstliebe, die du heute empfindest, nichts im Vergleich zu der Liebe, die du dir in den noch kommenden Jahren schenken wirst. Ich liebe dich mehr, als du weißt – du bist wunderbar, und ich bin stolz auf dich. Ich würde dich auch dann lieben und auf dich stolz sein, wenn du dein Leben zusammengerollt in einer Anstalt verbracht hättest, wie man dir prophezeite. Ich würde dich auch dann lieben, wenn du nichts erreicht und geleistet hättest.

Doch dank deiner Erfolgs-Mentalität hast du den ganzen Weg zum Mond geschafft, und das entbehrt nicht der Ironie, denn bei Vollmond schaust du in den Himmel und wünschst dir zweierlei: erstens, Frieden und Glück zu finden, und zweitens die Fähigkeit und Möglichkeit, auch anderen beizubringen, wie das geht. Und dieser Wunsch ist dir erfüllt worden. Du hast dein Glück gefunden und auch die Freiheit. Und du hast andere gelehrt, wie sie Glück und Freiheit finden können, und *zwar als wandelndes Beispiel, denn Freiheit liegt darin, sich selbst wiederzufinden, die Bitternisse des Lebens in Honig zu verwandeln. Und Glück ist das farbenstrahlende Tüpfelchen, das auf eine Welt voller Blütenblätter gesetzt wird, die alle dem Erdboden entspringen.*

Vielleicht waren all die elenden Umstände unseres jeweiligen Lebens nichts als ein Aufruf, zur Reife zu kommen. Denn das Leben in einem Leben ist transzendent und immer auf der Suche danach, wie die Welt uns halbiert hat. Um uns wieder zu vereinen in kühner Unversehrtheit, übertönt es die Geburtswehen, sodass du erkennst, dass Schönheit in ihren absoluten Formen nicht unberührt ist von Groll und Hass, sondern vielmehr ... daraus hervorgeht.

Immer in Liebe
Du

Über die Autorin

Teal Swan ist eine international anerkannte spirituelle Lehrerin und einflussreiche neue Stimme im Bereich der Metaphysik. Sie wurde mit übersinnlichen Fähigkeiten, einschließlich Hellsehen, Hellfühlen und Hellhören, geboren. Ihr Leben war bislang sehr ungewöhnlich. Teal überlebte ein 13-jähriges Martyrium physischen, psychischen und sexuellen Missbrauchs; mit 19 gelang ihr die Flucht vor ihrem Peiniger, und sie ließ sich auf einen Prozess der Heilung und Transformation ein.

Heute gibt sie ihr Wissen unter anderem über Online-Medien, Publikationen und Workshops an Millionen von Menschen weiter, die Vergebung, Glück, Freiheit und Selbstliebe finden wollen.

Ihr erstes Buch, *The Sculptor in the Sky,* kam 2011 heraus.

2012 gründete Teal das Unternehmen Headway, welches sich als Katalysator für positiven Wandel auf der Welt versteht. Teals Vision ist es, allen Menschen ein Leben in Freiheit, Freude und Gesundheit zu ermöglichen; sie ist entschlossen, diese Vision in die Realität umzusetzen. Inzwischen wurde über sie der Dokumentarfilm *Open Shadow* gedreht.

www.TealSwan.com